HOMMAGE AUX STUDIOS

DISNEY

ÉTERNELS ENCHANTEURS

YNNIS

AnimeLand

SOMMAIRE

P.4 • Préface
P.6 • Introduction

P.8
IL ÉTAIT UNE FOIS

10
Walt Disney

14
Les grands noms de l'imaginaire Disney

18
La naissance du cinéma d'animation

P.22
LES GRANDS CLASSIQUES

24
Les princesses

40
Le voyage

52
La musique

60
Les contes et romans

74
L'anthropomorphisme

88
La nature

104
L'humour

116
La modernité

P.124
AU-DELÀ DES CLASSIQUES

126
La revanche des suites

130
Les films hybrides & stop-motion

144
Les séries TV

P.150
L'UNIVERS ÉTENDU

152
Les films live

156
Les jeux vidéo

160
Les studios Pixar

164
Les autres studios

P.168 • Conclusion
P.172 • Illustrations hommage

ÉDITO

D'aussi loin que je me souvienne, j'ai toujours adoré Disney.
J'étais émerveillée par ces films qui font de la poursuite des rêves une nécessité.
Mais très vite, ce ne sont plus seulement les belles scènes d'amour
et les grandes histoires d'aventure qui m'ont absorbées.
Si les Disney ont pris une place si importante dans ma vie et dans celles
de milliers d'autres, c'est parce qu'ils sont plus que des films dits « pour enfants »,
des contes de fées ou des histoires fleur bleue :
leur magie repose sur leur création-même.

S'il faut admettre un classicisme évident dans certains scénarios
et traitements de personnages, chaque nouveau film a apporté des innovations
graphiques indéniables. **On ne peut alors que s'émerveiller devant
les performances techniques et artistiques déployées.**
Certains films ou séquences offriront toujours la même étincelle d'admiration :
la scène de bal de *La Belle et la Bête* avec son usage de la 3D ;
la beauté de la nature dans *Bambi* ; la robe scintillante de *Cendrillon* ;
les décors de *La Belle au Bois Dormant*, *Bernard et Bianca* ou des *101 Dalmatiens* ;
l'animation d'*Ariel* ou *Tarzan* par Glen Keane...

Peu d'univers peuvent se vanter d'avoir la même **force fédératrice**
que Disney avec ses chansons reprises en chœur par le public dès que résonnent
les premières notes de ses films aussi **intemporels qu'universels**.
Les passionnés vous diront que ces œuvres leur apportent de l'**espoir**,
de la **motivation** et de l'**énergie positive** dans la vie. Pour d'autres, le studio
aux grandes oreilles est également source de vocation : nombre d'artistes
portent l'empreinte de Disney dans leur travail.

Ce projet de mook est né de notre envie à Gersende, Romain et moi
de **rendre hommage au studio qui nous fait vibrer depuis l'enfance**
et qui a contribué à faire naître en nous la passion de l'animation.
L'idée n'est pas de chanter les louanges de Disney mais de lui faire honneur
à travers un panorama exhaustif de sa filmographie.
Dossiers thématiques de fond, analyses fouillées
et anecdotes méconnues sont donc au rendez-vous.

C'est avec une grande joie que nous accueillons également dans ces pages
la présence des frères Brizzi, réalisateurs et artistes de talent, pour une préface.
Pour couronner le tout, une quinzaine d'artistes nous ont rejoints pour rendre
hommage à Disney à travers des illustrations exclusives créées pour l'occasion.

Bienvenue dans les coulisses du royaume des rêves !

Marichka Besse
Responsable éditoriale

PRÉFACE
Walt Disney… Qui ne connaît ce nom ?

On a beaucoup dit et beaucoup écrit sur l'homme et son œuvre, et on continuera de le faire parce que ce nom est bien plus qu'un nom, c'est une marque prestigieuse qui s'est imposée par-delà toutes les frontières culturelles et qui continue d'inspirer notre société. Cette nouvelle parution en est la preuve.

En guise de préface, ce dont nous pouvons parler c'est de notre propre parcours qui nous fit connaître de l'intérieur les arcanes d'un véritable empire consacré depuis presque un siècle à la création des plus beaux films d'animation.

Et il nous faut commencer inévitablement par dire, comme la plupart de ceux qui se sont dédiés à cet art, que lorsqu'enfants nous décidâmes que nous ferions du dessin animé, c'est parce que nous considérions les films de Walt Disney comme de véritables chefs-d'œuvre tant nous les trouvions admirables à tous points de vue. Certes ce que nous énonçons là est devenu un consensus mais on peut toujours le rappeler pour ne pas oublier ce que nous devons à ce visionnaire.

On peut vraiment distinguer deux périodes : celle du vivant de l'homme et celle qui commence plus tard, après une trop longue période d'inactivité, avec l'arrivée de Jeffrey Katzenberg aux commandes dans les années 1980.

Quand on considère cette première période, comment ne pas s'étonner de la perfection du premier long métrage en 1938, *Blanche-Neige* ? Non seulement perfection technique, mais aussi fluidité de la mise en scène, rythme de la narration et beauté du style. En effet comment se fait-il qu'entre ce film et les suivants on ne constate pas de progrès ou d'amélioration notable ? Pourtant le studio allait s'atteler par la suite à de nombreuses productions qui auraient pu par comparaison reléguer ce premier film à un coup d'essai. Mais non ! Sans doute, parce que Walt poussé par la nécessité impérieuse de vouloir maîtriser une technique encore artisanale pour se hisser au niveau d'un *Autant en emporte le vent*, exigea cette qualité d'entrée de jeu, refusant tout compromis jusqu'à un perfectionnisme presque obsessionnel.

Une prolifique période de production s'ensuivit donc, au cours de laquelle pas un seul film ne fut « raté » ! Au contraire, chacun d'eux innovait, mais tous gardaient ce sens du merveilleux et garantissaient à un public international une qualité éternelle, de celle qui défie les modes et les formules.

Et un triste jour tout sembla s'arrêter.

On se souvient de la couverture célébrissime du *Paris Match* qui annonçait la mort de notre héros. On y voyait en gros plan Mickey qui laissait tomber une grosse larme. Ce fut pour nous une bien triste nouvelle car nous avions conclu hâtivement, peut-être un peu naïvement aussi, que nous ne verrions plus de film d'animation à cause de cette disparition subite. C'est vrai qu'à cette époque Walt Disney détenait un véritable monopole du genre tant la concurrence était pour ainsi dire inexistante.

Nous étions alors loin d'imaginer qu'une renaissance allait se produire sous l'impulsion de Michael Eisner et Jeffrey Katzenberg. Renaissance à laquelle nous devions participer bien des années plus tard.

Au milieu des années 1980 la firme légendaire américaine a renoué avec l'animation avec *Oliver & Compagnie* (film guère inoubliable) et *La Petite Sirène*. Mais elle veut encore se développer, au-delà de son continent, pour produire plus, et elle organise à cette fin une grande tournée des studios mondiaux.

Et c'est en 1989 que nous vendons notre entreprise Brizzi Films et que nous devenons directeurs généraux de Walt Disney Animation France.

Nous dépendions directement du département Disney TV mais il y avait de leur part la volonté de produire des longs métrages issus de séries télé. C'est ainsi que nous mettons en production dans nos studios de Montreuil : *Picsou et le secret de la lampe perdue*.

Cependant la charge de directeur général pour être flatteuse n'en était pas moins frustrante car elle nous tint éloignés de la réalisation proprement dite. La création nous manquait indéniablement. C'est au cours d'un séjour à Los Angeles et à l'occasion de la grande fête donnée pour la sortie du film *Aladdin*, que Paul, moi trop dégonflé pour m'enhardir et préférant me consoler d'une glace monstrueuse à la vanille (mais était-ce de la vanille ?), manifesta cette frustration à Peter Schneider, à l'époque chef du département prestigieux de Feature Animation autrement dit chargé des long métrages cinéma.

Alors que la fête bat son plein, Paul revient et m'annonce avec un flegme feint que Peter, très à l'écoute, lui avait donné rendez-vous à son bureau dans les jours suivants. J'en fis tomber ma glace !

Bref, pour faire court, nous voilà appelés à « Feature » et propulsés réalisateurs de séquence sur leur prochain film : *Le Bossu de Notre-Dame* au côté et au service des deux réalisateurs américains, Kirk Wise et Gary Trousdale.

Le projet nous correspondait complètement ! Hugo, Notre-Dame, Le Moyen Âge... Tout pour plaire.

Ça n'était pas gagné en fait, parce qu'entre nous, lorsqu'on nous donna, dès notre arrivée aux studios de Burbank, comme première tâche de story-boarder une seule page du scénario, en l'occurrence la séquence d'Esmeralda qui quitte précipitamment la cathédrale pour rejoindre la cour des miracles, il était assez clair que cette séquence était si peu importante qu'elle serait très vraisemblablement coupée au montage. Les réalisateurs, ne voulant à l'évidence prendre aucun risque, nous avaient réservé une séquence sans intérêt. Mais en bons soldats nous nous exécutâmes en montrant un enthousiasme de bon aloi mais sincère. Nous étions dans le plus prestigieux studio du monde après tout, et nous en avions conscience !

Ce fut un succès car ils saluèrent la qualité des dessins, les détails apportés aux décors et l'expressivité du personnage. Et finalement convaincus de notre savoir-faire, et à notre grand soulagement, on nous confia de très belles séquences, et parmi elles, celle du prologue que nous avons conçue et dessinée entièrement.

Et de ce fait notre épopée dans l'animation nous a par conséquence catalogués « dramatiques ».

C'est ainsi que nous devions nous charger de séquences particulièrement intenses comme la chanson de Frollo « *Hell-Fire* » au cours de laquelle on comprend sa haine mais le désir qu'il a de la belle Esmeralda, la séquence finale du siège de la cathédrale et d'autres encore. Chez Disney, mais aussi dans les autres grands studios américains dès qu'il s'agissait de *story-boarder* les « *dark moments* » c'était les « Brizzi's » qui s'y collaient. C'est ainsi que nous signâmes, entre autres, le naufrage du bateau des parents de Tarzan et leur disparition tragique.

Mais, fort heureusement pour le salut de nos âmes, on nous confiait tout aussi volontiers les séquences « émotion », merveilleuses ou mystérieuses comme la prière d'Esmeralda à l'intérieur de la Cathédrale Notre-Dame, et surtout la fabuleuse séquence finale de *Fantasia 2000* ; « *L'oiseau de feu* » pour laquelle Roy Disney (neveu de Walt) nous donna carte blanche.

À cet égard nous devons dire à quel point les Studios Disney sont restés fidèles à eux-mêmes malgré les changements de responsables et l'avancée des technologies. C'est-à-dire que la priorité reste donnée à la qualité intrinsèque des œuvres. Le temps est pris pour que le film soit le plus réussi possible, les conditions de travail optimales pour les artistes et les techniciens. Et remettre sans cesse l'ouvrage sur le métier pour correspondre incontestablement à la réputation d'excellence de la firme. Nous pouvons l'affirmer pour l'avoir expérimenté pendant une dizaine d'années passées à travailler entre leurs murs. Certes, il nous a fallu batailler pour imposer notre originalité mais « *L'Oiseau de feu* » est très exactement la représentation d'une vision personnelle correspondant à l'approche symboliste que nous avions choisie. Ce n'était pas là chose aisée pour un studio plutôt habitué à une représentation classique de la nature, parfois stylisée certes, mais sur la forme plutôt que sur le fond. L'ouverture d'esprit de Roy, sa confiance, sa bienveillance même, nous ont permis de réaliser un film qui à l'instar de son oncle célébrissime innovait quelque peu.

Et puis, nous avons pris une autre route, c'est la vie n'est-ce pas ?...

Mais pour conclure nous pouvons sans hésiter affirmer que notre temps chez Disney fut la période la plus heureuse de notre carrière. L'émulation entre les artistes, les conditions de travail, la méthodologie, ont fait que le sentiment de réaliser quelque chose d'important et de contribuer à notre manière à la pérennité d'une légende, ne fut jamais aussi intense.

GAËTAN ET PAUL BRIZZI

INTRODUCTION

La révolution de l'image animée

Du haut de son immortelle stature, figée dans le temps et reconnaissable du plus grand nombre dans tous les parcs portant son nom, Walt Disney pourrait bien être l'un des artistes les plus importants du XXe siècle. Figure incontournable et omniprésente de la culture populaire moderne, il demeure l'un des grands génies de l'animation mondiale, un découvreur et façonneur de talents toujours inégalé, ainsi qu'un homme d'affaires chevronné à la vision artistique sculpturale. Une vision qui conduit sa société à rivaliser d'ingéniosité, aussi bien techniquement qu'artistiquement et narrativement, avec les plus grands noms de l'histoire du cinéma. À notre époque où l'industrie du septième art se conjugue parfois plus facilement en images de synthèse qu'en prises de vues réelles, l'ombre de Walt Disney plane toujours dans la conscience collective. Moins symbolique que l'on voudrait nous le faire croire plus de cinquante ans après la disparition du maître, son action révolutionnera profondément le cinéma dans son ensemble, mais aussi notre société biberonnée à la culture de l'image. Mickey Mouse, le symbole plus que la souris, toujours vivace près de cent ans après sa création et dont la mutation perpétuelle rappelle la nature intrinsèque de la Walt Disney Company au fil des décennies, bouleversera de ses atours rudimentaires et inoffensifs la manière de créer et de raconter.

Walt Disney, au-delà de l'image d'Épinal du génial créateur qu'il était pourtant indéniablement, voit désormais son héritage rivaliser avec son œuvre, faisant de lui la première et authentique légende moderne.

Parmi la prodigieuse et prolifique production des studios Disney s'inscrit depuis plus de quatre-vingt ans une série de longs métrages au titre de noblesse sobre et mesuré : les Classiques d'animation Disney, tous créés et produits par les équipes créatives de Walt Disney Animation Studios. Une société de production de film d'animation presque centenaire, située au sein des larges complexes de Burbank en Californie depuis 1939, suite au succès planétaire de *Blanche-Neige et les sept nains*. Tous issus du même studio fondé par les deux frères Disney – Roy Oliver l'aîné et Walt le cadet –, ces « classiques » sont alors considérés comme représentatifs du savoir-faire archétypal de la société californienne, bénéficiant d'une attention particulière et d'un traitement de faveur faisant d'eux des œuvres d'exception. Une exigence propre à l'historique Walt Disney Animation Studios, qui gardera stratégiquement la main sur les plus belles productions et budgets, laissant les suites, les films hybrides et autres productions diverses, fatalement moins abouties (mais pas toujours), aux nombreuses filiales du groupes.

Une exigence qualitative mais aussi une volonté de maîtriser et préserver un modèle de production, en réalité artistique mais aussi commercial, comme vitrine d'un savoir-faire renvoyant sempiternellement à l'image réconfortante du père créateur. Car l'histoire de ces classiques d'animation au format long (le terme « *full length feature production* » orne alors les affiches des premiers titres) est intimement liée à la volonté toujours renouvelée de Walt Disney d'explorer de nouvelles manières de raconter des histoires avec des images animées. Cette exploration, riche en découvertes de premier ordre pour le septième art (la couleur au cinéma, les premiers films parlants) ou en thématiques indissociables de Disney (la musique et la place de la chanson, les mondes fantasmagoriques, l'anthropomorphisme évoquant Jean de la Fontaine), a en réalité lieu dès le début de carrière du jeune animateur.

Âgé de seulement 20 ans, Walt Disney fonde Laugh-O-Gram Studio à Kansas City, produit et réalise des courts métrages d'animation et figurera par la suite parmi les pionniers majeurs d'une industrie en bouleversement permanent. Les premiers films de quelques minutes voient le jour et, déjà, le *storytelling*, l'art de raconter une histoire, est présent. Parti pour Hollywood afin de monter Disney Brothers Cartoon Studio avec son frère, Walt Disney signe des contrats l'amenant dès 1923 à produire et réaliser *Alice Comedies*, mélange improbable d'animation et de prises de vues réelles, en l'occurrence une petite fille évoluant dans un univers évoquant sans surprise l'imaginaire de Lewis Carroll et préfigurant aussi bien la version animée d'*Alice au Pays des Merveilles* que l'hybri-

« Chez nous, nous sommes sûrs d'une chose : autrefois tout le monde était un enfant. En démarrant une nouvelle œuvre, nous ne pensons pas aux adultes, nous ne pensons pas aux enfants, mais juste à cette chose intacte, belle et pure, cachée au plus profond de chacun d'entre nous que le monde a voulu nous faire oublier, et que nos films aideront peut-être à retrouver. »

Walt Disney (1938)

dation technique de *Mary Poppins*. Narrativement comme techniquement se dessine alors déjà une volonté de dépasser le cadre des conventions, tout en faisant évoluer un média aussi bien artistiquement que commercialement. Le personnage Oswald le lapin chanceux, prototype à succès de Mickey Mouse abandonné aux producteurs d'Universal, sera lui aussi l'une des grandes étapes de l'industrie, abordant les séries de courts métrages avec un personnage central et redondant, particulièrement aimé des enfants.

Avec *Silly Symphonies*, série de courts d'animation axée sur la musique et mettant en scène un florilège de personnages tel que Donald Duck, Walt Disney tend à perfectionner son langage. Chose faite avec l'arrivée de techniques de colorisation mais aussi de superposition de celluloïds pour les effets de profondeur (caméra multiplane), qui sont autant d'innovations imprimant à la société sa notoriété jusque dans la nécessité de faire mieux, toujours mieux. Ainsi naît la douce Blanche-Neige en 1937 et le principe du long métrage d'animation avec elle. Devenus désormais « classiques » et conjuguant tout aussi bien l'imaginaire de ses créatifs que celui de ses techniciens de l'image comme du son, ces films auront surtout la particularité de développer un langage narratif en racontant des histoires universelles où tout un chacun pourra se sentir touché.

Une alchimie gagnante qui pousse Walt Disney à offrir au public des histoires toujours plus intemporelles, d'amour et d'amitié, de vie et de mort, pour une audience la plus large possible. Mais, surtout, à imposer une exigence qualitative comme signature authentique d'un savoir-faire désormais reconnu, qui l'amène à laisser à ses équipes le temps qu'il faudra pour produire les premiers chefs-d'œuvre : de très longues années de conception et de mise en œuvre pour *Bambi*, *Dumbo* ou *Fantasia*, et jusqu'à dix ans, entrecoupés de pauses, de grèves et de remaniements sans fin, pour *Cendrillon, Peter Pan* ou encore *Alice au Pays des Merveilles.*

Mais le classique Disney, loin de ne répondre qu'à une seule et unique formule, évoluera aussi avec son temps. De contes enchanteurs aux récits contemporains, le studio se tourne vers la diversité et dilue les fondamentaux de ses plus belles productions face à la concurrence de la télévision et l'équilibre précaire de l'image de l'œuvre animée, sempiternellement associée à l'enfance. L'échec cuisant de *La Belle au Bois Dormant* en 1959 aura un effet dévastateur sur la production, baissant en qualité (technique) avec l'arrivée de films comme *Merlin l'Enchanteur*, pour ensuite entamer une traversée du désert suite au décès du père fondateur en 1966, jusqu'à une reprise plus ferme et régulière des productions dans les années 1980. Témoins de leur époque, les longs métrages des studios Disney n'en gardent pas moins une identité profonde, et un attachement du public plus qu'extraordinaire.

Plus de quatre-vingt ans après leur création, les Classiques d'animation Disney font encore et toujours rêver, plus que jamais d'actualité et figurant au rang des plus belles productions mondiales au cinéma. Célébrer leur avènement, leur développement, leurs artistes, leurs thématiques et leur héritage, était pour nous une nécessité culturelle, et se cristallise sous la forme du livre que vous tenez entre les mains. Un ouvrage à l'esthétique soignée et au propos pluriel, pour permettre à toutes et à tous une approche ludique et un développement le plus complet possible sur l'univers de Disney, jusqu'ici bien trop souvent traité avec dérision, légèreté, voire mépris. Peu importent les détracteurs, l'esprit de la firme californienne est ailleurs…

« Nous n'essayons pas d'amuser les critiques. Je tente ma chance avec le public. »

Walt Disney (1955)

IL ÉTAIT UNE FOIS

• P. 10 •
Walt Disney

• P. 14 •
Les grands noms
de l'imaginaire
Disney

• P. 18 •
La naissance
du cinéma
d'animation

1

Walt Disney

P. 11

L'HOMME DERRIÈRE LE MYTHE

L'HOMME DERRIÈRE LE MYTHE

INCARNATION ULTIME DU RÊVE AMÉRICAIN, HOMME D'AFFAIRES VISIONNAIRE, INFATIGABLE BESOGNEUX, ARCHITECTE DE SA PROPRE LÉGENDE, WALT DISNEY LAISSE DERRIÈRE LUI UN EMPIRE DU DIVERTISSEMENT DANS LES DOMAINES DU CINÉMA, DE LA MUSIQUE, DU THÉÂTRE, DES MÉDIAS, DES PARCS À THÈMES, DE L'HÔTELLERIE ET DU MERCHANDISING. MAIS QUI ÉTAIT-IL VRAIMENT ?

L'œuvre de Walt Disney nous est si familière qu'il nous apparaît comme un lointain parent bienveillant, dont le legs écrasant est autant admiré que décrié. Si la carrière de l'artiste aux multiples casquettes s'esquisse en pointillés au fil des pages qui suivent, que sait-on réellement de l'homme ? Des légendes tenaces circulent à son sujet : suspecté d'être juif, franc-maçon et anti-communiste, taxé de misogynie, de racisme et d'antisémitisme, Walt se serait opposé à la mise en berne du drapeau américain à Disneyland au lendemain de l'assassinat du président Kennedy, se serait fait cryogénisé à sa disparition, et son fantôme hanterait même plusieurs bâtiments de ses parcs d'attractions. De quoi nourrir bien des fantasmes aussi farfelus qu'inexacts. Revenons plutôt sur les jeunes années du futur instigateur de *Blanche-Neige et les sept nains*, afin d'éclairer une œuvre protéiforme d'une inépuisable richesse.

Il faut remonter au XIe siècle, dans le village d'Isigny situé dans le Calvados (rebaptisé Isigny-sur-Mer au début du siècle dernier), pour trouver la trace des ancêtres de Walt Disney. Là, en gage de remerciement pour l'avoir aidé à conquérir l'Angleterre, Guillaume le Conquérant attribue en 1066 le titre de « seigneurs d'Isigny » à Robert et Hugues Suhard, des paysans normands qui choisissent d'élire domicile en Irlande. Le titre devient alors patronyme, et Hugues d'Isigny de transmettre à ses descendants un nom qui s'anglicise progressivement en Disney. Au XVIIe siècle, la famille se disperse : certains restent en Irlande, d'autres reviennent en France, d'autres encore tentent l'aventure de l'Amérique. Des Disney sont identifiés à New York en 1834, et un certain Elias naît vingt-cinq ans plus tard dans la province canadienne de l'Ontario. Après avoir exercé mille métiers (fermier, ouvrier, violoniste…), il épouse à l'hiver 1888 Flora Call, une jeune femme originaire de l'Ohio qui lui donne cinq enfants. Une fille, Ruth, et quatre garçons, Herbert, Raymond, Roy et Walter Elias, dit « Walt ». Celui-ci, qui voit le jour le 5 décembre 1901 à Chicago, grandit à l'ombre d'un père ombrageux, croyant, volage et adepte des châtiments corporels. Les plus belles années de Walt débutent à l'âge de quatre ans au sein d'une ferme du Missouri,

dans la petite ville de Marceline qui inspirera plus tard « Main Street, USA », l'accueillante artère principale des fameux parcs à thèmes. Sa jeunesse passée à escalader des arbres, à se perdre avec délice dans la forêt en compagnie de son frère aîné Roy, à nourrir au biberon un cochonnet répondant au doux nom de Skinny, à admirer la locomotive conduite par un oncle à deux pas du domicile, est pour lui une source perpétuellement renouvelée d'émerveillement. C'est en entrant à l'école à l'âge de huit ans que le jeune Walt acquiert le goût de la lecture et de l'évasion par l'imaginaire. Celui du dessin lui vient d'une tante qui lui ramène du papier et des crayons de Kansas City. La parenthèse enchantée tourne court lorsque son père, atteint de diphtérie et de typhoïde, se retrouve dans l'incapacité d'assumer les travaux de la ferme, par ailleurs touchée par un sévère épisode de sécheresse. À l'automne 1909, la maison est vendue et la famille s'installe à Kansas City. Six années durant, celui qui n'est encore qu'un enfant se lève aux aurores avec son frère Roy, par tous les temps, pour pousser une charrette pleine de journaux afin d'aider un père devenu livreur, en contrepartie d'un argent de poche symbolique. L'expérience, qui n'est pas sans conséquence sur l'assiduité du jeune Walt dans ses études, rapproche durablement les deux frères. Mais le caractère autoritaire de leur père a raison de la patience de Roy, qui claque la porte de la maison à l'aube de la majorité pour travailler chez un oncle fermier. Désormais seul avec sa sœur et ses parents, Walt goûte aux joies de la grande ville : cirque, théâtre et cinéma. Son coup de foudre pour le personnage de Charlot, incarné par Charlie Chaplin, le pousse même à improviser un spectacle de rue durant son adolescence, tout en enchaînant les petits boulots.

Alors que la Première Guerre mondiale secoue le Vieux Continent, Elias décide à nouveau de changer d'emploi et s'envole pour Chicago où il fait l'acquisition d'une usine de pots de confitures. Walt ne l'entend pas de cette oreille et choisit de rester à Kansas City au côté de Roy. À l'entrée des États-Unis dans le conflit, ce dernier s'engage dans la marine, et Walt ne tarde pas à rentrer au bercail. S'il se distingue dans le journal de son lycée avec des illustrations qui lui valent une pluie d'éloges (un éditorial salue même « la naissance d'un talent artistique rare »), l'intéressé est davantage préoccupé par la guerre, qu'il faut à tout prix gagner. À l'âge de seize ans, il quitte le système scolaire et parvient, en falsifiant un extrait d'acte de naissance, à intégrer la Croix-Rouge en quête de volontaires (l'âge légal étant de 17 ans). Affecté à une cantine militaire de Neufchâteau, en France, Walt revient à la vie civile à l'automne 1919. Désormais majeur, l'intéressé n'est pas décidé à reprendre des études, et n'entend pas davantage retravailler pour son père. Il s'installe donc à Kansas City où il retrouve Roy, avec la ferme intention d'entamer une carrière de dessinateur. Ça tombe bien, un studio de création publicitaire du nom de Pesmen-Rubin Commercial Art Studio cherche des graphistes. Entre deux conceptions d'affiches, Walt se lie d'amitié avec un employé nommé Ub Iwerks, aux prédispositions certaines pour le dessin. La rencontre marque un tournant dans l'existence des deux jeunes hommes, qui décident de créer leur propre société. En janvier 1920, Iwerks-Disney Commercial Artists voit le jour, mais périclite deux mois plus tard. Le duo est engagé dans la foulée par la Kansas City Film Ad Company, spécialisée dans les spots publicitaires locaux. Passionné par l'animation, Walt se documente sans relâche sur cet art en plein essor, produisant en parallèle des courts métrages réalisés avec une caméra empruntée à son patron et diffusés dans une poignée de salles obscures de la ville. Certes confidentiel, le succès est au rendez-vous et incite Walt à quitter son emploi pour fonder, en mai 1922, le studio Newman's Laugh-O-Grams, recrutant pour l'occasion son ami Ub Iwerks au côté de quelques dessinateurs. Basées sur des contes traditionnels comme *Le Chat botté*, *Le Petit Chaperon rouge* ou *Cendrillon* (tiens, tiens...), les productions peinent à trouver leur public, et la société dépose le bilan à l'automne de la même année. Inspiré par le succès de *Koko le clown* des studios Fleischer, Disney décide alors se lancer dans la réalisation d'*Alice's Wonderland*, un court métrage combinant animation et prises de vues réelles. Faute d'acheteur pour son film, le jeune homme sans-le-sou tente le tout pour le tout : avec quarante dollars en poche, il prend un train pour Hollywood. La chance lui sourit enfin. Hébergé par un oncle qui le laisse libre d'investir le garage pour monter un petit studio, Walt Disney contacte une distributrice d'Universal qui lui fait part de son intérêt pour le

court métrage avec Alice. Elle lui passe commande d'une série de six épisodes, à raison de 1 500 dollars le film. Le 16 octobre 1923, Walt s'allie à son frère Roy pour fonder le Disney Brothers Studio – rebaptisé trois ans plus tard Walt Disney Studio – et convainc Ub Iwerks de l'assister en s'installant à Los Angeles. Chacun est à sa tâche : Roy tient les cordons de la bourse, Ub est à la table à dessin (on lui doit la création d'Oswald le lapin chanceux et de Mickey Mouse), et Walt crée des gags tous azimuts tout en supervisant le travail d'équipe.

L'histoire de la société créée par Walt Disney ne s'arrête bien sûr pas là, et connaîtra bien des remous au fil des années – l'épisode le plus douloureux pour son cofondateur étant sans doute la grève de cinq semaines qui secoua ses studios au printemps 1941. Reste que le souvenir contrasté des tendres années de Walt, entre une enfance bucolique à la campagne et la sévérité d'un père tempétueux, puis de ses premières expériences professionnelles ponctuées d'échecs formateurs, ont à l'évidence forgé le caractère pugnace, optimiste et déterminé de l'homme. De quoi mieux appréhender une personnalité pétrie de valeurs fondées sur l'attachement à la famille et à la camaraderie, ainsi que sur le goût du travail et du dépassement de soi. ★

2

Les grands noms de l'imaginaire Disney

P. 15
LES NEUF SAGES

LES NEUF SAGES

BIEN QU'INDISSOCIABLE DE TOUTES LES CRÉATIONS DE LA SOCIÉTÉ PORTANT SON NOM, WALT DISNEY ÉTAIT AVANT TOUT UN DÉCOUVREUR DE TALENTS. TOUTES LES ŒUVRES PRODUITES DE SON VIVANT ÉTAIENT TRÈS LARGEMENT CONÇUES PAR SES PROCHES COLLABORATEURS COMME AUTANT D'ARTISTES AYANT FAÇONNÉ L'IDENTITÉ ET L'EXIGENCE DE LA FIRME DISNEY AUTANT QUE WALT DISNEY LUI-MÊME.

« L'enthousiasme de Walt Disney pour l'aventure créative, et sa capacité à inspirer les gens autour de lui, dans l'accomplissement de cette aventure, n'a jamais décliné, même quand cela était difficile financièrement. Il allait toujours de l'avant – nouvelles idées, nouvelle excitation, nouvel espoir. Il a parcouru un chemin qui, tout au long de sa vie, semblait ne jamais se finir. Il avait cette "compétition" avec lui-même, qui n'a jamais failli. Chacun d'entre nous, lorsque nos capacités nous le permettent, devrions faire tout notre possible pour garder notre aventure créative vivante, en ébullition. Si nous le faisons, le monde où nos talents se nourrissent continuera de s'étendre, de s'étendre et de s'étendre encore. N'est-pas le meilleur chemin à prendre ? »

Eric Cleon Larson (« Be Yourself », note pour les animateurs de Disney, 1984)

Motivant ses « hommes » (« *men* », comme il aimait appeler ses animateurs) comme personne ne le fera après lui, Disney se révélait être avant tout un chef d'entreprise à la clairvoyance extraordinaire, dont le génie d'organisation et de méthodologie auront été sans nul doute l'une des plus grandes réussites de son action. Parmi les grands animateurs de l'entreprise, neuf noms marqueront l'histoire de l'animation. Malicieusement désignés comme les « nine old men » (d'après le livre de Robert S. Allen et Drew Pearson, succès de l'année 1936), ces « Neuf Sages » selon la formule française étaient en réalité les cadres, artistiques et techniques, de l'entreprise, qui prendront par la suite les plus hautes responsabilités, y compris et surtout après la mort du père fondateur. Ils seront tous salués d'un Disney Legends Awards en 1989, avec le dixième membre non officiel des Neuf Sages, Ub Iwerks (co-créateur d'Oswald et Mickey Mouse avec Walt Disney), qui n'a eu le tort que de quitter prématurément la société Disney dans sa quête d'indépendance.

Leslie James Clark (1907-1979)

Premier des Neuf Sages à rejoindre l'entreprise Disney en 1927, Les Clark est aussi un véritable autodidacte, propulsé pratiquement du jour au lendemain sur la conception du film *Alice's Picnic* de la série hybride *Alice Comedies*. Il est repéré alors qu'il travaille pour un marchand de glace où se rendent fréquemment les frères Walt – ils ont remarqué

l'aptitude du jeune homme à l'écriture des menus sur la vitrine. Il excelle dans son rôle d'animateur, tout en prenant des cours en parallèle, et évolue très vite dans l'entreprise en développant ses compétences artistiques - il devient alors l'animateur attitré de Mickey Mouse. Il travaille sur les premiers longs métrages tels que *Blanche-Neige* (notamment la scène de la danse), *Pinocchio* et *Fantasia*, et finit par tenir le rôle de directeur de l'animation sur *Cendrillon*, *Alice au Pays des Merveilles*, *Peter Pan* ou encore *La Belle et le Clochard*.

Marc Fraser Davis (1913-2000)

Au sein des studios Disney qu'il rejoint en 1935, Marc Davis se spécialise dans la création de personnages, notamment féminins, en plus d'un beau palmarès dans l'imaginaire de personnages variés, comme l'animal « lunettes » d'*Alice au Pays des Merveilles* ou une bonne partie des animaux dans *Bambi*, dont Bambi et Pan-Pan. Il crée par ailleurs la plupart des protagonistes de *Cendrillon* et *La Belle au Bois Dormant*, tout en leur donnant vie. Mais c'est dans « l'imaginérie », cette discipline inventée par Walt Disney pour les parcs à thèmes, que Marc Fraser continue sa carrière. Il image non seulement les histoires encadrant les attractions, mais aussi leur narration (les parcours, les décors) et les mécaniques d'exploration et d'interactivité. Nous lui devons les célèbres Jungle Cruise (1955), It's a Small World (1964), Pirates of the Caribbean (1967), Haunted Mansion (1969). Sa dernière création avant de prendre sa retraite, Western River Expedition, ne sera jamais construite.

Oliver Martin Johnston, Jr. (1912-2008)

Le dernier des Neuf Sages avant sa disparition en 2008 à l'âge de 95 ans est également l'un des plus reconnus, célébré de son vivant par le grand public et les générations suivantes d'animateurs et de réalisateurs. Il est d'ailleurs salué à deux reprises par le réalisateur Brad Bird dans *Les Indestructibles* (2004) et *Le Géant de fer* (1999). Ollie Johnson signe avec son collègue (et autre « sage ») Frank Thomas le livre *The Illusion of Life* en 1981, bible sur l'animation traditionnelle, toujours d'actualité et figurant parmi les ouvrages historiques et officielles de l'entreprise Disney. Il est aussi et surtout celui dont la longévité au sein du studio reste légendaire : de 1935 à 1977 (sur *Bernard et Bianca*, le chat Rufus est d'ailleurs une caricature de lui-même), en plus de tenir le rôle de consultant sur *Rox et Rouky* en 1981.

Milton Erwin Kahl (1909-1987)

Mentor de Brad Bird dans les années 1970 et considéré comme l'un des animateurs et superviseur de l'animation les plus exigeants de la firme, Milt Kahl est aussi l'un des acteurs les plus modernes de l'animation Disney, avec son style contemporain et sa capacité à renouveler ses idées tout en les transmettant avec pédagogie à l'équipe. Souvent décrit comme un génie au caractère parfois renfrogné, il est perçu comme quelqu'un au trait fin et d'une rare précision, passant plus de temps à réfléchir à son sujet qu'à le dessiner. Dès 1934 à son arrivée aux studios Disney, il engage la production de *Blanche-Neige* en animant tous les animaux du film. On lui doit l'animation de très nombreux personnages sur des films comme *Peter Pan*, *Robin des Bois* ou *Merlin l'Enchanteur*, tout en étant actif sur tous les autres films, véritable modèle et moteur des animateurs d'époque.

Ward Walrath Kimball (1914-2002)

Considéré par Walt Disney en personne comme un « génie », Ward Kimball possède tout au long de sa carrière plusieurs cordes à son arc. Animateur préférant la comédie et se prêtant lui-même aux plus fameuses grimaces servant de modèles aux personnages qu'il dessine, il est aussi joueur de saxophone et sort plus d'une dizaine d'albums avec son groupe de jazz. Passionné de trains et cher-

chant sans cesse à développer de nouveaux projets, il aide à la conception de l'incontournable Disneyland Railroad des parcs à thèmes Disney. S'il participe à tous les films de l'âge d'or des Neuf Sages, il faut néanmoins saluer sa singularité à créer et animer les personnages d'exception *Alice au Pays des Merveilles* : Tweedledee et Tweedledum, le Lièvre de Mars, le Chapelier fou ou encore le chat du Cheshire. Tardivement, il est amené à travailler sur les films hybrides tels que *Mary Poppins* et *L'Apprentie sorcière*.

Eric Cleon Larson (1905-1988)

Le doyen des neufs sages est aussi l'un des cadres les plus influents de l'histoire moderne de Disney. Entrée dans la firme californienne en 1933, il entame sa collaboration sur tous les longs métrages depuis *Blanche-Neige* pour totaliser cinquante-trois années au sein de l'entreprise, un record. Mais au-delà de son travail d'animateur, il occupe dès 1973 la direction d'une grande campagne de recrutement pour prémunir la société du départ des dizaines d'animateurs historiques prenant leur retraite. Eric Larson supervisera ce travail jusqu'à l'âge de 81 ans. Cette campagne de recrutement se soldera par l'arrivée des ténors, passés et actuels, de Disney depuis le milieu des années 1970 : Tim Burton, Brad Bird, John Lasseter, Chris Buck, John Musker ou encore Richard Rich.

John Mitchell Lounsbery (1911-1976)

John Lounsbery étudie au Art Center School of Design en Californie, et rencontre Walt Disney via l'un de ses professeurs. Il entre dans la société en 1935 et intègre la production des courts métrages en tant qu'assistant de Norman Ferguson sur *Blanche-Neige*. Lounsbery crée et anime de très nombreux personnages. Il est ensuite nommé réalisateur sur *Les Aventures de Winnie l'Ourson* et co-réalisateur sur *Bernard et Bianca* – les deux films sortiront un an après son décès, suivant de près ses trois mentors, Disney, Fergusson et Ub Iwerks.

Wolfgang Reitherman (1909-1985)

Né en Allemagne et émigré très jeune aux États-Unis avec ses parents, Wolfgang Reitherman suit des cours de design technique et artistique, avant d'intégrer les studios Disney en 1933. Entre courts et longs métrages, il se fait remarquer par son sens du rythme et étonne sur les programmes mettant en scène Dingo. Après plusieurs courts en tant que superviseur de l'animation (réalisateur), il co-réalise des films comme *Les 101 Dalmatiens* puis, seul, *Merlin l'Enchanteur*, *Le Livre de la Jungle*, *Robin des Bois* ou encore *Les Aristochats*. Au décès de Walt Disney, il prend position au sein de l'entreprise comme l'un des cadres les plus importants, en occupant le poste de directeur des productions, faisant les premiers choix décriés de la profession, comme la réutilisation d'animation d'un film à l'autre.

Franklin Rosborough Thomas (1912-2004)

Issu d'une formation artistique, Frank Thomas intègre les studios Disney en 1934. En tant qu'animateur de grand talent, il signe quelques scènes mémorables, lorsque Belle et Clochard mangent des spaghettis, lorsque Merlin et Arthur se transforment en écureuils, ou lorsque les nains pleurent Blanche-Neige. Il est également connu pour avoir animé de nombreux méchants, comme la Reine de Cœur dans *Alice au Pays des Merveilles* et le capitaine Crochet dans *Peter Pan*. Il est, par ailleurs, directeur de l'animation de nombreux longs métrages Disney depuis *Pinocchio* en 1940 jusqu'à *Bernard et Bianca* en 1981 – son influence s'étendra sur plusieurs décennies et encore aujourd'hui. Il signe en 1981 le livre *The Illusion of Life* avec Ollie Johnson et sera, tout comme son ami de toujours, présent dans *Le Géant de fer* (1999) et *Les Indestructibles* (2004) de Brad Bird.

3

La naissance du cinéma d'animation

P. 19
L'ENFANCE DE L'ART

L'ENFANCE DE L'ART

TOUTES LES ENCYCLOPÉDIES L'AFFIRMENT : *BLANCHE-NEIGE ET LES SEPT NAINS* EST LE PREMIER LONG MÉTRAGE D'ANIMATION DE L'HISTOIRE DU CINÉMA. ERREUR, IL S'AGIT EN RÉALITÉ DU… QUATRIÈME. L'HEUREUX ÉLU S'INTITULE *EL APÓSTOL*, UN FILM ARGENTIN QUI PRÉCÈDE DE VINGT ANS LE CHEF-D'ŒUVRE DE DISNEY. RETOUR SUR LES PRÉMICES DU CINÉMA D'ANIMATION, QUAND LE JEUNE WALT N'ÉTAIT ENCORE QU'UN SIMPLE ANIMATEUR PARMI TANT D'AUTRES.

Trois pages ne sauraient suffire à retracer l'essor du cinéma d'animation. Aussi passerons-nous ici sous silence les pionniers, tels les Français Émile Reynaud et Émile Cohl, respectivement inventeurs du praxinoscope et du dessin animé, pour nous concentrer sur l'émergence de l'industrie animée aux États-Unis. Il convient en préambule de souligner la contribution décisive de Winsor McCay qui, fort du succès de sa bande dessinée *Little Nemo in Slumberland* publiée à partir de 1905 dans le *New York Herald* (dans laquelle un garçon se réveille invariablement au pied de son lit après des rêves mouvementés), se lance quatre ans plus tard dans une adaptation en dessin animé qu'il réalise seul de manière artisanale. En 1914, son court métrage muet *Gertie le dinosaure* fait sensation, tant par le rendu saisissant de la profondeur de champ que la personnalité attachante du héros qui interagit hors-champ avec son créateur. Mais celui-ci finit par revenir vers son premier métier de dessinateur de presse et tire un trait sur ses projets de comédie musicale et de film sur la Première Guerre mondiale.

Des débuts chaotiques

Toute industrie embryonnaire tâtonne inévitablement avant de trouver ses marques. Le cinéma d'animation n'échappe pas à la règle et les années 1910 font preuve d'une ébullition joyeusement anarchique. Les premiers studios s'échangent sans complexe leurs animateurs, qui n'ont eux-mêmes qu'un respect limité pour un travail jugé essentiellement alimentaire. L'objectif prioritaire des productions est de divertir le public, au détriment de la réalisation ou du scénario, réduit à la portion congrue. En parallèle, on observe une véritable frénésie de brevets, qu'il s'agisse du cellulo, déposé en 1914 par Earl Hurd puis l'année suivante par John Randolph Bray avec une subtilité différente, ou du rotoscope, déposé en 1915 par Max Fleischer, une figure importante sur laquelle nous reviendrons. Bien malin qui peut prévoir l'avenir d'une industrie à l'ambition encore modeste. La décennie s'achève tout de même sur la sortie du premier long métrage d'animation, *El Apóstol*, réalisé en 1917 par le réalisateur argentin Quirino Cristiani (dont il ne reste malheureusement aucune trace suite à l'incendie qui a détruit les copies existantes en 1926), ainsi que sur la création du premier personnage animé d'envergure, dont la popularité ne sera entamée qu'à l'arrivée de Mickey : Félix le chat. Entre son apparition en 1919 dans le court métrage *Feline Follies* et sa dernière aventure en 1931 (avant plusieurs tentatives médiocres de résurrection dans les années 1960 et 1990), le félin malicieux créé par Otto Mesmer tient la vedette de cent cinquante productions aux trouvailles visuelles

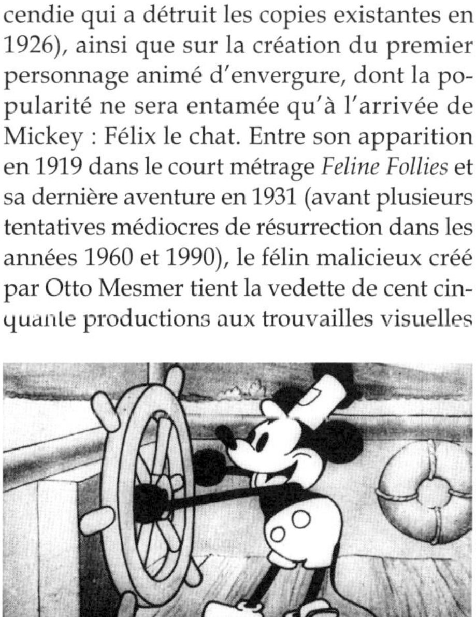

Steamboat Willie © 1928 Disney

Color classics : Little lambkin © 1940 Fleischer

Popeye © 1937 Fleischer

Oswald le lapin chanceux © 1927 Disney

réjouissantes qui ne survivent hélas pas à l'arrivée du parlant. Les années 1920 marquent par ailleurs un tournant : si l'animation n'est qu'une source de distraction pour les spectateurs, destinée à meubler les séances entre deux programmes, les studios prennent de l'ampleur en exportant leurs productions pour une plus grande rentabilité, notamment en France par l'intermédiaire de Pathé.

Un concurrent de poids

À la fin des années 1920, un certain Walt Disney commence à se faire un nom (voir le portrait détaillé de l'auteur en début d'ouvrage), notamment grâce à la projection, le 18 novembre 1928, de l'amusant *Steamboat Willie* que l'histoire officielle retient comme le premier dessin animé synchronisé avec du son. Il n'en est pourtant rien. Deux mois plus tôt, le court métrage *Dinner Time* produit par Paul Terry lui a en effet grillé la politesse en mettant en scène un boucher dont l'échoppe est envahie par une bande de chiens. Déjà, le son est intégré sur la pellicule, mais l'échec du film le condamne à l'oubli. Quatre ans plus tôt, les frères Max et Dave Fleischer ont même signé une trentaine de courts métrages réunis dans une série intitulée *Sound Car-Tunes*, laquelle ne proposait pas, il est vrai, de son synchronisé. Il n'empêche : avec les studios Fleischer, les frères du même nom ont été les concurrents directs des studios Disney jusqu'au début des années 1940, bien qu'ils n'aient pas accédé à la même notoriété (et encore moins postérité) auprès du grand public. Originaire d'Autriche, la famille Fleischer a émigré aux États-Unis afin d'échapper aux persécutions antisémites. Après avoir mis au point le rotoscope (contours d'une figure filmée en prises de vues réelles redessinés image par image), Max Fleischer réalise quelques sketches d'animation et frappe à la porte de Paramount, qui lui permet au lendemain de la Première Guerre mondiale de lancer l'audacieuse série *Koko le clown*, dans laquelle le héros interagit avec le jeune animateur dans une combinaison d'animation et de prises de vues réelles. Une influence majeure pour les séries *Alice Comedies* et *Oswald le lapin chanceux* initiées par Walt Disney au milieu des années 1920. Au début de la décennie suivante, les studios Fleischer imposent un deuxième personnage populaire qui devient même une icône au fil du temps : Betty Boop. Décrochant sa propre série en 1932, la première héroïne de dessin animé flirte plus d'une fois avec la censure, révélant un soutien-gorge pigeonnant ou ramenant à la vie une galerie de macchabées, émoustillés par les formes avantageuses de la demoiselle ! Le célèbre code Hays recouvre la série d'un voile de censure, l'héroïne délaissant progressivement son statut de vamp (donc de femme sexuée) au profit d'une mère au foyer bien rangée. En 1933, *Popeye*, adaptée cette fois d'une BD, assoit la réputation du studio. L'esprit audacieux et insolent des frères Fleischer revient de nouveau en force et préfigure les délires de Tex Avery qui débute simultanément sa carrière au studio Warner. Ce dernier s'inspire d'ailleurs, avec les séries *Looney Tunes* puis *Merrie Melodies* au début des années 1930, des *Silly Symphonies* de Disney qui rencontrent un vif succès depuis la fin de la décennie précédente. Qu'à cela ne tienne, les studios Fleischer s'engouffrent à leur tour dans le concept des courts métrages en couleurs avec la série *Color Classics*, dont la production s'étale de 1934 à 1941. À vouloir imiter la série de Walt Disney, l'identité du studio s'y trouve quelque peu diluée. Cependant, une innovation baptisée *stereoptical process* est perfectionnée, qui esquisse les prémices de la caméra multiplane mise au point quelques années plus tard par Disney. Cette trouvaille consiste à placer des cellulos sur des plaques de verre, tandis que défilent à l'arrière les décors élaborés sous forme de maquettes en volume. Les deux entreprises semblent donc s'influencer mutuellement en ce début de XXe siècle, Disney tirant au final son épingle du jeu grâce au sens commercial du tout-puissant patron Walt.

La concurrence redouble entre les studios à la sortie de *Blanche-Neige et les sept nains*. Réfractaire à l'idée de produire un long métrage d'animation, la Paramount, distributrice des productions des studios Fleischer, se ravise au vu du succès du chef-d'œuvre de Walt Disney. Ceux-ci décident donc à leur tour de passer à la vitesse supérieure et jettent leur dévolu sur le roman *Les Voyages de Gulliver* de Jonathan Swift, en se limitant à l'épisode sur l'île de Lilliput où le héros naufragé tue dans l'œuf la guerre nourrie entre des habitants d'ordinaire pacifiques. Durant dix-huit mois, les studios Fleischer débauchent 700 artistes, dont certains ont travaillé sur *Blanche-Neige*, afin de mener à bien le projet. À l'arrivée, le film éblouit par sa réalisation irréprochable et son rythme alerte qui approchent la qualité des productions Disney. Malheureusement, le film ne rencontre pas le succès escompté lors de son exploitation américaine en 1939, et il doit attendre 1944 pour connaître une sortie dans les salles françaises. Entre-temps, les frères ont été licenciés de leurs studios par Paramount suite à l'échec cuisant d'un second film sorti en 1941, *Douce et Criquet s'aimaient d'amour tendre*. L'horizon se dégage enfin pour l'entreprise créée par Walt Disney.

Douce et Criquet s'aimaient d'amour tendre © 1941 Paramount

Les Voyages de Gulliver © 1939 Fleischer

Les Voyages de Gulliver © 1939 Fleischer

LES GRANDS CLASSIQUES

• P. 24 •
Les princesses

• P. 40 •
Le voyage

• P. 52 •
La musique

• P. 60 •
Les contes
et romans

• P. 74 •
L'anthropomorphisme

• P. 88 •
La nature

• P. 104 •
L'humour

• P. 116 •
La modernité

1

Les princesses

P. 25
ET ELLES VÉCURENT HEUREUSES ?

P. 28
BLANCHE-NEIGE & LES SEPT NAINS

P. 30
LA BELLE AU BOIS DORMANT

P. 32
CENDRILLON

P. 33
LA PETITE SIRÈNE

P. 34
LA BELLE ET LA BÊTE

P. 36
LA PRINCESSE ET LA GRENOUILLE

P. 37
RAIPONCE

P. 38
LA REINE DES NEIGES

ET ELLES VÉCURENT HEUREUSES ?

INDISSOCIABLES DE L'UNIVERS DISNEY, LES PRINCESSES SONT DEVENUES LES ÉGÉRIES DE L'ENTREPRISE, DÉTRÔNANT MICKEY MOUSE À DE NOMBREUX ÉGARDS. SI DISNEY N'A TOUTEFOIS PAS INVENTÉ LA PRINCESSE À SECOURIR, LES FILMS ASSOCIÉS AURONT BEL ET BIEN MARQUÉ PLUSIEURS GÉNÉRATIONS DE SPECTATEURS, AU POINT DE RENDRE CETTE FIGURE FÉMININE, SOUVENT TAXÉE DE SEXISTE, INCONTOURNABLE DE L'IMAGINAIRE DE L'ENFANT.

« C'est un conte de fées qui a été à l'origine de chaque grande ère dans l'animation Disney. Blanche-Neige *a lancé l'âge d'or,* La Petite Sirène *la renaissance, et désormais j'espère que* Raiponce *lancera ce troisième âge d'or pour Disney. […] Il y a eu un temps où les princesses Disney étaient soigneusement présentées, toujours immaculées et jolies. Ariel a été la première à briser ce carcan. Je me rappelle que mes mentors Frank Thomas et Ollie Johnson avaient dit après le lancement de* La Petite Sirène *qu'ils n'auraient jamais animé Ariel comme ça. J'ai demandé « pourquoi ? », et ils répondirent « Parce que tu as dessiné son visage avec des expressions laides alors qu'à notre époque nous nous appliquions à ne dessiner nos princesses qu'avec les plus belles expressions ». J'ai alors réalisé que c'était le fait d'une nouvelle génération. À chaque fois qu'on avait le choix entre le beau et le réel, nous choisissions le réel. Les émotions authentiques sont notre objectif. »*

Glen Keane, animateur et producteur

Lorsque Walt Disney débute dans l'animation, les techniques sont très peu développées. Jusqu'alors, le sujet devait être plus fort que sa représentation, et l'originalité donnée aux productions devaient dépasser les a priori du public face à l'animation naissante. *Alice Comedies* ouvre le bal avec une série à succès de courts métrages sur plusieurs années, mettant en scène une petite fille visitant Cartoonland, qui s'inspire alors librement de Lewis Carroll : pas de princesse, mais une œuvre célèbre mettant en scène un personnage féminin prétexte à l'aventure débridée. Avec *Mickey Mouse* et *Silly Symphonies*, Disney développe non seulement sa maîtrise des outils tout en en créant de nouveaux, et arrive en 1934 avec le lancement d'un projet supposé développer son entreprise. Ce projet est non seulement un film d'animation de longue durée mais également entièrement en couleurs, et met en scène un conte bien connu des frères Grimm. Avec *Blanche-Neige*, Disney présente la première « princesse Disney » et lance sans le vouloir une véritable révolution culturelle qui ne deviendra cependant effective que bien après, lors du renouveau du cinéma d'animation Disney de la fin du XXe siècle. Si *Blanche-Neige* ou *La Belle et la Bête* sont indubitablement des « films de princesses »

Blanche-Neige et les sept nains © 1937 Disney

La Belle et la Bête © 1991 Disney

aux héroïnes reléguées aux apparats royaux et aux aventures aseptisées. *Mulan*, *Pocahontas* ou *Aladdin* (dont les premiers rôles féminins sont officiellement des « princesses Disney ») amènent à vraiment reconsidérer l'image de la princesse de la firme californienne.

Quel canon pour la princesse Disney ?

De l'époque classique des studios Disney, seulement trois films de princesses voient le jour. Si *Blanche-Neige* fait date, la figure féminine dépeinte s'inscrit dans son temps et sert de modèle aux deux autres longs métrages : *Cendrillon* en 1950 et *La Belle au Bois Dormant* en 1959. Si d'apparence elles évoluent sensiblement d'une époque à l'autre, le rôle de ces jeunes filles reste cependant relégué à la passivité relative. La princesse Disney est prisonnière de son destin, qu'un beau et noble prince viendra délivrer. L'attente se résume pour elle à nettoyer, ranger, préparer sa robe pour le bal, voire tout simplement dormir. Au terme de sa délivrance, vivre longtemps et avoir beaucoup d'enfants devient alors son futur idéal. Si cette vision, qui se veut volontairement réductrice, n'est jamais en faveur du rôle féminin, elle reflète cependant une époque où il ne pouvait en être autrement dans l'imaginaire des créatifs. Mais déjà à l'époque, les premières critiques fusent. L'antiféminisme du rôle de ces princesses est pointé, mais aussi l'américanisation des contes européens, par ailleurs souvent bien loin des visions idéalistes de Disney. Presque symétriquement et pour couronner le tout, le mauvais rôle des films est, lui aussi, donné à un personnage féminin. De la méchante belle-mère à la sorcière maléfique, c'est face à de telles antagonistes que le prince rétablit encore une fois l'équilibre. L'échec cuisant de la *Belle au bois dormant* au box-office enterre la volonté de Walt Disney de revenir au film de princes et de princesses, mais l'imagerie féerique, d'une lutte d'au-delà du bien et du mal, de la pureté et l'innocence contre la velléité du monde et des hommes, reste fermement ancré dans l'inconscient collectif. Si les mentalités évolueront et si cette vision de la princesse sans défense, belle mais peu aventureuse, finira par fatiguer le public, la qualité des films et les messages délivrés par ses auteurs resteront intemporels et traverseront les époques et les générations.

Le renouveau s'amorce à la fin des années 1980, avec *La Petite Sirène* en 1989. Trente ans après *La Belle au Bois Dormant*, renouant avec le film de princesses et le conte populaire, Disney réaffirme soudainement sa filiation au féerique après une traversée du désert pour la branche animation. Ariel fait alors le lien entre l'ancien et le nouveau monde, celui de l'imaginaire, celui du réel, symbolisé par l'océan et le monde des hommes : une princesse faisant des bêtises, des grimaces, s'attirant de véritables ennuis de son propre fait et contre toute notion de destin et de fatalité. Si, sous apparence humaine, elle revêt des apparats renvoyant à l'image classique de la princesse Disney, Ariel reste avant tout gauche et drôle, aux mimiques reléguant *Blanche-Neige* à la préhistoire. Et si la finalité ne change fondamentalement pas – un prince viendra la délivrer de ses rêves – elle n'en reste pas moins un sacré tour de force dans l'imagerie féérique de Disney, et permet même à la firme de renouer avec le succès au box-office, qu'elle n'avait pas connu depuis *Le Livre de la Jungle* en 1967. En 1991, au tour de Belle d'ensorceler les salles obscures en délivrant totalement la princesse de sa condition réductrice, brisant les chaînes et menant le récit par les deux bouts, allant jusqu'à renverser l'ordre établi des choses : c'est bien la princesse qui, cette fois, délivrera le prince. Depuis, plus aucun canon n'existe pour les princesses Disney, sinon leur représentation purement formelle, tout en robes et en bijoux, dans les parcs à thèmes du groupe.

L'émancipation au cœur du propos

Sur cette lancée et face à un véritable succès public comme critique, Disney lance deux chantiers mettant en scène des princesses bien en-dehors du contexte européen habituel. Si Jasmine n'est pas l'héroïne d'*Aladdin* malgré son statut officiel de princesse, elle s'inscrit dès 1992 dans la trinité la liant avec *Pocahontas* en 1995 et *Mulan* en 1998 : aventurières, ces filles de sang royal dénotent par leur culture. Disney prétend alors à des histoires universelles sortant du cadre purement classique. Critiqué également pour la représentation de ces héroïnes s'opposant aux précédentes, issues d'une autre culture et donc forcément « sauvageonnes », le studio tranche radicalement avec la première époque grâce à ce pluralisme. Il permet ainsi de véritablement parler d'émancipation, mais oublie peut-être l'aspect féérique – quand bien même celui-ci serait connoté et cliché – faisant sa réputation.

Après presque dix ans, une troisième ère s'installe. De Tiana de *La Princesse et la Grenouille* en 2009 (première héroïne Disney afro-américaine) à Anna et Elsa dans *La Reine des neiges* en 2013, la princesse est courageuse, indépendante, fait des erreurs, peut même se battre ou faire (beaucoup) de mal, ne cherche pas nécessairement l'amour et continue de sauver son prince – quand il existe et lorsqu'il n'est pas supplanté par l'outsider de service. Une ère de modernité est instaurée mais s'inscrit encore, et probablement pour longtemps, dans le cadre féérique.

Blanche-Neige et les sept nains

Premier grand classique de Disney, *Blanche-Neige et les sept nains* est le film de tous les records, mais aussi et surtout celui qui solidifie la société : une onde de choc qui permet la mise en place des fondamentaux faisant de Disney ce qu'il est aujourd'hui.

À l'aube de l'année 1934, Walt Disney se prend à voir les choses en grand. En 1933, les deux séries à succès *Mickey Mouse* et *Silly Symphonies* sont des triomphes critique et public et vont jusqu'à gagner des prix prestigieux (*Des arbres et des fleurs* en 1932 et *Les Trois Petits Cochons* en 1933 reçoivent l'Oscar du meilleur court d'animation). Mais bien au-delà de leur succès, ces productions repoussent sans cesse la technicité des animateurs tout en offrant à d'autres talents (la musique, l'écriture narrative) une voie d'expression de plus en plus considérée. Malgré tout, Walt Disney ne réussit toujours pas à briser ce plafond de verre que représente le format court. Or, l'ambition à la fois artistique et commerciale d'un film d'animation au format long – du jamais vu – pourrait faire exploser la petite affaire que représente alors le studio d'animation. Une envie et une nécessité sont donc à l'origine de ce projet fou.

Alors qu'il dévoile en juin 1934 au *New York Times* la mise en chantier d'un long métrage d'animation, Walt Disney a déjà lancé les choses en interne, et les idées du film vont déjà bon train. Une note compilatoire est dévoilée à l'équipe durant l'été, lançant officiellement la conception de *Blanche-Neige et les sept nains*, tiré du conte des frères Grimm. La rupture créée par ce film sera multiple, et bien au-delà de sa durée inédite, son identité même sera une révolution dans la manière de concevoir une histoire.

Au début plutôt centré sur les sept nains et leurs facéties, le film se recentre au fil de son écriture sur une vision plus froide et moderne de la relation entre la reine et Blanche-Neige. Formellement d'une part, le film met l'humour au second plan et transforme les gags, néanmoins toujours présents, en des scènes plus enjouées tout en évitant au possible le burlesque – Disney veut alors apporter du crédit à l'histoire et au personnage central. Le prince lui-même est littéralement coupé du récit, apparaissant au départ comme un bellâtre maladroit faisant la cour à la douce Blanche-Neige, le tout entrecoupé de gags. Le

BLANCHE-NEIGE ET LES SEPT NAINS
SNOW WHITE AND THE SEVEN DWARFS
Sortie originale : 21 décembre 1937
Sortie française : 6 mai 1938
Réalisateurs : David Hand, William Cottrell, Wilfred Jackson, Larry Morey, Perce Pearce, Ben Sharpsteen
Compositeurs : Frank Churchill, Paul J. Smith, Leigh Harline
Durée : 83 minutes

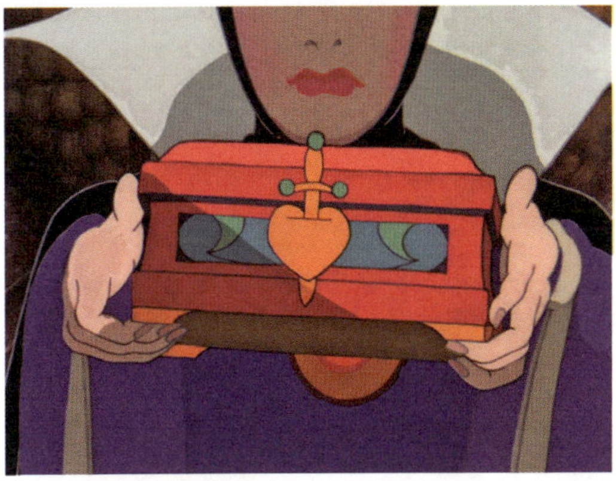

virement le plus impressionnant reste celui de l'antagoniste. Cette figure légendaire passe d'un personnage gros et gauche au ressort comique appuyé à la reine que nous connaissons dans la version finale, d'une beauté froide et cruelle aux aspirations démoniaques. Walt Disney conseille alors à ses animateurs et artistes conceptuels de voir certains films comme la célèbre œuvre expressionniste allemande *Nosferatu* de Friedrich Wilhelm Murnau, avec son jeu inédit d'ombres et de lumière, ses silhouettes découpées au couteau sur des décors gothiques, invoquant les forces du mal et la nécessaire sensation de malaise éprouvée par le spectateur à leur découverte dans les salles obscures. D'un budget estimé à 250 000 dollars, représentant alors le budget de dix épisodes de *Silly Symphonies* ou *Mickey Mouse* (la société en produit alors une vingtaine par an), le film ne cesse de prendre de l'ampleur. Entre le lancement de sa conception et sa date de sortie américaine, ses nombreux remaniements et sa longue réalisation, les frères Disney poussent les investissements dans leur retranchement, allant jusqu'à hypothéquer leur maison pour atteindre la somme mirobolante d'un million et demi de dollars de budget – plus de la moyenne des grosses productions hollywoodiennes de l'époque, qui ne dépassaient que très rarement les deux millions.

Techniquement, le film fait date et marque aussi bien les spectateurs que l'industrie – Walt Disney remporte à cette occasion un Oscar d'honneur (accompagné de sept statuettes !) en 1939 pour l'innovation qu'apportera Blanche-Neige dans l'industrie du cinéma. La création de la caméra multi-plane, permettant de filmer plusieurs couches de cellulos tout en mouvements et donc en profondeur, apportant au cadre une dimension également inédite pour l'animation, sera l'une des grandes réussites de l'ingénierie Disney. Il s'agit également du premier film voyant sa musique éditée sur support musical : un coffret de trois disques comportant les huit chansons du film réparties sur les six faces, au succès populaire confirmant celui du film. Car si *Blanche-Neige et les sept nains* demeure un film d'animation, et donc dans l'imaginaire collectif une œuvre associée à l'enfance, il n'en reste pas moins une véritable révolution culturelle qui est effective dès sa sortie. Acclamé par le tout Hollywood, le film traverse rapidement les frontières et engendre au final plus de six millions de dollars de recettes. Walt Disney, en bon homme d'affaires, fera alors construire les studios Disney à Burbank en Californie grâce au succès du film, qui est le cœur de toute l'activité de la multinationale pour les décennies à venir.

Le défi sera alors très largement remporté, et *Blanche-Neige et les sept nains* d'être à juste titre considéré comme l'une des films les plus importants de l'histoire du cinéma.

La Belle au Bois Dormant

Issu d'un développement sans fin, *La Belle au Bois Dormant* marque la période où les activités de la société de Walt Disney se développent jusqu'à leur paroxysme. Bien qu'animé par de très bonnes intentions y compris et surtout artistiques, ce film est celui de tous les excès, et au final un échec sans concession, aussi bien critique que commercial.

Après la reprise de la sortie de longs métrages d'animation avec *Cendrillon*, Walt Disney se lance dans ce qu'il espère devenir le chef-d'œuvre de sa vie avec un nouveau conte adapté de Charles Perrault, *La Belle au Bois Dormant*. Mais, plus que ça, ce projet doit repousser les standards instaurés par *Blanche-Neige*. La volonté est alors de tourner la page des succès en demi-teinte des dernières années. En cette période de guerre et d'instabilité mondiale, le pays tourne au ralenti et le studio ne produit plus que des films à sketches, tels que *Les Trois Caballeros* en 1944 et *Le Crapaud et le Maître d'École* en 1949, principalement pour des raisons budgétaires. Sans succès probant, peinant à financer les productions plus ambitieuses en cours, le studio vit une période difficile mais continue son développement. Les séries mettant en scène Dingo, Pluto ou Donald sont des succès populaires certains, et Walt Disney lance le chantier de nombreux films en prises de vues réelles, au départ systématiquement associés à l'image animée, et très rapidement sans aucune intervention de ses équipes d'animateurs. La série de documentaires *True-Life Adventures*, avec le film primé aux Oscars *L'Île aux phoques* en 1948, achève d'imprimer à la firme californienne une volonté constante de diversification.

La production de *La Belle au Bois Dormant* s'inscrit dans une période charnière pour Walt Disney. Elle

LA BELLE AU BOIS DORMANT
SLEEPING BEAUTY

Sortie originale : 29 janvier 1959
Sortie française : 16 décembre 1959
Réalisateur : Clyde Geronimi
Compositeur : George Bruns
Durée : 75 minutes

est alors supposée reproduire le succès historique de *Blanche-Neige* en reprenant les fondamentaux d'alors : un conte européen déjà existant en toile de fond, une histoire universelle et un développement artistique hors du commun comme point névralgique de toute la construction du projet. Alors que les productions d'*Alice au Pays des Merveilles* et *Peter Pan* s'éternisent déjà, le succès de *Cendrillon* permet à Walt Disney de lancer la conception de *La Belle au Bois Dormant*, convaincu que ce retour aux sources prévaut sur le reste. Il veille cependant à répondre aux nombreuses opportunités se présentant à lui, et développe le cinéma en prises de vues réelles et ses héros romantiques, de Robin des Bois à Rob Roy en passant par Davy Crockett, avec parfois de vraies surprises au box-office comme la version de *20 000 lieues sous les mers* de Richard Fleischer en 1954. Fort de ces quelques succès, *La Belle au Bois Dormant* devient progressivement une superproduction sur laquelle repose beaucoup d'espoir.

Conceptualisé par de nombreux va-et-vient dans l'écriture du scénario (Walt Disney, de plus en plus sévère, refuse de nombreuses moutures qu'il considère trop proches de *Blanche-Neige* et *Cendrillon*), *La Belle au Bois Dormant* se veut surtout un film flamboyant, comme le retour aux sources d'une vraie démarche artistique. C'est à tel point que son écriture en devient une épreuve de force pour ses auteurs, principalement les vétérans Wilfred Jackson et Ted Sears, sans cesse éconduits par Disney, ce qui repousse de plusieurs années la sortie du film, initialement prévue pour 1955 – le film sort en 1959, un an après le décès de Sears qui ne verra jamais le résultat. La direction artistique est entièrement stylisée par Eyvind Earle, membre récent de la société qui a fait ses armes sur *Peter Pan* ainsi qu'un épisode très remarqué de Dingo, propulsé sur *La Belle au Bois Dormant*. Renouant avec l'esprit européen, le film est l'occasion pour Earle d'exprimer librement son style, dans les tons évoquant la renaissance italienne, mais se heurte à l'avis négatif du réalisateur, Clyde Geronimi, évoquant la trop grande force des dessins en comparaison à l'animation en elle-même – il minimisera l'apport d'Earle pour des raisons d'équilibre, et ce dernier quittera la société avant la sortie du film. Ce style est également malmené par les animateurs, qui doivent s'adapter à des dessins de décors souvent considérés comme trop rigides pour un travail dans les règles sur l'animation. Validés par Walt Disney (ce dernier étant de plus en plus absent, laissant parfois des semaines entre deux décisions, pénalisant lourdement la production), l'apport artistique d'Earle ne fait pas que des heureux, mais pousse l'équipe à se surpasser. Accusant un retard monstre, le film sort en 1959, cumulant un budget de près de six millions de dollars, chiffre considéré comme indécent par toute la profession.

Si le film reste un tour de force ainsi qu'une production absolument sublime, disposant d'une séquence finale extraordinaire pour l'époque, le public n'est pas au rendez-vous. Endettée, la société doit se séparer de nombre de ses animateurs historiques. Mais l'histoire retiendra l'un des plus beaux films de son époque et, alors qu'il décèdera quelques années plus tard, l'ultime et authentique chef-d'œuvre d'un Walt Disney au sommet de sa vision artistique pour le cinéma d'animation.

Cendrillon

En revisitant un conte de fées au lendemain du second conflit mondial, Walt Disney envoie un message clair au public de l'époque : ses films entendent renouer avec l'esprit de *Blanche-Neige et les sept nains*. L'enjeu est de taille car en cas d'échec, c'en est fini des studios Disney.

Au sortir de la Seconde Guerre mondiale, les finances des studios Disney sont exsangues. Le succès des ambitieux films d'avant-guerre appartient déjà au passé et la société doit son salut à une succession de compilations de courts métrages inégaux et sans prétention. La situation est telle que le prochain film scellera le sort de la société. Quitte ou double : pas de quoi décourager Walt Disney, qui a déjà prouvé sa faculté à rebondir au début de sa carrière. L'intéressé décide de se tourner à nouveau vers le conte de fées avec *Cendrillon* dont il existe une multitude de versions, la plus connue en Occident étant celle de Charles Perrault publiée à l'aube du XVIIIe siècle. À deux reprises, Disney a tenté d'adapter le conte : la première fois en 1922 au sein de son premier studio Laugh-O-Gram ; la seconde en 1933 pour la série *Silly Symphonies*, avant d'y renoncer. Son douzième long métrage revisite donc l'histoire de l'orpheline victime de la cruauté de sa belle-mère et de ses deux demi-sœurs, Javotte et Anastasie, dont la bêtise n'a d'égale que l'hypocrisie. Le temps d'un bal crucial donné en l'honneur du Prince, la jeune femme échappe à sa condition grâce à sa marraine la Fée qui lui offre une robe étincelante. Le beau rêve s'achève à minuit, et le souverain remue alors ciel et terre pour retrouver la belle inconnue. Même si l'animation est confiée aux Neuf Sages, que Walt Disney suit de loin en loin, accaparé qu'il est par d'autres activités qui le stimulent davantage, le film est réalisé à l'économie. Des chansons sont supprimées, des scènes rabotées et, surtout, une majorité de séquences sont animées en rotoscopie, à l'exception bien entendu des moments avec les animaux du récit. Ces derniers constituent l'une des grandes forces du film, à commencer par les malicieuses souris Jack et Gus dont les voix sont accélérées pour renforcer l'aspect comique. Les chansons ne sont pas en reste, de l'irrésistible et entêtante confection d'une robe de bal par les animaux (*Les Harpies*), à la parenthèse féérique avec la marraine (*Bibbidi-Bobbidi-Boo*), en passant par la trop courte séquence où l'héroïne au timbre cristallin nettoie le sol de la maison en se démultipliant dans des bulles de savon (*Doux Rossignol*). Si la qualité d'animation se situe nettement en-deçà des premiers chefs-d'œuvre des années 1940 pour cause de restrictions budgétaires, *Cendrillon* reste un classique solide et divertissant, empreint de magie, qui permettra aux studios Disney de se renflouer durablement.

CENDRILLON
CINDERELLA

Sortie originale : 15 février 1950
Sortie française : 1er décembre 1950
Réalisateurs : Clyde Geronimi, Wilfred Jackson, Hamilton Luske
Compositeurs : Paul J. Smith, Oliver Wallace
Durée : 74 minutes

La Petite Sirène

« *C'est dans les vieux pots qu'on fait la meilleure soupe* », prétend une expression. En cette fin de décennie 1980, le département animation au bord de la faillite l'applique en désespoir de cause en piochant dans le répertoire des contes populaires qui lui avait jadis valu le succès.

Dire que les studios Disney ne sont pas au mieux de leur forme à la fin des années 1980 est un doux euphémisme. Faute de cap clair, les quatre films à l'ambition limitée et sortis à intervalles irréguliers – *Rox et Rouky*, *Taram et le Chaudron Magique*, *Basil, Détective Privé*, *Olivier & Compagnie* – n'ont pas franchement marqué les esprits, au point que le département animation vit sans doute ses dernières heures. Pourtant, la nouvelle direction constituée de Michael Eisner et Jeffrey Katzenberg, respectivement nommés président-directeur général de la société et président de Walt Disney Pictures en 1984, ressort des cartons le projet d'adaptation de *La Petite Sirène* écrit en 1837 par l'écrivain danois Hans Christian Andersen (la première tentative menée dans les années 1930 était restée sans suite). L'idée est audacieuse puisque le dernier conte de fées porté à l'écran trente ans plus tôt, *La Belle au Bois Dormant*, s'était soldé par un échec cuisant. En 1985, Ron Clements et John Musker, deux des réalisateurs de *Basil, Détective Privé*, s'attellent au projet en optant pour un consensuel *happy end*, là où le conte s'achève sur une note amère. Surtout, en évoluant vers une comédie musicale dans l'esprit de Broadway grâce aux efforts conjugués du compositeur Alan Menken et du parolier Howard Ashman, le film s'apprête sans le savoir à façonner les productions de Disney de la décennie à venir. Les artistes parviennent à signer l'une des bandes originales les plus inspirées depuis longtemps, alternant une chanson aux accents lyriques (*Partir là-bas*), un slow rétro (*Embrasse-la*) et même un air reggae et calypso (*Sous l'océan*), qui vaut à cette dernière l'Oscar de la meilleure chanson. En outre, Disney modernise l'image de la femme dans ses productions : Ariel est une jeune sirène libre qui choisit délibérément de désobéir à son père, l'intimidant roi Triton, afin de rejoindre l'être aimé, le Prince Éric qu'elle a sauvé d'un naufrage, et n'hésite pas à braver la monstrueuse sorcière Ursula qui s'inscrit dans la lignée des méchantes les plus réussies de la filmographie du studio. Techniquement éblouissant, tour à tour romantique, effrayant et drôle, le film est un triomphe sans précédent qui remet enfin sur les rails les studios Disney qui, dès lors, vont connaître un nouvel âge d'or à la créativité insolente. Juste retour des choses, la jeune et impétueuse sirène poursuit de son côté, à partir de 2007, ses aventures à Broadway avec un succès modéré.

LA PETITE SIRÈNE
THE LITTLE MERMAID

Sortie originale : 17 novembre 1989
Sortie française : 28 novembre 1990
Réalisateurs : John Musker, Ron Clements
Compositeur : Alan Menken
Durée : 83 minutes

La Belle et la Bête

Considéré à juste titre comme l'une des plus grandes réussites du cinéma d'animation Disney, *La Belle et la Bête* tire sa différence d'une production privilégiant l'esthétique narrative et musicale plutôt que l'animation comme base de toute réflexion.

Comme de nombreux titres qui ne seront développés que bien plus tard, la volonté d'adapter le conte populaire *La Belle et la Bête* apparaît dès la fin des années 1930, suite au succès de *Blanche-Neige et les sept nains*. Walt Disney ne concrétise jamais ce projet en plus de vingt ans de réflexion, considérant au final la tâche trop importante. C'est lors de la reconquête du public dans les années 1980, sous l'impulsion du PDG Michael Eisner, que le projet est relancé alors que *La Petite Sirène* est en pleine production. Le film doit alors être réalisé dans un studio londonien sous la direction de Richard Williams, directeur des parties animées de *Qui veut la peau de Roger Rabbit*, mais ce dernier décline l'offre et conseille l'animateur Richard Purdum, alors peu expérimenté, qui collabore aussitôt avec la jeune scénariste Linda Woolverton sur le développement de l'histoire. La délocalisation de la production et la présence de jeunes talents sur un film d'envergure n'a ici rien d'anodin. La société avait alors mandaté le directeur des studios, Jeffrey Katzenberg, d'augmenter sensiblement le nombre de productions et atteindre la cadence d'un film d'animation par an (ce qui est effectif dès *Oliver & Compagnie* en 1988). Au départ perçu comme une nécessité financière dans l'accomplissement de cette stratégie, le fait de commander un scénario plutôt que de commencer la production par les habituels story-boards, mobilisant de nombreux animateurs à temps plein, s'avère cependant payant dans le renouvellement du langage du cinéma d'animation Disney. Rejetée en 1989 après deux ans de travail (incluant des essais de story-boards), la première mouture du film occasionne le départ de Purdum mais la scénariste Linda Woolverton tient bon et accompagne l'évolution du projet, qui voit l'arrivée tardive de Kirk Wise et Gary Trousdale à la réalisation – la production est néanmoins relocalisée en Californie. Afin de compléter le casting, Jeffrey Katzenberg fait appel au duo Howard Ashman et Alan Menken à la création musicale, les deux compositeurs ayant triomphé sur *La Petite Sirène*. La décision est prise : *La Belle et la Bête* sera un film musical, d'inspiration Broadway et mettant plus que jamais l'accent sur l'histoire et la narration. C'est ainsi une équipe particulièrement hétéroclite, composée d'une scé-

LA BELLE ET LA BÊTE
BEAUTY AND THE BEAST
Sortie originale : 13 novembre 1991
Sortie française : 21 octobre 1992
Réalisateurs : Gary Trousdale, Kirk Wise
Compositeur : Alan Menken
Durée : 84 minutes

nariste (le concept de « scénario » était alors inédit chez Disney, qui privilégiait les histoires développées par le travail de recherche des animateurs), de deux compositeurs et de deux réalisateurs, qui entreprend de mettre un point final à la création de l'œuvre.

Conceptuellement, le film fait considérablement écho à la version de 1946 de Jean Cocteau. Nous y retrouvons les objets animés fantasmagoriques et l'inévitable antagoniste (Gaston, convoitant la main de Belle), et même la vision très esthétique d'une bête qui n'en est pas vraiment une, cachant sous des atours nobles et menaçants une véritable blessure plus symbolique que réellement physique. Assumant ainsi jusqu'au bout sa filiation européenne (et même française), *La Belle et la Bête* s'inscrit à la fois comme un retour évident au film en costumes ayant fait les beaux jours de l'animation Disney dans un contexte exclusivement européen, mais permet aussi un développement bien plus profond des protagonistes qu'à l'accoutumée. Belle en devient, contrairement à ses illustres aînées, une femme forte, qui refuse la contrainte et qui se bat jusqu'au bout sans aide extérieure. Mais elle reste profondément féminine, et devient ainsi la première et authentique « princesse libérée », vingt ans avant Elsa.

Au-delà de ses considérables qualités thématiques, le film étonne en 1991 par son modernisme. Musicalement, Alan Menken offre en introduction un vrai clin d'œil au compositeur Camille Saint-Saëns et son *Carnaval des animaux*, rappelant la filiation classique du film, mais développe rapidement dès l'ouverture une scène musicale hors-normes, aux accents de musical de Broadway, tout en évoquant l'opérette européenne, ce qui ne manque pas d'introduire dans la narration une note de modernisme évident. L'animation connaît quant à elle une petite révolution, initiée timidement sur *La Petite Sirène* et plus franchement ensuite sur *Bernard et Bianca au Pays des Kangourous*, avec l'utilisation de l'outil CAPS (pour « Computer Animation Production System », développé par Pixar), un système d'assistance reproduisant les techniques manuelles longues et coûteuses ayant fait la majesté des films Disney jusqu'à la fin des années 1950, y compris toutes les qualités de profondeur que proposait la caméra multiplane, mais sans ses limitations techniques. La scène de la valse symbolise au final l'autre grande réussite du film, sur laquelle le système CAPS permet, en un temps record et à moindre coût, la combinaison spectaculaire des techniques d'imagerie 3D à l'animation traditionnelle. Récompensé par un succès historique lors de sa sortie en salles comme le fut *La Petite Sirène* et comme le seront *Pocahontas* et *Le Roi Lion*, *La Belle et la Bête* confirme alors le nouvel âge d'or auquel les studios Disney aspiraient depuis tant d'années.

La Princesse et la Grenouille

À la surprise générale, Disney annonce en 2006 le retour à l'animation traditionnelle, abandonnée deux années auparavant. L'occasion de valoriser le savoir-faire historique de la firme pour un film s'amusant avec les codes Disney sans vraiment les rejeter complètement.

Alors que *La Ferme se Rebelle* devait signer la fin de l'animation traditionnelle chez Disney en 2004, le rachat de Pixar et l'arrivée de John Lasseter à la direction créative du groupe mettent en lumière la nécessité d'accentuer l'identité de chaque studio. Comme pour affirmer ses nouvelles fonctions, Lasseter laisse le soin à son studio historique de développer d'ambitieux films en images de synthèse (*Ratatouille*, *Wall.E*), et rappelle à l'ordre la direction de Disney en relançant le département d'animation traditionnelle – le nouveau long métrage doit renouer avec l'époque de renaissance de la fin des années 1980, et ainsi marquer sa différence avec la concurrence. *La Princesse et la Grenouille*, tiré d'un livre de E. D. Baker, n'est pas seulement un retour au style ayant fait la gloire de *La Petite Sirène* et *Aladdin*, mais une véritable ode à l'esprit Disney, avec ses chansons, ses princes et princesses, sur fond de féerie assumée. Modernité oblige, le film connaît cependant un développement inédit, mettant en scène la première héroïne afro-américaine de Disney, qui n'aspire qu'à ouvrir son restaurant dans sa Nouvelle-Orléans natale.

Sur fond de musique jazz et de culture afro-américaine, recueillant par ailleurs des levées de boucliers conservatrices d'un côté et des polémiques raciales de l'autre, *La Princesse et la Grenouille* reste une production typiquement ancrée dans l'esthétique narrative de Disney, avec ses couleurs chatoyantes, ses rappels stylistiques à *La Belle et la Bête* ou de films bien plus vieux comme *Cendrillon* (et tous les aspects du film musical), *La Belle et le Clochard* (pour les scènes urbaines) voire *Bambi* (pour les scènes dans le bayou). Les deux réalisateurs du film, responsables d'*Aladdin* et *Hercule*, joignent leur identité à la passion de John Lasseter pour l'âge d'or de Disney, bien que, contrairement à la croyance populaire, le film est réalisé via le renfort de nombreux outils numériques. S'il laisse un goût amer d'introspection juste avant *Raiponce* qui marquera le début du troisième âge d'or du cinéma d'animation Disney, *La Princesse et la Grenouille* est davantage à considérer comme un trait d'union avec *La Petite Sirène* et toute la période les séparant, qui permet à Disney, désormais personnifié par John Lasseter, d'entrer enfin dans une nouvelle ère.

LA PRINCESSE ET LA GRENOUILLE
THE PRINCESS AND THE FROG
Sortie originale : 11 décembre 2009
Sortie française : 27 janvier 2010
Réalisateurs : Ron Clements, John Musker
Compositeur : Randy Newman
Durée : 97 minutes

Raiponce

Issu d'une très longue conception qui se solde par le retrait de Glen Keane à la réalisation, *Raiponce* propose une superbe direction artistique tout en faisant plonger définitivement le cinéma d'animation Disney dans l'ère de la 3D.

Glen Keane était, depuis plus de vingt ans, l'un des talents montants de Walt Disney. À l'origine du design de personnages tels qu'Ariel, Aladdin et la Bête, il lance dès 1996 la mise en chantier de l'adaptation d'un conte des frères Grimm, *Rapunzel*, en élaborant les contours du projet dans un premier temps. Alors qu'il sort de la production de *Pocahontas* dont il a créé le personnage principal et participé à l'élaboration de l'histoire, Keane part vivre à Paris avec sa famille où il supervise à distance l'animation de *Tarzan*. En parallèle, l'histoire de *Rapunzel* prend de l'ampleur mais la tâche s'avère complexe et il est interrompu par la production de *La Planète au trésor*. C'est finalement en 2003 que *Rapunzel Unbraided* est annoncé, pour une sortie dans le courant de l'année 2007. Il sera renommé, très tardivement, *Tangled* (« emmêlé ») pour éviter la connotation féminine ; la version française conservera le nom de l'héroïne, *Raiponce*.

Régulièrement repoussé, d'abord pour 2009 puis pour 2010, *Raiponce* semble souffrir de sa vision de départ. Voulant dépasser les notions classiques des contes des frères Grimm, la première mouture de Keane ne plait guère au PDG de Disney, Michael Eisner, qui imagine alors transposer l'héroïne dans le San Francisco contemporain pour la faire basculer dans un monde de féérie. C'est Ed Catmull et John Lasseter, intégrant la Walt Disney Company par l'intégration des studios Pixar, qui reprennent le projet et incitent Glen Keane à poursuivre sur sa lancée. Ce dernier est victime d'une crise cardiaque dont il se remet bien, poussant toutefois l'exécutif à l'écarter de la réalisation

en 2008. Ces péripéties n'entachent en rien ni la production du film ni l'apport de Keane. Artistiquement, *Raiponce* intègre les visions romantiques européennes avec pour inspiration les tableaux de Jean-Honoré Fragonard. C'est la fille de Glen Keane qui dessine les peintures peintes par Raiponce, apportant des illustrations 2D comme base de réflexion sur l'animation. Keane, admiratif de ses aînés, organise alors un séminaire sur la nécessité d'intégrer les préceptes de l'animation traditionnelle. À la fois très classique mais doté d'une princesse dans la mouvance d'Ariel, désobéissante et rêvant d'évasion, n'hésitant pas à taper les méchants tout en étant capable de belles émotions, *Raiponce* est couronné au box-office et marque, pour beaucoup, le renouveau du début des années 2010 chez Disney.

RAIPONCE
TANGLED
Sortie originale : 24 novembre 2010
Sortie française : 1er décembre 2010
Réalisateurs : Nathan Greno, Byron Howard
Compositeur : Alan Menken
Durée : 100 minutes

La Reine des Neiges

Requinqué par les succès consécutifs de *Raiponce* et des *Mondes de Ralph*, Disney n'était pourtant pas préparé au phénomène de société qu'allait devenir le film des fêtes de fin d'année 2013, coup de poker magistral pariant sur un retour de la comédie musicale.

L'exercice de la profession de journaliste a ceci de privilégié qu'il permet de découvrir les films, dans l'écrasante majorité des cas, en amont de leur sortie officielle. Disney va même parfois plus loin en dévoilant les premières images du futur « classique » de fin d'année à travers une vingtaine de minutes de scènes significatives tantôt story-boardées, tantôt finalisées, assorties de croquis, d'*artworks* et d'une note d'intention sur le projet. Il en fut ainsi le 4 juillet 2013 lorsque l'auteur de ces lignes fut convié dans un cinéma des Champs-Élysées pour entrevoir l'événement à venir répondant au doux nom de *La Reine des neiges*. Cinq mois jour pour jour avant la sortie du film en salles, rien ne laissait présager le phénomène qui allait déferler sur la planète, sinon une séquence envoûtante : l'héroïne Elsa, qui vient de plonger son royaume dans un hiver éternel du fait d'un sortilège mal contrôlé, se réfugie au sommet d'une montagne et entonne une chanson évoquant une liberté d'action enfin retrouvée. Tandis que la jeune femme fait surgir un somptueux palais de glace, la mélodie fait mouche. La suite est connue : traduit dans une quarantaine de langues, lauréat d'un Grammy Award et de l'Oscar de la meilleure chanson originale, *Libérée, délivrée* devient un tube instantané repris à tue-tête et parodié *ad nauseam*. La bande originale du film se place sans attendre en tête des ventes d'albums outre-Atlantique, ce qui n'était pas arrivé depuis deux décennies avec les compositions du *Roi Lion* et de *Pocahontas*. Même Disney est surpris par l'ampleur du phénomène : alors que les spécialistes tablent sur 185 millions de dollars de recettes sur le territoire américain (soit en-deçà de *Raiponce*, sorti trois ans plus tôt) en raison du positionnement très féminin du film, celui-ci pulvérise les attentes en terminant sa carrière au-delà des 400 M$ et en intégrant, à l'échelle du box-office mondial, le top 10 des plus gros succès de tous les temps. Partout, les records tombent : plus gros résultat pour un

LA REINE DES NEIGES
FROZEN

Sortie originale : 27 novembre 2013
Sortie française : 4 décembre 2013
Réalisateurs : Chris Buck, Jennifer Lee
Compositeur : Christophe Beck
Durée : 102 minutes

film sorti durant le week-end de Thanksgiving aux États-Unis, deuxième plus gros succès de tous les temps au Japon derrière *Le Voyage de Chihiro*, en tête du box-office français de l'année 2013… Plus qu'un succès, c'est un véritable raz-de-marée que couronnent le Golden Globe, le BAFTA et l'Oscar du meilleur film d'animation. Mais pourquoi un tel engouement ?

De toute évidence, les planètes étaient alignées pour permettre à *La Reine des neiges* de détrôner *Le Roi lion*, autre carton planétaire en son temps avec également un monarque à l'affiche : un timing idéal avec une thématique de saison et l'absence de concurrence sérieuse dans les salles, une campagne de promotion efficace ciblant en plusieurs temps les différents publics (une première bande-annonce amusante pour les plus jeunes ; une deuxième pour les adolescents, orientée vers l'action ; une dernière musicale pour la famille), une critique conquise, et un bouche-à-oreille très favorable qui a rapidement fait… boule de neige. Les similitudes esthétiques évidentes entre *La Reine des neiges* et *Raiponce* (même si la luxuriance des décors penche en faveur de ce dernier) ont sans doute aussi contribué à attirer un public rassuré d'évoluer en terrain connu. Enfin, contre toute attente, le film renoue avec une tradition tombée en désuétude chez Disney : le conte de fées mâtiné de comédie musicale. Il faut en effet remonter en 1997 avec *Anastasia* produit par Fox (dans le giron de Disney depuis décembre 2017), puis en 1998 avec *Le Prince d'Égypte* de DreamWorks, pour trouver de vraies comédies musicales animées, genre timidement ressuscité en 2009 avec *La Princesse et la Grenouille* chez Disney. À l'image de l'héroïne Anna, tête brûlée résolue à ramener sa sœur Elsa à la raison, le studio fonce cette fois bille en tête en multipliant de manière décomplexée les numéros chantés, d'une qualité telle qu'ils pourraient faire de leurs auteurs Robert Lopez et Kristen Anderson-Lopez l'équivalent, dans les prochaines années, des frères Sherman ou du regretté Alan Menken, compositeurs phares pour Disney des décennies 1960 et 1990. Si l'adaptation disneyenne du conte de Hans Christian Andersen n'a que peu à voir avec l'excellente relecture russe réalisée par Lev Atamanov en 1957 qui a profondément marqué Hayao Miyazaki, sa réalisation éclatante, son rythme et son humour parfaitement dosés, son twist d'une cruauté inédite (la mobilisation de la population contre un ennemi invisible n'est d'ailleurs pas sans rappeler l'alliance des villageois dans *La Belle et la Bête*, succès majeur des années 1990) et sa morale sacrificielle valorisant l'obstination, la bravoure et les liens du sang en font une réussite artistique incontestable. Prolongé depuis par deux courts métrages d'un intérêt relatif (face à la vague de protestations de nombreux spectateurs lui reprochant sa durée excessive, *Joyeuses Fêtes avec Olaf*, projeté en avant-première de *Coco*, a même été retiré des salles), le film fera l'objet d'une suite, prévue en salles en 2019. Sans préjuger de l'accueil qui lui sera réservé, nul doute qu'une vague de contes de fées et de comédies musicales est en préparation pour les années à venir chez Disney, qui s'apprête ainsi à renouer avec l'esprit des classiques du premier âge d'or.

Le voyage

P. 41
HORIZONS LOINTAINS

P. 44
VAIANA : LA LÉGENDE DU BOUT DU MONDE

P. 46
SALUDOS AMIGOS

P. 47
LES TROIS CABALLEROS

P. 48
ATLANTIDE, L'EMPIRE PERDU

P. 49
LA PLANÈTE AU TRÉSOR, UN NOUVEL UNIVERS

P. 50
LES AVENTURES DE BERNARD ET BIANCA

P. 51
TARAM ET LE CHAUDRON MAGIQUE

HORIZONS LOINTAINS

PARMI LES THÉMATIQUES DU CINÉMA D'ANIMATION DISNEY, LA FIGURE DU « VOYAGE » NE CESSE DE FASCINER. TRANSVERSALE À PLUS D'UN TITRE, ELLE EST DEVENUE LA PIERRE ANGULAIRE DE CHAQUE GRANDE AVENTURE ET SE RETROUVE OMNIPRÉSENTE DANS UN IMAGINAIRE OÙ LES NOTIONS D'ÉVOLUTION, DE RENCONTRE ET D'EXPLORATION DEVIENNENT DES ÉLÉMENTS INDISPENSABLES DE LA NARRATION.

Le voyage a toujours servi de prétexte aux plus grandes histoires, des épopées d'Homère à Virgile, aux récits d'aventure de la littérature classique et moderne. Bien au-delà de sa fonction première, bassement pratique et pourtant déjà symbole de découvertes, il est souvent nécessaire dans l'application même du déroulement narratif et le besoin élémentaire de péripéties variées d'histoires devant sans cesse renouveler l'intérêt du public. Au départ loin d'une considération stratégique, le voyage devient progressivement une figure esthétique et narrative primordiale qui révèle à la fois de nouveaux horizons, mais également de nouvelles perspectives plus imagées, qu'elles soient intellectuelles ou philosophiques, pour l'individu, le groupe ou l'entité qui l'entreprennent.

Dès 1924, l'imagerie cocasse d'*Alice Comedies*, première production de Walt Disney Studio, se sert du voyage métaphorique le plus célèbre de la littérature moderne, celui d'*Alice au Pays des Merveilles*. Plus introspectif qu'il n'y paraît, Alice ne voyage pas dans le but de rallier un point précis, mais pour découvrir et apprivoiser son imagination, comme vivier d'idées incontrôlables en réalité reflets de la personnalité de son auteur. Ici, Walt Disney n'extériorise pas ses obsessions à la façon de Lewis Carroll mais offre à son public de prédilection (les enfants) une transcription littérale de leurs rêves par le biais de la petite Alice.

Du voyage à la métamorphose

Les longs métrages d'animation, dès 1937, abolissent cependant la propension burlesque des courts métrages produits alors. Walt Disney veut surtout rivaliser avec la crédibilité des films en prises de vues réelles, et la seconde production d'envergure est une adaptation de *Pinocchio*, ou le voyage initiatique d'un pantin de bois qui deviendra humain. Dès lors, la figure du voyage devient moins pratique que symbolique et permet aux protagonistes de se découvrir eux-mêmes en

Atlantide © 2001 Disney

Vaiana, la légende du bout du monde © 2016 Disney

projetant leurs vicissitudes sur un monde nouveau, qu'il convient de traverser pour y trouver la vérité en bout de parcours. Véritable chemin de croix pour Pinocchio, ce voyage amène une marionnette à atteindre l'illumination avec l'apparition d'une figure biblique sous les traits de la Fée bleue. *Alice au Pays des Merveilles* (cette fois-ci, l'adaptation officielle) ou *Peter Pan* transfigurent l'identité de l'enfance non pour opérer une transformation physique mais bien une métamorphose intérieure rendue possible par la résolution d'épreuves. Dans les deux cas, l'adversité s'inscrit systématiquement comme élément pivot du voyage, qu'il faut surpasser pour achever l'aventure.

Si les films d'animation d'alors diluent progressivement l'allégorie du voyage comme représentation du passage d'un état à l'autre, ils gardent néanmoins un pied ancré dans cette idéologie permettant, plus pragmatiquement, de proposer régulièrement aux spectateurs de nouveaux paysages. Mais il faut attendre l'arrivée des cadres de Pixar dans l'entreprise Disney pour voir ressurgir la grande thématique du voyage initiatique. *Le Monde de Nemo*, *Cars*, *Wall.E* ou *Le Voyage d'Arlo* reprennent en effet le principe premier de la fonction symbolique du voyage, tout en complexifiant sa signification profonde. C'est en croisant les besoins de l'individu au destin d'un groupe, d'une communauté voire de l'humanité entière, que ces films octroient à la figure du voyage une fonction peut-être moins lisible, plus en verticalité (non plus élargir ses horizons, mais prendre de la hauteur quant à la compréhension du monde), avec toujours la même volonté de faire « grandir » les protagonistes. Les films des studios Disney, cette fois sous la direction de John Lasseter, minimisent l'importance des voyages en termes d'horizontalité (la distance à parcourir), mais sont toujours au cœur des notions de métamorphose, y compris identitaire. De *Raiponce* à *La Reine des neiges* en passant par *Les Mondes de Ralph*, la figure du voyage cède sa place à celle du changement d'environnement comme élément perturbateur et déclencheur de la transformation. Dans tous les cas, ces transformations ont une finalité positive, car l'objectif est au final toujours le même : la recherche du bonheur.

Le souffle de l'aventure

En 1941, faisant face à des difficultés financières et des grèves du personnel affectant les productions, Walt Disney accepte une demande du gouvernement américain d'aller faire de la diplomatie en Amérique du Sud, alors que le monde s'enfonce dans la Seconde Guerre mondiale. Cette opportunité permet alors à l'entreprise de financer quelques courts métrages mettant en scène le voyage de l'équipe dans des pays tels que le Chili, le Pérou ou l'Argentine. Compilés pour une sortie au cinéma sous un format plus pratique que pertinent, *Saludos Amigos* se veut une production opportuniste qui permettrait à de nombreux Américains de découvrir le continent sud-américain. Après d'autres voyages de l'équipe au Mexique, c'est *Les Trois Caballeros* qui met en scène Donald dans des contrées inconnues. Mais loin de rallier l'intérêt du public, tout en étant déjà taxé de favoriser les clichés sur la culture latine, ces productions éphémères coupent nette l'idée, pourtant intéressante, de faire voyager les héros dans des contrées – et cultures – lointaines.

C'est à une époque bien plus moderne et s'éloignant de l'influence toujours persistante de Walt Disney que les grands films d'aventure prennent leur envol. Bernard et Bianca, dans le film éponyme de 1977, parcourent une très longue distance malgré de multiples dangers, mais ce voyage n'est en rien initiatique, ni pour eux, ni pour l'objet de leur préoccupation, une jeune fille séquestrée par un couple recherchant un trésor. Le dépaysement est néanmoins présent, et la figure du voyage prend part intégrante à l'aventure. *Taram et le Chaudron Magique*, production mésestimée de 1985, développe cette même idée de la quête, profondément classique, mais éloigne Disney de ses fondamentaux. Opérant alors un changement progressif dans la thématique de ses films, alternant propositions classiques (*La Petite Sirène*, *La Belle et la Bête*) et propositions plus originales (*Oliver & Compagnie*, *Aladdin*), le studio finit par explorer plusieurs voies de développement. Si la suite de *Bernard et Bianca* en 1990 n'offre rien de vraiment original malgré un beau voyage en Australie (Disney échoue là où Amblin Entertainment excelle avec *Fievel et Le Nouveau Monde*), les films suivants sont bien plus ambitieux et permettent d'allier avec brio le voyage, sa fonction initiatique, et la découverte d'horizons nouveaux. Simba, tout comme Mulan ou Tarzan, connaissent l'adversité et la nécessité d'explorer le monde.

L'objet de quête, valorisé dès la fin des années 1970 avec *Bernard et Bianca*, est au cœur de nombreuses productions à venir. *Atlantide, l'Empire Perdu* en 2001 est toutefois le premier à vraiment assumer la notion d'aventure pour l'aventure, au sein d'un voyage objet de fantasmes des hommes depuis des siècles, avec la légende du continent englouti. Moins symbolique dans sa formulation, *La Planète au trésor* fait écho en 2002 à la nécessité de justifier le voyage par l'objet de quête avec ses héros pirates, comme la cristallisation de l'aventure sous forme de récompense. Quid de la notion initiatique ? Il faut attendre 2016 et la courageuse Vaiana pour enfin voir la thématique du voyage unifiée de toutes ses valeurs symboliques et pratiques, offrant la vision d'une héroïne grandissant à travers son périple, déterminée à offrir à son prochain – son peuple – l'équilibre qu'il mérite. Son voyage est alors doté des notions d'introspection (le personnage de Maui), de courage et, encore et toujours, de métamorphose, au premier degré via les transformations du héros Maori, et plus largement via Vaiana, passant à l'âge des responsabilités et de l'émancipation. Quatre-vingt ans après *Pinocchio*, la force et la portée du message n'en restent pas moins éloquentes.

Les Aventures de Bernard et Bianca © 1977 Disney

Vaiana, la Légende du Bout du Monde

Septième classique de Ron Clements et John Musker après *Basil, Détective Privé*, *La Petite Sirène*, *Aladdin*, *Hercule*, *La Planète au trésor* et *La Princesse et la Grenouille*, *Vaiana* renoue avec la tradition de l'aventure sur fond de culture polynésienne.

Dans une caverne à l'écart de son village, une jeune femme découvre des vestiges de radeaux et, tambourinant sur la proue de l'un d'eux, prend soudainement conscience du passé défricheur de son peuple, qui sillonnait sans relâche les océans en quête de nouvelles terres. À travers une chanson rythmée et vibrante d'émotion dont les premiers couplets sont entonnés en tokelau, une langue polynésienne, le ton est donné : balayé par un souffle épique digne des plus belles odyssées, le cinquante-sixième long métrage des studios Disney est une comédie musicale qui ne dit pas son nom. Dans la lignée de *La Reine des neiges* qui, trois ans plus tôt, renouait avec la grande tradition du « musical », *Vaiana*, qui gagne quelques degrés supplémentaires puisque l'action prend cette fois place sur une petite île polynésienne, enchaîne une dizaine de chansons pour la plupart très inspirées, et s'inscrit dans l'évident regain de créativité des studios Disney des années 2010, après l'excellent *Zootopie* sorti au début de la même année. Un tel doublé n'était pas arrivé depuis 2002 et la sortie, à quelques mois d'intervalle, de *Lilo et Stitch* et de *La Planète au trésor*. Les deux films semblent d'ailleurs avoir influencé *Vaiana*, moins conte de fées que film d'aventure si l'on en juge par le cadre dépaysant d'une île océanique et le souffle épique qui forgent les classiques du studio. Vaiana est une belle jeune femme qui rêve de découvrir le vaste monde, mais son père lui interdit de s'aventurer au-delà du récif en s'attachant à lui montrer combien son peuple a besoin d'elle sur un territoire certes rabougri, mais qui lui procure tout ce dont il a besoin. La demoiselle tente donc de réfréner ses ardeurs, mais la raréfaction de poissons aux abords de l'île, couplée aux encouragements iconoclastes de sa grand-mère à transgresser les règles, va l'inciter à trahir la promesse faite à son père. D'autant plus qu'une légende prétend qu'une pierre précieuse dérobée par l'illustre demi-dieu Maui est la cause du chaos survenu sur l'île… Bien ficelé, le scénario respecte à la lettre les étapes balisées d'une production Disney : un personnage principal qui a quelque chose à se prouver à lui-même ou à son entourage, mûrit son projet, se décourage avant de puiser dans ses réserves et d'accomplir son destin. Ce n'est pas l'issue qui compte, mais les épreuves auxquelles le héros est confronté pour y parvenir. En la matière, *Vaiana* s'impose comme un grand spectacle rythmé en diable et ponctué de scènes plus (l'attaque de pirates-noix de coco) ou moins (la confronta-

VAIANA, LA LÉGENDE DU BOUT DU MONDE
MOANA

Sortie originale : 23 novembre 2016
Sortie française : 30 novembre 2016
Réalisateurs : Ron Clements, John Musker, Chris Williams, Don Hall
Compositeur : Mark Mancina
Durée : 107 minutes

tion avec un crabe géant) réussies, et de morceaux de bravoure promis à la postérité qui puisent leur inspiration dans les grands classiques. Ainsi les transformations ludiques de Maui ne sont pas sans rappeler la scène mythique de Madame Mim dans *Merlin l'Enchanteur*, ou l'impressionnant monstre de lave qui, trônant en majesté sur son île reculée et inhospitalière, évoque le Chernabog de *Fantasia*, l'un des méchants les plus charismatiques de la filmographie du studio. Le tout est cimenté par une mythologie polynésienne inédite dans un film Disney, fruit d'une solide documentation (l'équipe a fait deux séjours aux Îles Fidji et Samoa, à Tahiti et en Nouvelle-Zélande, dont est issu le scénariste Taika Waititi qui signera l'année suivante *Thor : Ragnarok*) que magnifie une animation à couper le souffle plus proche de la luxuriance des décors de *Raiponce* que de ceux, plus épurés, de *La Reine des neiges*. Enfin, l'humour n'est pas en reste grâce à l'arrogance désarmante du demi-dieu Maui, proche du bellâtre Hercule, ou à la crétinerie de Heihei, coq embarqué malgré lui sur le canoë de Vaiana et incapable de picorer quelques graines.

À la croisée de multiples influences manifestes, le nouveau film des réalisateurs de *La Petite Sirène*, odyssée dynamisée par une héroïne farouchement libre, un demi-dieu mal dégrossi et l'un des méchants disneyens les plus accomplis de ces deux dernières décennies, est à marquer d'une pierre blanche à double titre. Non seulement le cadre polynésien constitue une première dans la riche filmographie du studio, mais la morale éminemment miyazakienne tranche enfin avec le manichéisme qui prévalait depuis toujours. En effet, là où la sorcière Maléfique de *La Belle au Bois Dormant*, la belle-mère de *Cendrillon* ou l'oncle Scar du *Roi Lion* sont strictement animés de mauvaises intentions et ne signifient jamais l'ombre d'un remords, le monstre de lave de *Vaiana* brise une règle tacite de Disney qui permet enfin au studio d'humaniser et de nuancer son propos, le rapprochant de l'ambivalence des personnages créés par Hayao Miyazaki ou, plus proche de nous, par Michel Ocelot – voir la sorcière Karaba de *Kirikou et la sorcière*. En dépit de réserves mineures (une multiplicité de chansons qui peut agacer les réfractaires aux comédies musicales, certains seconds rôles sous-exploités), *Vaiana* offre ce qu'on est en droit d'attendre d'un grand Disney familial : de l'action, de la féérie, de l'humour, de l'émotion et une bande originale entraînante. Faute d'être pleinement surpris par un scénario d'un grand classicisme, le spectateur en prend plein les yeux du fait d'une réalisation éblouissante qui repousse encore la maîtrise de la 3D (techniquement, on est à des années-lumière des premiers pas de Disney dans le domaine – *Chicken Little* et *The Wild* de triste mémoire). La marque de fabrique des classiques.

Saludos Amigos

Seul film du studio où Walt Disney apparaît en personne – après *Le Dragon récalcitrant*, qui n'est pas un classique à proprement parler – *Saludos Amigos* n'appartient certes pas au premier cercle des chefs-d'œuvre mais mérite le détour pour son énergie contagieuse.

Au début des années 1940, tandis que Walt Disney se remet péniblement d'une grève historique du personnel qui a laissé des traces durables dans l'entreprise, la Seconde Guerre mondiale fait rage en Europe. À la veille d'entrer à leur tour dans le conflit, les États-Unis s'inquiètent de la bienveillance croissante de certains pays d'Amérique du Sud envers l'Allemagne nazie. En conséquence, ils incitent les studios Disney à contribuer à l'effort de guerre en réalisant des courts métrages de propagande. Après avoir obtenu des garanties financières pour la production de plusieurs courts métrages, Walt Disney s'envole pour un voyage diplomatique de plusieurs mois qui le conduit, avec une poignée d'animateurs, du Brésil à l'Argentine, du Chili à la Bolivie, en passant par le Pérou et la Cordillère des Andes. Au retour, le long périple fait l'objet d'un passionnant documentaire intitulé *Au sud de la frontière avec Disney*, disponible sur le DVD de *Saludos Amigos*. Ce dernier est précisément mis en chantier alors que les finances du studio, exsangues, ne permettent plus d'envisager la production d'une œuvre aussi ambitieuse que *Bambi*. Fort de la documentation ramenée d'un voyage imprégné de couleurs, de sensations et de sonorités folkloriques, Disney décide de lier quatre courts métrages d'animation avec des archives du fameux voyage diplomatique, pour une durée de quarante minutes (soit le plus court des « longs métrages » Disney). En partie didactique, ce film à sketches débute par une cocasse escale au Pérou en compagnie d'un Donald sujet au vertige alors qu'il visite le lac Titicaca à dos de lama. Suit le récit de Pedro, petit avion d'un aérodrome chilien déterminé à remplacer son père invalide. Un petit bijou d'inventivité qui entraîne le frêle avion à survoler les Andes, une chaîne de montagnes réputée infranchissable. Plus anecdotique, Dingo prend ensuite le relais en Argentine où il s'improvise cowboy dans la pampa. Et le film de se conclure en plein carnaval de Rio avec un perroquet nommé José Carioca qui entreprend d'enseigner la samba à Donald. Le point d'orgue du film grâce à ses airs latinos endiablés. Si la réalisation se situe en-deçà des précédents films événementiels qui ont forgé la réputation du studio, cette œuvre sans prétention mérite d'être redécouverte à l'aune du contexte géopolitique singulier et pour son cadre dépaysant. Il faudra attendre soixante-quinze ans et le voyage au Mexique de Pixar pour goûter de nouveau à la culture latino-américaine dans le formidable *Coco*.

SALUDOS AMIGOS
SALUDOS AMIGOS

Sortie originale : 6 février 1943
Sortie française : 12 février 1947
Réalisateurs : Norman Ferguson, Wilfred Jackson, Jack Kinney, Hamilton Luske et Bill Roberts
Compositeurs : Charles Wolcott, Edward H. Plumb et Paul J. Smith
Durée : 42 minutes

Les Trois Caballeros

Suite officieuse de *Saludos Amigos*, le septième film des studios Disney, sorti dans la période trouble du second conflit mondial, compile quatre courts métrages avec pour fil rouge l'anniversaire de Donald. Une plongée dans l'Amérique latine avant-gardiste à bien des égards.

Deux ans après *Saludos Amigos*, *Les Trois Caballeros* continue d'exploiter l'abondante documentation ramenée par Walt Disney et ses collaborateurs de leur périple en Amérique du Sud. Imposé en tête d'affiche par Walt en personne, l'emblématique Donald découvre avec gourmandise le contenu d'une boîte réceptionnée pour son anniversaire, laquelle contient un livre, un disque, ainsi qu'un projecteur de cinéma avec deux bobines de films. Un prétexte tout trouvé pour une succession de courts métrages festifs et colorés. Tout commence avec deux récits attendrissants : d'une part l'exil d'un pingouin frileux (sic) vers les rivages latino-américains plus cléments, suivi d'un panorama fantaisiste des oiseaux exotiques du continent ; d'autre part l'amitié entre un âne pourvu d'ailes et un enfant, ce dernier entraînant l'animal en vue d'une course laissant miroiter une forte somme d'argent (la production connaîtra une exploitation indépendante dans les années 1950, sous le titre *L'Histoire du gauchito volant*). Quand l'irascible canard se hasarde à ouvrir les deux paquets suivants, José Carioca, le perroquet dilettante introduit dans *Saludos Amigos*, et Panchito, un coq sûr de lui, invitent à tour de rôle l'intéressé à faire escale au Brésil et au Mexique pour les deux dernières séquences. Outre l'étonnante interaction d'éléments animés avec des acteurs en prises de vues réelles (une première dans un long métrage Disney, le studio s'étant essentiellement contenté jusque-là d'alterner les procédés), le film adopte dès lors, grâce à un double niveau de lecture, une tonalité plus mature. Enjouées sur la forme, les séquences, s'amusant à jouer avant l'heure avec les codes du cinéma et multipliant clins d'œil et audaces formelles (superbe scène aquarellée de La Piñata signée de l'artiste Mary Blair), se montrent plus égrillardes sur le fond, voire sulfureuses au point de provoquer l'ire de la critique de l'époque qui juge par trop suggestifs la prestation de la vedette mexicaine Carmen Molina, le déhanché de Donald et la présence de femmes en maillots de bain, inattendus dans une production familiale. Témoignage d'une époque révolue où le studio n'avait pas d'autre choix que d'enchaîner les films à sketches produits à peu de frais, *Les Trois caballeros* n'est certes pas exempt de parenthèses musicales surannées - une quinzaine de titres se succèdent, dont certains sont devenus des standards - mais surprend encore par sa fraîcheur et son dynamisme, le procédé Technicolor s'avérant pleinement justifié pour dépeindre les us et coutumes d'un continent des plus bigarrés.

LES TROIS CABALLEROS
THE THREE CABALLEROS

Sortie originale : 22 février 1945
Sortie française : 25 novembre 1948
Réalisateurs : Norman Ferguson, Jack Kinney, Clyde Geronimi, Bill Roberts, Harold Young
Compositeurs : Charles Wolcott, Edward H. Plumb, Paul J. Smith
Durée : 71 minutes

Atlantide, l'Empire Perdu

Au sortir de la production du *Bossu de Notre-Dame* en 1996, l'équipe constituée des réalisateurs Gary Trousdale et Kirk Wise, du scénariste Tab Murphy et du producteur Don Hahn, décide de lancer la création d'un vrai film d'aventure, loin de la comédie musicale.

Alors que la renaissance du cinéma d'animation Disney bat son plein, Don Hahn, heureux producteur de *La Belle et la Bête* et *Le Roi lion*, décide de trancher avec les habitudes et lance la production de ce qui est annoncé comme un film d'aventure, évoquant les grandes figures du genre. De Jules Verne à Gene Roddenberry, *Atlantide, l'Empire Perdu* est la somme de diverses influences, passant aussi bien des écrits mythologiques aux œuvres de science-fiction classiques et plus modernes. Comme pour justifier cette position, balayant toute idée de comédie musicale et privilégiant le grand spectacle peut-être plus tourné vers un public adulte, le film compte parmi ses comédiens de doublage de grands noms tels que Michael J. Fox (*Retour vers le futur*), Leonard Nimoy (*Star Trek*) ou encore l'acteur culte hollywoodien James Garner. Une langue est même inventée pour les besoins du film, l'atlante, par le linguiste créateur du célèbre langage des Klingons de *Star Trek*.

Si le scénario est dans un premier temps élaboré par Joss Whedon (créateur de *Buffy* et *Firefly*), c'est le scénariste des précédentes productions de Don Hahn qui termine le script, et emmène les héros dans un univers forcément baroque, à la recherche du continent perdu. Les diverses influences du film projettent donc le spectateur dans une ambiance particulièrement soignée, avec ses décors grandioses et le mystère de l'Atlantide apportant une touche de mysticisme inhabituel chez Disney, sinon avec *Taram et le Chaudron Magique* en 1985. Alors que l'influence de DreamWorks et Pixar se confirment, *Atlandide, l'empire perdu* apporte à l'ensemble une sensation de renouveau esthétique, avec l'apport d'artistes venus du comics tel que Mike Mignola, mais aussi l'utilisation d'outils plus modernes qu'à l'accoutumée. Avec son format spécial en 70 mm, rappelant les formats larges des grands films d'aventure américains, *Atlantide, l'Empire Perdu* est, en son temps, le film d'animation Disney comportant le plus de plans traités numériquement. Malgré tout, le film n'est pas un succès au box-office. Au-delà des controverses tardives quant aux accusations de plagiat de la série d'animation japonaise *Nadia, le secret de l'eau bleue*, le film est considéré comme trop en décalage avec l'image de Disney et le public visé, s'avérant fatal à l'ascension de ses deux talentueux réalisateurs.

ATLANTIDE, L'EMPIRE PERDU
ATLANTIS: THE LOST EMPIRE

Sortie originale : 15 juin 2001
Sortie française : 28 novembre 2001
Réalisateurs : Gary Trousdale, Kirk Wise
Compositeur : James Newton Howard
Durée : 95 minutes

La Planète au Trésor, un Nouvel Univers

Les réalisateurs Ron Clements et John Musker imaginent dès 1985 cette adaptation du classique *L'Île au trésor* de Robert Louis Stevenson, lors d'une réunion dédiée à *La Petite Sirène*. À la fois libre et fidèle à l'esprit du roman, le film peine pourtant à convaincre le public.

Bien qu'imaginé dix-sept ans avant sa sortie, *La Planète au trésor* était un des projets de cœur du duo Ron Clements et John Musker. Lancés avec *Basil, Détective Privé* et confirmés par le succès de *La Petite Sirène*, les deux compères prennent en charge la direction d'*Aladdin* et *Hercule* avant d'enfin pouvoir se pencher sur leur adaptation de *L'Île au trésor*. Dès l'origine cependant, le film est envisagé comme une ode à la science-fiction, avec la possibilité de mouvements de caméra complexes, sur le modèle des virtuoses James Cameron et Steven Spielberg. La technologie nécessaire alors en place, la production du film est lancée après *Hercule* pour une sortie fixée à 2002, en parallèle à la production d'un autre grand film d'aventure, *Atlantide, l'Empire Perdu*. Bien que situant l'action dans un futur lointain et utilisant les nouvelles technologies d'animation, il est toutefois hors de question pour l'équipe de dépeindre un futur froid et distant. Ron Clements instaure alors la règle du 70-30, autorisant les animateurs et designers à développer une imagerie classique à 70 % du total du film, et réserver les 30 % restant à la science-fiction pure. Ce mélange des deux mondes est détonnant, aux couleurs et à l'atmosphère chaudes, servant particulièrement la senteur unique d'un film aux multiples inspirations. À la frontière du steampunk et très proche des visions futuristes de Jules Verne, *La Planète au trésor* jouit d'un visuel époustouflant au service d'une histoire certes très classique, mais aux fondamentaux particulièrement efficaces.Cette démarche est aussi appliquée sur la création sonore et musicale, le compositeur

James Newton-Howard revendiquant l'influence de ses aînés comme Max Steiner.

Alors que le film bénéficie d'une superbe direction artistique au demeurant très originale pour une production Disney, il marque aussi une nouvelle étape dans les techniques de production numérique et d'images de synthèse, ici judicieusement utilisées dans un univers flamboyant et propre à l'imaginaire de son époque, validant le basculement vers le tout numérique des films suivants. Malgré ses qualités indéniables et un très bon accueil critique, le film échoue au box-office comme son aîné *Atlantide, l'Empire Perdu*, confirmant la difficulté qu'éprouve alors Disney dans la diversification des genres.

LA PLANÈTE AU TRÉSOR, UN NOUVEL UNIVERS
TREASURE PLANET
Sortie originale : 27 novembre 2002
Sortie française : 27 novembre 2002
Réalisateurs : Ron Clements, John Musker
Compositeur : James Newton Howard
Durée : 95 minutes

Les Aventures de Bernard et Bianca

Film de transition avec *Rox et Rouky* sorti quatre ans plus tard, *Les Aventures de Bernard et Bianca* est le dernier grand film d'animation Disney comptant à son bord les noms historiques de l'entreprise, à l'image du réalisateur, le « sage » Wolfgang Reitherman.

Lancé par Walt Disney au début des années 1960, le projet qui deviendra *Bernard et Bianca* est alors l'adaptation d'une série de livres pour enfant *The Rescuers* par l'auteure anglaise Margery Sharp. Ses ouvrages mettent en scène une organisation d'aide aux prisonniers constituée de souris. Le projet est finalement abandonné car trop politisé au goût de Disney. Bien après sa mort, l'adaptation est cependant relancée mais fait considérablement évoluer la nature des protagonistes et de l'histoire, conférant au récit un développement bien différent des livres. Le film est au départ envisagé comme une petite production, avec une équipe de jeunes animateurs. Les studios Disney sont alors historiquement dans le creux de la vague, ses animateurs historiques partant à la retraite au fur et à mesure, obligeant la direction à envisager l'alternative entre films audacieux et productions plus légères. Le film ambitieux alors envisagé est une adaptation d'un livre de Paul Gallico (*Scruffy*, 1963), mettant en scène une communauté de singes en proie aux activités nazies. Mais, lui aussi politisé et se déroulant dans un univers semblable au *Livre de la jungle* et *Robin des Bois*, le projet est finalement abandonné au profit de *Bernard et Bianca*.

À plus d'un titre, cette nouvelle production Disney casse un peu plus les habitudes et révèle une véritable évolution pour le studio d'animation. Dernier film des « sages » Milt Kahl, Ollie Johnston et Frank Thomas, *Bernard et Bianca* est également la dernière réalisation de Wolfgang Reitherman, qui quitte ses fonctions de producteur (et donc sa position d'influence) après le film suivant, *Rox et Rouky*. Mais plus que ça, ce long métrage dépeint sans concession un monde cruel, dans un environnement teinté de pluie, avec pour toile de fond un marécage sombre et inquiétant. L'antagoniste principal en la personne de Medusa, si elle rappelle Cruella des *101 Dalmatiens*, est la personnification moderne de la méchanceté, sans grand pouvoir ou velléité hors du temps, à l'apparence grinçante de mauvais goût et exploitant durement une petite fille. La froideur du réalisme de *Bernard et Bianca*, avec ses thèmes actuels faisant écho à l'œuvre d'origine, en font une œuvre définitivement unique en son genre, et devient le plus grand succès Disney de l'histoire jusqu'à *La Petite Sirène* douze ans plus tard.

LES AVENTURES DE BERNARD ET BIANCA
THE RESCUERS

Sortie originale : 22 juin 1977
Sortie française : 30 novembre 1977
Réalisateurs : Wolfgang Reitherman, Art Stevens, John Lounsbery
Compositeur : Artie Butler
Durée : 78 minutes

Taram et le Chaudron Magique

Accident industriel et classique finalement assez méconnu du public, *Taram et le Chaudron Magique* est un OVNI parmi les productions Disney, doté d'une production hasardeuse et d'un budget surdimensionné, précipitant les studios dans une période financièrement difficile.

Sur le papier, le film avait pourtant toutes ses chances, artistiquement comme commercialement. Adapté du best-seller *Les Chroniques de Prydain* créé en 1964 par Lloyd Alexander, en son temps énorme succès en livre jeunesse, *Taram et le Chaudron Magique* est imaginé dès 1973 pour une sortie programmée en 1980, mais voit se succéder de nombreux animateurs et scénaristes à son élaboration. Alors que l'artiste conceptuel Mel Shaw travaille sur les premières ébauches, la mise en production est repoussée pour mieux accompagner le processus d'adaptation. Considéré comme trop réaliste et complexe pour les animateurs de l'époque, le style est sans cesse repensé, et le film se perd dans ces différentes visions. Si la nouvelle génération est bien présente sur ce film (Tim Burton travaille sur de nombreuses esquisses), il faut rappeler le « sage » Milt Kahl, retraité, à la conception des personnages principaux pour débuter officiellement la production en 1980, avec une vision commune enfin unifiée, sous la direction de Ted Berman et Richard Rich (réalisateurs de *Rox et Rouky*).

Mais le film continue de faire débat au sein même du département animation, qui considère l'ensemble bien trop sombre et violent. La tension monte subitement entre le directeur des studios Disney Jeffrey Katzenberg et le producteur Joe Hale lors de la projection test, qui se révèle être une catastrophe auprès des familles et des enfants. Le PDG de Disney en personne, Michael Eisner, doit alors intervenir pour stopper la réaction épidermique de Katzenberg qui s'était enfermé dans la salle de montage pour procéder

lui-même au changement, face au refus de Joe Hale. Il est alors décidé de repousser le film à l'été suivant afin de procéder au remontage des scènes problématiques et aux raccords nécessaires en animation. Bien qu'il est au départ basé sur une œuvre populaire dans l'ère du temps, tout en utilisant de nouvelles technologies inédites (il s'agit du premier film d'animation Disney à inclure l'imagerie numérique, et le premier à utiliser le procédé de transfert par photographie de cellulos, améliorant le rendu des couleurs et du processus de duplication), *Taram et le Chaudron Magique* souffre de sa conception empirique et d'un vrai manque de réflexion quant à l'esthétique de sa narration, rebutant un public peu enclin à ce genre d'expérience en 1985.

TARAM ET LE CHAUDRON MAGIQUE
THE BLACK CAULDRON

Sortie originale : 24 juillet 1985
Sortie française : 27 novembre 1985
Réalisateurs : Ted Berman, Richard Rich
Compositeur : Elmer Bernstein
Durée : 80 minutes

3

La musique

P. 53
LA MÉLODIE DU BONHEUR

P. 56
FANTASIA / FANTASIA 2000

P. 58
LA BOÎTE À MUSIQUE

P. 59
MÉLODIE COCKTAIL

LA MÉLODIE DU BONHEUR

DANS L'IMAGINAIRE COLLECTIF, PENDANT DE NOMBREUSES DÉCENNIES, UN FILM D'ANIMATION NE POUVAIT ÊTRE CONSIDÉRÉ SANS CHANSON - MÊME LES FILMS HYBRIDES SE DEVAIENT D'ÊTRE DES ERSATZ DE COMÉDIE MUSICALE FAÇON BROADWAY. MAIS AU-DELÀ DU CLICHÉ PERSISTANT DU FILM D'ANIMATION NÉCESSAIREMENT CHANTÉ, DISNEY SE POSITIONNE RAPIDEMENT COMME AVANT-GARDISTE EN LA MATIÈRE.

« La musique a toujours eu une grande part dans toutes nos productions, depuis les tout premiers cartoons. À tel point, en vérité, que je ne peux pas penser à une histoire visuellement sans me figurer la musique qui la compléterait. Souvent c'est le thème qui vient en premier, suggérant une ligne directrice. Ça a été le cas avec la musique de Tchaïkovski dans La Belle au Bois Dormant, *qui a finalement été notre façon de symboliser ce classique. Je n'ai pas de formation musicale. Mais par une forte expérience et un fort apprentissage, la sélection des thèmes musicaux, originaux ou adaptés, nous ont conduit à être acceptés par un large public. Tout le crédit de ses chansons et musiques inoubliables va bien entendu aux brillants compositeurs et musiciens qui se sont associés avec nous au fil des années. »*

Walt Disney, (1959, The Walt Disney Archives)

La musique au cinéma arrive très tôt comme une nécessité plus technique qu'esthétique. La machinerie de l'époque est alors très bruyante, et un joueur de piano ou un gramophone suffisamment amplifié permettent d'occuper l'espace sonore et, accessoirement, d'apporter une dimension supplémentaire à la photographie animée. Très vite, ce qui est perçu comme un pis-aller devient une évidence artistique et le grand compositeur français Camille Saint-Saëns signe la première musique de film originale avec *L'Assassinat du duc de Guise* en 1908. Bien qu'arrivant tardivement alors que le cinéma devient une industrie à l'économie florissante, les premiers courts métrages de Walt Disney ne disposent pas encore de musique. C'est alors la salle qui choisit ce qu'elle diffuse, quand le distributeur ne lui fournit pas des instructions précises. Ce sont les deux séries phares de Walt Disney, *Silly Symphonies* et *Mickey Mouse*, dès 1928 avec le célèbre court *Steamboat Willie*, qui se voient attribuer de vrais compositeurs de façon systématique, à une époque où le cinéma parlant s'impose progressivement. Univers enfantin oblige, au burlesque des protagonistes s'ajoutent alors de malicieuses orchestrations, plus proches d'accompagnements de chansons populaires que de musique classique. C'est en 1933 que le compositeur des *Trois petits cochons* de *Silly Symphonies* Frank Churchill et la parolière Ann Ronell écrivent une chanson qui restera dans l'inconscient collectif avec *Who's Afraid of the Big Bad Wolf?*, et deviendra le premier grand succès musical de Disney. Connaissant de nombreuses interprétations sur disques vinyles dès l'année 1933 par divers artistes et labels, cette chanson préfigure la révolution musicale du long métrage d'animation que Walt Disney est alors déjà en train d'imaginer…

Fantasia © 1940 Disney

Fantasia © 1940 Disney

Blanche-Neige et les sept nains © 1937 Disney

La Petite Sirène © 1989

L'invention de la bande originale

Blanche-Neige et les sept nains, via son succès populaire, impose instantanément de nouvelles chansons dans la culture populaire moderne. Au départ, le premier long métrage d'animation de Walt Disney devait être un film bien plus musical qu'il ne l'est au final, comme une extension à la série *Silly Symphonies*. Si le concept a bien évolué, la dimension musicale reste intacte. Franck Churchill, compositeur de la série aux quelques gros succès, s'impose alors comme le compositeur du film et signe, entre autres, des titres comme *Someday My Prince Will Come*, qui devient un classique de la chanson populaire et aussi un grand standard de jazz dès les années 1950. Les huit chansons du film sont éditées en 1938 sous forme de trois singles 78 tours, ce qui devient la première bande originale de l'histoire du cinéma. *Pinocchio* réitère l'opération, avec sept chansons publiées sur trois disques, utilisant pour la première fois le terme « original soundtrack », littéralement « bande son originale ».

C'est en 1940 qu'un film unique en son genre sort dans les salles obscures. *Fantasia*, bien que constitué de huit courts métrages, met alors la musique classique à l'honneur et construit non pas sa narration sur des histoires, mais bien sur les compositions célèbres de Tchaïkovski, Bach, Stravinsky ou Beethoven. Au départ, Walt Disney émet la volonté d'adapter *L'Apprenti sorcier*, poème symphonique de Paul Dukas, et finit par s'accorder la présence du grand chef d'orchestre Leopold Stokowski. Le coût de l'opération, même si le chef offre sa prestation, est si élevé que le court métrage devient un film non seulement très long pour l'époque – plus de deux heures – mais aussi à la technologie contraignante. Livré aux salles de cinéma avec le coûteux dispositif Fantasound, permettant la reproduction fidèle du son d'orchestre, *Fantasia* est certes avant-gardiste, mais aussi un véritable échec lors de son exploitation. Ressorti chez RKO en 1942, le film trouve enfin son public, amputé de trente minutes et dans une qualité de son mono ne rendant guère hommage à son extraordinaire qualité musicale.

Cependant, la formule du film musical reste fortement ancrée dans l'identité du cinéma de Walt Disney. Outre les films à sketches *La Boite à musique* en 1946 ou *Mélodie Cocktail* en 1948, les longs métrages d'animation développent tous, sur le modèle de *Blanche-Neige et les sept nains*, une partie de leurs histoires en chansons, au point d'en devenir indissociables du cinéma d'animation, renforçant par ailleurs la croyance que de telles œuvres sont forcément destinées aux enfants. Parmi les artisans œuvrant sur les bandes originales Disney, les frères Sherman prennent une place de choix auprès du maître. Inoubliables auteurs des chansons de *Merlin l'Enchanteur*, *Le Livre de la Jungle* et *Mary Poppins*, grands amis de Walt Disney, ils développent aussi de nombreux thèmes chantés dans les parcs d'attractions, tel que le célèbre *It's a Small World* (et même sa parodie *The Wonderworld Song* dans *Le Flic de Beverly Hills 3* en 1994 !), et participent à la standardisation, plutôt pop et jazzy, de la chanson-type Disney au fil des décennies.

Malgré de rares différenciations notables quant à la place de la chanson dans la narration (dans *Bambi* et dans *Bernard et Bianca*, la plupart d'entre elles ne sont pas interprétées par un personnage du film, mais par une voix off), il faut attendre 1985 et *Taram et le Chaudron Magique* pour voir le premier long métrage d'animation Disney sans aucune chanson. Malgré tout, la formule restera inchangée et toujours d'actualité, faisant les beaux jours de films au succès mondial tels que *Raiponce* et *La Reine des neiges*.

Les compositeurs phares

De *Silly Symphonies* à *Bambi*, les studios Disney comptent alors trois compositeurs réguliers : Leigh Harline, Ned Washington et Frank Churchill. Si ce dernier se suicide en 1942, occasionnant le départ de ses deux confrères pour la concurrence, Walt Disney garde un lien très fort avec ses compositeurs, et il évoque souvent son film préféré – *Mary Poppins* – au travers des chansons écrites par Robert et Richard Sherman. Ayant une place de prédilection auprès d'un patron fin mélomane, certains compositeurs brillent de leur collaboration sur le cinéma d'animation Disney. Parmi eux, Oliver Wallace (*Bambi, Cendrillon, Alice au Pays des Merveilles, Peter Pan*, etc.), George Bruns (*La Belle au Bois Dormant, Merlin l'Enchanteur, Les Aristochats*, etc.), mais aussi de très grands noms de la musique et du cinéma bien au-delà de Disney, tels que Elmer Berstein (*Taram et le Chaudron Magique*), Henry Mancini (*Basil, Détective Privé*), Hans Zimmer (*Le Roi Lion*) ou encore Jerry Goldsmith (*Mulan*). La renaissance de l'animation Disney en 1989 avec *La Petite Sirène* voit notamment l'arrivée du compositeur le plus célèbre de l'époque moderne, Alan Menken, avec huit participations en vingt ans... Autant de compositeurs qui, au-delà des clichés attachés à la musique des films d'animation, se sont toujours efforcés de fournir le meilleur d'eux-mêmes.

De Christophe Beck (*La Reine des neiges*) et ses superbes orchestrations à James Newton-Howard (*Atlantide, l'Empire Perdu, La Planète au trésor*) et ses mélodies envoûtantes, la musique des films Disney continue encore de prouver qu'elle figure parmi les plus innovantes du cinéma mondial. ♪

Mary Poppins © 1964 Disney

Fantasia & Fantasia 2000

À soixante ans d'intervalle, les deux opus de *Fantasia* illustrent de grands airs de musique classique par le biais d'une animation tour à tour abstraite, expérimentale, cartoonesque et hyperréaliste. Et subissent l'un et l'autre un échec critique et commercial cinglant.

Un tyrannosaure terrasse un stégosaure dans un fracas assourdissant ; au son d'une harpe, de gracieuses elfes exécutent un ballet sur un lac gelé tandis que des feuilles mortes sont ballottées par le vent ; des pégases, centaures et angelots joufflus batifolent gaiement dans des décors Art nouveau ; une hippopotame en tutu prend son élan et écrase un crocodile fougueux dans une parodie de ballet ; des chardons en cosaques entament une danse russe effrénée avec des orchidées en paysannes ; un démon ailé est impitoyablement réduit au silence par les cloches d'une église lointaine ; après avoir démultiplié par mégarde un balai magique, Mickey échappe de peu à la noyade en trouvant refuge sur un grimoire… Saturé d'images indélébiles, *Fantasia* transpire à chaque plan la passion de Walt Disney pour l'animation, l'art et la musique classique. Son existence est pourtant le fruit d'un concours de circonstances : au printemps 1937, alors que l'aura de Mickey pâlit sérieusement, Walt Disney négocie les droits d'adaptation de *L'Apprenti sorcier*, un poème symphonique composé quarante ans plus tôt par le Français Paul Dukas. L'idée est de remettre l'emblématique mascotte sous les feux des projecteurs et de réconcilier le public avec une grande musique jugée trop élitiste. Stimulé par le projet, le réputé chef d'orchestre Leopold Stokowski enregistre la partition mais le coût se révèle trop élevé pour un simple court métrage. L'intéressé suggère alors à Walt Disney de concevoir, selon ses termes, un « spectacle cinématographico-musical évolutif » projeté dans les salles de concerts en lieu et place des salles de cinéma classiques, complété chaque année de segments supplémentaires en délaissant ceux qui emporteront moins d'adhésion. Follement ambitieux, le concept séduit Disney qui lance la mise en chantier sous le titre *The Concert Feature*. Huit morceaux de musique classique sont ainsi retenus pour commencer, piochant dans le répertoire de Bach (*Toccata et fugue en ré mineur*), Tchaïkovski (*Casse-noisette*), Stravinsky (*Le Sacre du printemps*), Beethoven (*La Symphonie pastorale*), Ponchielli (*La Danse des heures*), Moussorgski (*Une nuit sur le mont Chauve*) et Schubert (*Ave Maria*). Mais le résultat est jugé beaucoup trop avant-gardiste dans le contexte de l'époque. Le Fantasound, un procédé de traitement acoustique destiné à restituer fidèlement le son d'orchestre, est un gouffre financier qui pousse Walt Disney à revoir ses ambitions à la baisse : *Fantasia* est finalement destiné à une exploitation dans les salles obscures, lesquelles doivent s'équiper du coûteux système mis au point. Seule une douzaine de salles saute le pas, condamnant de fait le film à un succès res-

FANTASIA
FANTASIA

Sortie originale : 13 novembre 1940
Sortie française : 6 novembre 1946
Réalisateurs : James Algar, Samuel Armstrong, Ford Beebe Jr., Norman Ferguson, Jim Handley, Thornton Hee, Wilfred Jackson, Hamilton Luske, Bill Roberts, Paul Satterfield, Ben Sharpsteen
Compositeurs : Jean-Sébastien Bach, Piotr Ilitch Tchaïkovski, Igor Stravinsky, Gabriel Pierné, Amilcare Ponchielli, Modeste Moussorgski, Franz Schubert
Durée : 125 minutes

treint. La mort dans l'âme, Disney concède alors une sortie classique, mais le distributeur RKO enfonce le clou en effectuant des coupes pour raccourcir la durée excessive de *Fantasia* – plus de deux heures. L'audacieux entracte de quinze minutes est notamment supprimé. Dérouté par la singularité de l'œuvre, le public n'est pas au rendez-vous et la critique cinématographique, musicale et théâtrale n'a pas de mots assez durs pour qualifier l'œuvre. Sacrilège, cauchemar, boucherie : les qualificatifs sont virulents, même si certains s'accordent à reconnaître la révolution culturelle. Enfin, l'entrée en guerre des États-Unis scelle le destin du film, promptement retiré des écrans. Plusieurs décennies sont nécessaires pour amortir un budget évalué à 2,25 millions de dollars, grâce à de nombreuses ressorties en salles (dont une réorchestration par Irwin Kostal en 1982, que les puristes jugent hérétique et qui vaut un rétropédalage des studios Disney) qui offrent à ce chef-d'œuvre une tardive réhabilitation. Reste que Walt Disney n'a jamais digéré un échec qu'il vit comme une injustice, et qui sonne définitivement le glas de ses ambitions quant à l'union de l'animation et du classique. Pour certains à un stade avancé, les segments supplémentaires qui prévoyaient de mettre en images *La Chevauchée des Walkyries* de Wagner, *Le Cygne de Tuonela* de Sibelius ou *Le Vol du bourdon* de Rimski-Korsakov, sont annulés.

Il faut attendre le début des années 1980 pour qu'émerge, sous le nom de *Musicana*, un nouveau projet de film musical. Cette fois, l'idée est de rendre hommage à des contes du monde entier à travers des musiques de contrées multiples. *Finlandia* de Sibelius et *Shéhérazade* de Rimski-Korsakov côtoient ainsi une relecture du conte *Le Rossignol et l'Empereur de Chine* d'Andersen, avec Mickey dans le rôle-titre sous la direction de John Lasseter. Loin de soulever l'enthousiasme de la

direction, le projet est finalement enterré et acte le départ du réalisateur Wolfgang Reitherman. Ce n'est qu'en 1991, face au succès phénoménal de l'édition vidéo de *Fantasia*, que Michael Eisner accepte que Roy E. Disney reprenne le flambeau de son oncle Walt. Repoussé à de nombreuses reprises en raison de difficultés de production, *Fantasia 2000* sort à la date éminemment symbolique du 1er janvier 2000, et bénéficie pour marquer l'événement d'une première projection exclusive dans les salles IMAX. Malgré la reprise de *L'Apprenti sorcier* du film original et la création de sept séquences fortes dirigées par le chef d'orchestre James Levine, au premier rang desquelles *Les Pins de Rome* de Respighi avec des baleines s'envolant jusque dans la stratosphère, et *L'Oiseau de feu* de Stravinsky mis en scène par les frères Brizzi, le film subit le même flop commercial que son glorieux aîné. Pas de quoi décourager pour autant Roy E. Disney. Celui-ci met en effet en chantier un troisième *Fantasia* dont la sortie est programmée à l'horizon 2006, mais que les échecs répétés de films d'animation enterrent rapidement. De quoi se faire une raison : l'union de l'animation et la musique classique relève de l'outrage aux yeux de certains puristes, et n'est pas assez fédératrice pour séduire le grand public. ♪

La Boîte à Musique

Curieux destin que celui du huitième classique Disney, assemblage hétérogène de courts métrages musicaux, fraîchement accueilli par la critique, rapidement morcelé à l'issue de son exploitation et, à ce jour, toujours inédit en vidéo dans l'Hexagone.

On a coutume de considérer *Fantasia 2000* comme la suite spirituelle de *Fantasia*. Rien de plus légitime étant donné qu'au-delà du titre commun, les deux films sont constitués d'une succession de courts métrages illustrant de grands airs de musique classique. Que dire pourtant de *La Boîte à Musique*, dont le concept semble à l'évidence inspiré du grand œuvre de Walt Disney ? Si l'intéressé avait au départ conçu *Fantasia* comme un projet de longue haleine destiné à être complété de nouveaux segments au fil du temps, l'échec du film sonnera le glas de son ambition. Première production Disney à sortir en salles à l'issue de la Seconde Guerre mondiale, *La Boîte à Musique* semble malgré tout, de manière nettement plus modeste puisque le studio n'a d'autre choix que de produire de nouveaux films à l'économie, incarner le désir profond de Walt Disney à poursuivre le projet. Au moment où la trilogie initiée par *Saludos Amigos* et *Les Trois Caballeros*, essentiellement musicale, est finalement avortée du troisième volet intitulé *Cuban Carnival* à son grand regret, le créateur de Mickey réunit donc une dizaine de sketches musicaux au sein d'un film qui affiche la couleur : « *Une fantaisie musicale en dix parties* ». Soit, ni plus ni moins, un *Fantasia* avec des chansons pop. Le film déconcerte néanmoins par son manque d'homogénéité. Ainsi, les *All the Cats Join In* et *Casey at the Bat* sont réalisés dans un style cartoon assez grossier, tandis que *Blue Bayou*, dans lequel un héron prend son envol, et *Two Silhouettes*, où deux silhouettes gracieuses dansent un ballet, jouissent d'une qualité d'animation (pour l'un dans l'esprit d'une estampe japonaise, pour l'autre en rotoscopie) qui n'a rien à envier aux sketchs de *Fantasia*. Cela ne doit rien

au hasard, car *Blue Bayou* devait initialement figurer dans le classique de 1940, illustré par *Clair de Lune* de Claude Debussy, avant de bénéficier d'une musique plus contemporaine en migrant vers le présent film. Trois séquences se détachent surtout du lot : *Johnny Fedora and Alice Bluebonnet*, romance contrariée entre deux chapeaux dans l'esprit du *Parapluie bleu*, joli court métrage produit par Pixar en 2013 ; *Pierre et le loup*, hommage à l'œuvre célèbre de Sergueï Prokofiev, régulièrement exploité par la suite en court métrage autonome ; et *La Baleine qui voulait chanter à l'opéra*, qui conclut le programme sur une note étonnamment amère. Méconnu et presque élitiste, ce film tombé dans l'oubli conserve un charme suranné qui déconcerte par son absence de véritable fil directeur.

LA BOÎTE À MUSIQUE
MAKE MINE MUSIC
Sortie originale : 15 août 1946
Sortie française : 14 septembre 1949
Réalisateurs : Jack Kinney, Clyde Geronimi, Hamilton Luske, Joshua Meador, Robert Cormack
Compositeurs : Ken Darby, Oliver Wallace, Edward H. Plumb
Durée : 75 minutes

Mélodie Cocktail

Avant que le cinéma italien n'en fasse son miel dans les années 1950, les films à sketches, inégaux par essence, constituent après-guerre pour Disney une manière d'exister sur les écrans et de permettre à ses artistes de s'essayer à différents styles.

Dans le sillage des films à sketches initiés au lendemain du second conflit mondial, le dixième classique des studios Disney, intitulé *All in Fun* lorsque débute sa production en 1946, est le fils spirituel de *La Boîte à Musique* dont il reprend le concept d'une succession de courts métrages inspirés d'œuvres musicales d'artistes contemporains, à ceci près que le résultat, à défaut d'être homogène, s'avère plus enthousiasmant. Avec sept segments contre dix pour le précédent film, astucieusement entrecoupés d'un pinceau en mouvement en guise de trait d'union, la compilation prend le temps de développer chaque univers tout en s'amusant à entrechoquer les styles graphiques et narratifs. La première production, *C'est un Souvenir de Décembre*, description délicieuse de deux tourtereaux patinant sur un lac gelé avec à leur côté un couple de lapins, bénéficie de la patte inimitable de l'artiste Mary Blair qui baigne le récit d'un graphisme évoquant une carte de vœux surannée et infiniment charmante. Changement de registre radical avec *Bumble Boogie*, course-poursuite à perdre haleine entre un bourdon et les marteaux d'un piano qui ne cessent de changer d'apparence pour venir à bout de l'insecte terrorisé. Un cauchemar surréaliste, sec et nerveux d'une redoutable efficacité. Retour à l'univers stylisé de Mary Blair avec *Johnny Pépin-de-Pomme*, évocation de la vie d'un pionnier mythique qui traversa l'Ouest des États-Unis en plantant des pommiers. Illustrant de manière éclatante le talent de conteur de Walt Disney, ce segment, à l'instar de *Pecos Bill* qui conclut le film avec des cow-boys s'adressant aux jeunes comédiens Bobby Driscoll et Luana Patten (présents la même année dans *Danny, le petit mouton noir*), s'inscrit dans la volonté du créateur de Mickey de produire une série de courts métrages en hommage aux légendes américaines, qui trouve son acmé durant la décennie suivante avec la série télévisée *Davy Crockett*. Si les courts métrages *Petit Toot* et *C'est la Faute de la Samba* (qui convoque trois personnages des *Trois Caballeros*) ne méritent qu'un intérêt poli, *À la Gloire d'un arbre*, illustration d'un poème de Joyce Kilmer, s'impose comme un joyau d'animation qui, par son lyrisme et son ambition formelle, aurait sans nul doute mérité de figurer dans *Fantasia*. Morcelée à l'issue de son exploitation au point que cinq segments se voient accolés en 1955 à quatre sketches de *La Boîte à Musique* pour former le film indépendant *Music Land*, cette compilation très recommandable témoigne d'une période faste pour Disney sur le plan de l'audace et de la créativité. ♪

MÉLODIE COCKTAIL
MELODY TIME

Sortie originale : 27 mai 1948
Sortie française : 28 février 1951
Réalisateurs : Clyde Geronimi, Wilfred Jackson, Jack Kinney, Hamilton Luske
Compositeurs : Eliot Daniel, Paul J. Smith
Durée : 75 minutes

3

Les contes et romans

P. 61
HISTOIRES ÉTERNELLES

P. 64
ALICE AU PAYS DES MERVEILLES

P. 66
PINOCCHIO

P. 67
DUMBO

P. 68
MERLIN L'ENCHANTEUR

P. 69
MULAN

P. 70
LE BOSSU DE NOTRE-DAME

P. 71
LE CRAPAUD ET LE MAÎTRE D'ÉCOLE

P. 72
PETER PAN

HISTOIRES ÉTERNELLES

RARES SONT LES FILMS D'ANIMATION DES STUDIOS DISNEY À NE PAS S'INSPIRER DE CONTES POPULAIRES. MAIS N'EST-CE PAS LÀ L'HISTOIRE DU MONDE ? DES HISTOIRES TRAVERSANT LES ÂGES, LES FRONTIÈRES, QUI ÉVOLUENT AU FIL DES SIÈCLES ET DE LEUR ÉNONCIATION, SERVANT DE BASE CULTURELLE AUX PEUPLES. AU FINAL, ELLES SONT LES MEILLEURES SOURCES D'INSPIRATION POUR WALT DISNEY.

« *Tous les grands contes de fées, il faut s'en rappeler, sont essentiellement moraux, opposant le bien et le mal, la vertu et la méchanceté, dans des termes dramatiques facilement compréhensibles par les enfants. Sans cette opposition entre le bien et le mal et la prévalence du bien, les contes de fées tels que* Blanche-Neige, Cendrillon, Pinocchio *et* La Belle au Bois Dormant *auraient disparu depuis longtemps car ils n'auraient plus de sens. Si vous mettez de la bonté dans quelque chose qui vaut la peine que l'on se batte – quelque chose dans laquelle les enfants comme les adultes peuvent s'identifier – alors vous devez mettre de la méchanceté dans un adversaire digne de ce nom. De cette nécessité, les contes de fées du monde entier ont créé des sorcières, des méchantes fées, des « mauvaises personnes ». Dans nos versions de ces œuvres morales – lues aux plus jeunes par les parents de génération en génération depuis des siècles – nous avons essayé de garder ces éléments en maintenant un bon équilibre avec le divertissement.* »

Walt Disney, (1959, The Walt Disney Archives)

La croyance populaire veut que les studios Disney soient une société puisant sans vergogne dans les contes et légendes du monde entier, supposément par manque d'imagination. C'est oublier que l'importance de ces histoires dans la culture de notre civilisation est précisément due à la faculté qu'ont les peuples de les interpréter, les transposer, les adapter et les faire évoluer de siècle en siècle. Certaines de ces histoires dites populaires font l'objet d'une certaine formalisation, fixant progressivement leur contenu pour adopter une forme « définitive ». Ainsi, deux frères linguistes, Jacob et Wilhelm Grimm, publient dès 1812 un recueil de contes allemands qu'ils collectent au fil de leurs voyages. *Contes de l'enfance et du foyer* comporte alors des titres qui deviendront célèbres dans le cinéma d'animation Disney, tels *Blanche-Neige*, *Cendrillon* ou encore *La Fille du roi et la grenouille*. Au fil des rééditions, ce recueil voit les contes se transformer pour des raisons commerciales, les rendant plus lisibles et compréhensibles, les frères Grimm devenant alors autant auteurs que collecteurs d'histoires. À la manière d'un Jean de la Fontaine, ils vont jusqu'à modeler dans chaque conte les inévitables notions morales du bien contre le mal, malgré tout teintées de surnaturel où l'indicible s'impose comme une force omnipotente par laquelle tout peut arriver.

Dès 1937 et *Blanche-Neige et les sept nains*, Walt Disney s'accapare l'un des contes les plus fameux du recueil populaire des frères Grimm. Mais en transformant sensiblement son contenu, il ne fait que revenir aux sources de la nature-même de ces contes, transmis

Cendrillon © 1950 Disney

Les Nouveaux Héros © 2014 Disney

historiquement à l'oral et présentant de grandes différences en fonction des régions et des époques. Mais d'un auteur à l'autre, si les frères Grimm ont effectivement « lissé » et homogénéisé ces histoires auprès de la population, Walt Disney fait plus, à une époque où la mondialisation fait sentir ses premiers effets. Tout d'un coup, l'archétype de *Blanche-Neige* devient celui des studios Disney, au point d'en être désormais associé de manière quasi-exclusive. Les autres contes classiques célèbres adaptés par Disney seront *Cendrillon*, *La Belle au Bois Dormant* (ces deux titres plutôt tournés vers les versions de Charles Perrault, parues en 1697 dans *Les Contes de ma mère l'Oye*), *La Petite Sirène* de Hans Christian Andersen (1837), *La Belle et la Bête* de Gabrielle-Suzanne Barbot de Villeneuve (1740), *Raiponce* des frères Grimm (1812) et *La Reine des neiges* de Hans Christian Andersen (1844).

Dans l'ère du temps

Malgré la présence d'autres contes adaptés non-issus de la culture européenne (*Aladdin* du recueil *Les Mille et Une Nuits*, *Mulan* de la littérature chinoise), voire de légendes telles que *Robin des Bois* ou des mythes comme *Hercule* et l'*Atlantide*, Walt Disney est au final bien plus actif dans l'adaptation de romans contemporains. Si l'image des studios reste majoritairement ancrée dans l'imagerie classique européenne, la grande majorité des films est en réalité issue d'œuvres à la fois modernes et qui ne répondent pas toujours au canon du conte classique. Si *Pinocchio* se situe dans un entre-deux complaisant entre

La Petite Sirène © 1989 Disney

le conte de fées et l'adaptation d'un roman populaire (*Les Aventures de Pinocchio*, Carlo Collodi, 1881), les films deviennent rapidement contemporains aux spectateurs, offrant l'image affligeante d'un cirque assouvissant les animaux dans *Dumbo* (Helen Aberson-Mayer, 1939) ou d'un chasseur tuant des animaux dans *Bambi* (Felix Salten, 1923). *Alice au Pays des Merveilles*, tiré des deux romans de Lewis Carroll écrits entre 1865 et 1871, apporte quant à lui davantage de modernité dans la narration, tout comme *Peter Pan* tiré de James Matthew Barrie (1911). Mais Walt Disney développe rapidement avec *La Belle et le Clochard* (tiré d'un roman de Ward Greene de 1937) des œuvres profondément ancrées dans le cadre urbain, plus proches du public majoritairement visé (les habitants des villes), faisant les beaux jours des studios avec *Les 101 Dalmatiens* (du livre éponyme de Dodie Smith de 1956) et *Bernard et Bianca* (tiré des livres jeunesse de Margery Sharp de 1959). Ces histoires conjuguent alors la sempiternelle présence d'animaux comme figures centrales de la narration au quotidien du public occidental moyen, faisant très nettement écho au cinéma live, comme pour donner au cinéma d'animation plus de crédibilité. Ce principe explose avec le très musical *Mary Poppins*, film hybride urbain et merveilleux en 1964, lui aussi adapté d'une longue série de nouvelles de la romancière australienne Pamela L. Travers.

Le meilleur des deux mondes

Le début des années 1980 ne déroge pas à la règle. Chaque film est adapté d'un succès littéraire, avec parfois une grande liberté prise vis-à-vis de l'œuvre originale. Si *Taram et le Chaudron Magique* souffre d'une production chaotique et ne rend au final que peu hommage au livre original de Lloyd Alexander, le pari semble en revanche réussi pour *Oliver Twist* de Charles Dickens, ressuscité en chat dans *Oliver & Compagnie*. Mais c'est bien *La Petite Sirène* qui apporte son vent de modernité, non dans la fabrication d'une adaptation, ici du conte de Hans Christian Andersen, mais dans la formulation esthétique et narrative de l'œuvre. Cette approche est validée avec *La Belle et la Bête*, et largement assumée dans *Le Bossu de Notre-Dame*, adaptant respectivement Jeanne-Marie Leprince de Beaumont et Victor Hugo plutôt fidèlement, tout en épargnant aux spectateurs la transposition des protagonistes en charmants animaux de forêt ou de compagnie.

La Planète au trésor © 2002 Disney

Raiponce © 2010 Disney

Alice au Pays des Merveilles © 1951 Disney

Cette démarche permet au final plus facilement aux studios Disney de s'émanciper du conte et de la légende. À une époque où d'aucuns pensent que *Blanche-Neige* est une invention de Walt Disney, ce que la firme ne tend par ailleurs aucunement à faire croire, les cadres sont amenés à privilégier les histoires originales quand cela est possible. Les années 2000 et 2010 marquent l'émergence de bon nombre de films originaux, ouvrant le bal dès 2000 avec *Dinosaure* et *Kuzco, l'Empereur Mégalo*, pas nécessairement des plus inspirés, mais permettant une véritable émancipation de talents en interne tel que Chris William, acteur majeur des grands films d'animation Disney de la période actuelle. Certes, et c'est une chance, de grandes œuvres ou contes populaires restent au cœur de la préoccupation des créatifs, tels que *La Planète au trésor*, malicieuse adaptation du classique *L'Île au trésor* de Robert Louis Stevenson, ou le très moderne *Les nouveaux Héros*, adapté du comics du collectif Man of Action. Et si *Zootopie* et *Vaiana* se trouvent être d'énormes succès entièrement originaux, le succès des adaptations des contes populaires *Raiponce* et *La Reine des neiges* rappelle que le vivier d'histoires populaires, souvent méconnues, reste très fourni en thèmes et personnages de qualité, et qu'il serait dommage de s'en priver.

Alice au Pays des Merveilles

Considéré comme l'œuvre la plus iconoclaste de Walt Disney, *Alice au Pays des Merveilles* est aussi le film qui divise le plus, y compris au sein des animateurs. S'il est désormais perçu comme une œuvre culte, il n'en reste pas moins complexe à assimiler.

Œuvre fondatrice, à bien des égards, de la littérature moderne anglaise, *Alice au Pays des Merveilles* est une ode au nonsense anglo-saxon où l'imagination prédomine sur les notions classiques de narration en prose, jouant avec la linguistique et la poésie et assumant férocement les nombreuses interprétations possibles des aventures de la petite Alice. Au premier degré, tout cela semble suffisamment fantaisiste pour ne pas s'encombrer des secondes lectures, et dès ses débuts Walt Disney adapte à sa façon l'univers de Lewis Carroll dans la série *Alice Comedies*. Le succès de *Blanche-Neige et les sept nains* en 1937 le conduit alors à lancer la production de nombreux films, dont *Alice*. Au départ, la nature de l'œuvre d'origine amène l'équipe à entreprendre le projet comme un film hybride, concept très prisé dans la décennie à venir, mais la complexité des aventures d'Alice rend difficile, et surtout très coûteux, la possibilité de faire évoluer la jeune fille dans des décors alternant prises de vues réelles et animation. Malgré tout, Walt Disney tient à utiliser une actrice pour jouer le rôle de l'héroïne, tout comme *Alice Comedies*, et persiste dans l'idée d'en faire un film hybride. Mais très rapidement, l'équipe créative se heurte à l'histoire. Au-delà de sa singulière complexité, le livre est écrit comme un fourmillement d'idées à la métrique particulièrement sévère, faisant des écrits de Carroll, quoique déstructurés, une terrible épreuve littéraire que les scénaristes de Disney s'évertuent à décortiquer. Al Perkins, scénariste et auteur d'ouvrages pour enfants, rend en 1938 une étude quant à l'adaptation possible du livre, mais exclut toute proximité avec le matériau d'origine, considéré comme trop éloigné de ce que l'on attendrait d'un film de divertissement familial. Les premières versions du script vont donc supprimer des personnages, rajouter des saynètes, mais se heurtent toujours face à l'appréhension de Walt Disney qui va jusqu'à en faire des cauchemars la nuit. Épuisé, alors que le pays s'engage dans la Seconde Guerre mondiale, et surtout sans ressources lui permettant de continuer à produire des films ambitieux, il met de côté le projet du film au début des années 1940, tout comme *Peter Pan* et *Cendrillon*.

La reprise de la production en 1946, suite à des succès inattendus comme le film hybride *Mélodie du sud*, amène toutefois la production à reconsidérer *Alice au Pays des Merveilles* comme un film d'animation, pour des raisons principalement techniques. Si de très nombreuses idées sont abandonnées en chemin, le film devient une grosse production impliquant de nombreux auteurs toujours partagés sur le script, mais aussi de nombreux compositeurs qui doivent faire face à la monstrueuse musicalité dissonante des poèmes de Lewis Carroll. Si le thème chanté du film (composé par Sammy Fain, célèbre à Broadway), deviendra plus tard un standard jazz, le reste des chansons est refusé par Walt Disney, qui abandonne alors plus de deux tiers du matériau produit – l'un des titres sera repris sous le titre *La Deuxième Étoile* dans *Peter Pan* en 1953.

Sorti en 1951, *Alice au Pays des Merveilles* peine à convaincre. Malgré une qualité technique bien au-dessus des standards même chez Disney, le film souffre d'une image négative du fait de sa production empirique, suite à ces nombreux rema-

ALICE AU PAYS DES MERVEILLES
ALICE IN WONDERLAND

Sortie originale : 14 septembre 1951
Sortie française : 21 décembre 1951
Réalisateurs : Clyde Geronimi, Wilfred Jackson, Hamilton Luske
Compositeur : Oliver Wallace
Durée : 75 minutes

niements de scénario et ses nombreuses équipes d'animation indépendantes, ne satisfaisant que difficilement le public américain avec son contenu mêlant burlesque et absurde, et encore plus le public anglais, qui ne reconnaît pas l'œuvre de Carroll sous les traits des studios Disney. Accusant une énorme perte au box-office, notamment américain, le film est un temps détesté par les animateurs et Walt Disney en personne, qui désavoue un film ratant selon lui son objectif premier, à savoir donner une âme et une fonction marquante à Alice, qui a plus l'air de subir les péripéties que les vivre, n'inspirant au final aucune empathie de la part du public. D'autres animateurs, comme les « sages » Ollie Johnston et Frank Thomas dans leur ouvrage *The Disney Villain* (1993), estiment que le film est le premier à échouer dans la dynamique habituelle d'un Walt Disney dirigeant les choses avec cœur et passion. *Alice aux pays des merveilles*, finalement rejeté par ses concepteurs, voyant une adaptation totalement ratée du livre d'origine, trouve malgré tout son public avec le temps. Intégrant assez tôt le parc Disneyland de Californie via deux attractions, le film ne sera pas abandonné par Disney, qui prendra en main l'édition de sa bande originale alors déclinée par Decca Records suite aux mauvais chiffres du box-office. Devenu une icône de la culture hippie des années 1960,

Alice au Pays des Merveilles construit sa légende avec le temps, et est aujourd'hui largement considéré comme un film en avance sur son époque, réussissant là où les animateurs et Walt Disney voyaient un ratage retentissant, probablement influencés par l'échec du film en salles : une histoire singulière, faisant de ce film l'œuvre culte la plus mal-aimée de l'histoire des studios Disney.

Pinocchio

Loin de se reposer sur ses lauriers au terme de la production de *Blanche-Neige et les sept nains*, unanimement salué comme une révolution dans l'histoire du cinéma, Walt Disney redouble d'ambition pour son deuxième film au point de fragiliser la santé financière de l'entreprise.

C'est un rituel immuable, cauchemardesque pour tous les réalisateurs : un premier film en appelle souvent un deuxième, immanquablement attendu au tournant. Si la pression est d'autant plus forte lorsque le succès a été au rendez-vous, quand le coup d'essai marque l'histoire du septième art comme dans le cas de *Blanche-Neige et les sept nains*, on imagine combien le défi peut s'avérer paralysant, voire insurmontable. C'est mal connaître Walt Disney, galvanisé par le triomphe d'un film qui a déjoué tous les pronostics. Le public et la critique ont été conquis ? Ils n'ont encore rien vu. C'est dans cet état d'esprit que l'artiste et homme d'affaires entreprend la libre adaptation de *Pinocchio*, un conte publié en feuilleton dans une revue pour enfants en 1880 par l'italien Collodi. Mais les choix opérés – création du poisson Cléo, suppression de personnages pour se focaliser sur le grillon Jiminy Cricket et le chat Figaro – déplaisent fortement à la famille de l'écrivain qui intente, en vain, un procès pour dénaturation de l'œuvre. Afin de mener à bien le projet, Walt Disney déménage les locaux de ses studios de l'avenue Hypérion de Los Angeles sur les hauteurs des collines de Burbank (où se situe, toujours aujourd'hui, le siège social de l'entreprise), lance en parallèle plusieurs projets de films, dont *Bambi*, *Dumbo* et *Peter Pan*, et investit les bénéfices de son précédent film pour repousser les limites de l'animation. Qu'importent les moyens mobilisés, les aventures du pantin de bois qui rêve de devenir un vrai garçon ont droit à tous les égards, notamment en recourant à la caméra multiplane mise au point au début des années 1930, lors du somptueux travelling qui nous conduit du clocher du village à la maison du sculpteur Geppetto, en se faufilant parmi les ruelles grouillant de vie. Hélas, malgré des critiques dithyrambiques, les recettes du film sont en-deçà des attentes en raison de la Seconde Guerre mondiale qui contraint à une mise entre parenthèses de l'exploitation européenne, et le film ne sort en France qu'à l'automne 1946, à quelques semaines d'intervalle de *Fantasia*. Ponctué de scènes effrayantes à l'impact intact (l'île des plaisirs où le pantin se transforme en âne a dissuadé plus d'un enfant de désobéir à ses parents), le deuxième film des studios Disney demeure, près de huit décennies après sa production, d'une qualité inouïe à l'origine de nombreuses vocations. Quand bien même le budget pharaonique englouti ne manque pas de résonner avec la baleine Monstro qui, avalant Pinocchio, a les yeux plus gros que les ventres et l'apprendra bien vite à ses dépens.

PINOCCHIO
PINOCCHIO

Sortie originale : 23 février 1940
Sortie française : 2 octobre 1946
Réalisateurs : Hamilton Luske et Ben Sharpsteen, assistés de Norman Ferguson, T. Hee, Wilfred Jackson, Bill Roberts et Jack Kinney
Compositeurs : Leigh Harline, Paul J. Smith
Durée : 88 minutes

Dumbo

Fréquemment cité par les animateurs comme le film-déclic à l'origine de leur vocation, à l'image de John Lasseter, Carlos Saldanha ou Tim Burton qui planche sur un remake en prises de vues réelles prévu en salles en 2019, *Dumbo* est une œuvre à la fois simple et bouleversante.

Le quatrième film des studios Disney est aussi l'un des plus courts. Produite en seulement dix-huit mois pour quelque 950 000 dollars, loin derrière les budgets de *Blanche-Neige et les sept nains* et *Pinocchio* avec respectivement 1,48 et 2,6 millions de dollars, cette adaptation d'un roman rédigé en 1939 par l'auteure américaine Helen Aberson développe un récit simple – un éléphanteau est victime de railleries en raison de ses trop grandes oreilles – qui n'enlève rien à sa portée universelle. Fable sur l'acceptation de la différence plébiscitée par le public et la critique (lauréat du Grand Prix du dessin animé à Cannes et de l'Oscar de la meilleure musique), le film marque le retour au style cartoon des premiers courts métrages du studio, et permet à Walt Disney de renflouer la trésorerie de l'entreprise après les échecs de *Pinocchio* et *Fantasia*. Le principal atout de ce petit classique générationnel réside dans l'émotion intacte qu'il suscite auprès du public, immédiatement en empathie avec l'éléphanteau qui, après avoir été trop longtemps la risée de ses semblables, parvient à prendre sa revanche le jour où il réalise que ses oreilles lui permettent de voler. Comblé par ce handicap physique qui devient finalement un atout, Dumbo est un héros infiniment attachant qui, sans prononcer un seul mot et par la seule grâce de son attitude, rappelle le célèbre « vilain petit canard » (qui a fait l'objet de deux courts métrages de la série *Silly Symphonies*), mis au ban de la société à cause de sa différence. La relation fusionnelle qu'il entretient avec sa mère, retenue captive d'une roulotte pour avoir défendu sa progéniture, culmine lors d'une berceuse poignante. La planche de salut du héros vient finalement de Timothée, un souriceau qui fait fi des préjugés et se moque du qu'en-dira-t-on, contrastant de fait avec l'aigreur et la méchanceté gratuite du directeur du cirque et des éléphantes. Enrobé par un graphisme d'une candeur exquise, agrémenté de chansons gaies dont l'entraînant *Train du bonheur*, le film fait surtout le bonheur des passionnés d'animation pour une seule séquence, unique dans la filmographie du studio par sa dinguerie expérimentale. Cherchant à réconforter Dumbo, Timothée l'emmène s'abreuver à un tonneau dans lequel un clown a accidentellement renversé du champagne. En état d'ébriété, l'éléphanteau commence alors à divaguer puis halluciner sévèrement, l'occasion d'une jubilatoire parenthèse surréaliste où se mêlent visions psychédéliques, motifs abstraits et brouhaha indescriptible qui mérite de figurer au panthéon des scènes les plus iconoclastes du studio.

DUMBO
DUMBO

Sortie originale : 31 octobre 1941
Sortie française : 25 octobre 1947
Réalisateurs : Ben Sharpsteen assisté de Norman Ferguson, Samuel Armstrong, Wilfred Jackson, Bill Roberts et Jack Kinney
Compositeurs : Oliver Wallace, Frank Churchill
Durée : 64 minutes

Merlin l'Enchanteur

« *Quand on a touché le fond, on ne peut que monter* ». Assénée par Merlin dans le but de motiver le jeune Arthur, cette maxime de bon sens épouse la philosophie des studios Disney en ce début des années 1960, alors même que l'entreprise est en quête d'un second souffle.

Dans les années 1960, les studios Disney traversent une période difficile aux allures de crise existentielle. Affecté par l'échec commercial injuste de *La Belle au Bois Dormant*, Walt Disney résiste aux préconisations de son frère Roy qui estime nécessaire de cesser la production de films d'animation, mais accepte de réduire sensiblement la voilure en s'en tenant à un long métrage tous les quatre ans, contre deux auparavant. Il va cependant falloir trancher. Deux projets sont en effet en développement : *Chantecler*, articulé autour d'un personnage du *Roman de Renart* ; et *Merlin l'Enchanteur*, adaptation du premier des cinq tomes rédigés en 1938 par l'auteur britannique T.H. White, librement inspirés de la célèbre légende arthurienne. En dépit des protestations de nombreux animateurs, le second projet remporte les faveurs de la direction, qui confie le soin de retravailler le script à Bill Peet, lequel a commencé sa carrière avec *Pinocchio* et dont *Merlin l'Enchanteur* constitue l'ultime projet. Budget limité oblige, les morceaux de bravoure du roman passent à la trappe et le scénario ne retient que trois des cinq transformations que subit l'écuyer Arthur, surnommé Moustique, qui n'est autre que le futur souverain d'Angleterre. Ces rites initiatiques, imposés par le magicien Merlin au jeune homme afin que celui-ci tire de chaque expérience une leçon de vie, figurent parmi les meilleurs moments d'un film où la magie le dispute à l'humour, ainsi qu'à l'émotion la plus poignante comme l'illustre le plan où la femelle écureuil sanglote après avoir réalisé que son soupirant est un être humain. La scène la plus mémorable reste sans conteste le duel de sorcellerie orchestré entre Merlin et la sorcière Madame

Mim. Tortue ou lapin, chèvre ou rhinocéros, tous les coups sont permis pour laver son honneur, les deux personnages prenant un plaisir manifeste à s'affronter. Truffé d'anachronismes, de situations burlesques (le fou rire contagieux du hibou Archimède) et de *running gags* (le loup affamé), le film ne joue cependant pas dans la même cour que ses prédécesseurs. Aucune innovation n'est en effet à l'œuvre sur le plan technique, et le graphisme s'inspire peu ou prou, sans génie, du classique sorti deux ans plus tôt, *Les 101 Dalmatiens*. Indulgente, la critique souligne à raison le manque d'ambition d'un film incapable de rivaliser avec les classiques de l'âge d'or. Pas de quoi entamer son capital sympathie intact auprès des amateurs d'animation qui continuent de se régaler de l'humour iconoclaste et du savant dosage entre magie et aventure médiévale.

MERLIN L'ENCHANTEUR
THE SWORD IN THE STONE

Sortie originale : 25 décembre 1963
Sortie française : 16 décembre 1964
Réalisateur : Wolfgang Reitherman
Compositeur : George Bruns
Durée : 79 minutes

Mulan

Dans la continuité d'*Aladdin* ou *Pocahontas* au début des années 1990, Disney développe une nouvelle histoire mettant en scène une culture éloignée des standards classiques européens ou contemporains américains, avec cette fois la Chine à l'honneur et la volonté d'explorer de nouveaux horizons tout en préservant les fondamentaux.

À la fin des années 1980, la « renaissance » du cinéma d'animation Disney s'opère avec *La Petite Sirène* et son style résolument moderne. Pour la première fois, la jeune héroïne est irrévérencieuse et désobéit farouchement, mais garde tous les atours d'une princesse aux aspirations classiques. Avec *Mulan*, le renouveau amorcé par *Le Roi Lion* et *Pocahontas*, explorant de nouvelles cultures voire de nouveaux continents, Disney offre un récit plus novateur qu'il n'y paraît. Basé sur une légende chinoise bien connue, le film débute sa conceptualisation courant 1994 et est le premier à être entièrement produit dans les studios flambant neufs de Floride qui, depuis désormais cinq ans, œuvrent dans l'ombre sur de la sous-traitance de longs métrages d'animation. Barry Cook figure alors parmi cette équipe déportée. Après des rôles majeurs sur *La Belle et la Bête* et *Aladdin*, il est propulsé co-réalisateur sur *Mulan* depuis la Floride, au côté du californien Tony Bancroft. Cette équipe jeune – de moins de trente ans en moyenne – bénéficie alors de la vision du scénariste en chef Chris Sanders qui rejette les idées préliminaires mettant en scène une jeune femme « garçon manqué » fuyant un mariage forcé. Au final, c'est par amour pour son père qu'elle prend sa place et se coupe les cheveux pour ressembler à un homme et ainsi rejoindre l'armée impériale. Cette scène anodine transfigure pourtant toute l'idéologie Disney, et fait d'une potentielle princesse une vraie battante, n'attendant plus passivement son prince et brisant les stéréotypes, vestimentaires comme physiques, comme l'avait initié *Pocahontas* quelques années plus tôt. Cette modernité va jusqu'à pousser l'équipe créative à s'inspirer de l'art chinois, où seul l'essence des éléments est traditionnellement représentée en peinture ou décrit en poésie. *Mulan* dévoile alors en 1998 une véritable vision de la part des équipes de Disney, plus sobre et élancé, tant esthétiquement que narrativement, que les précédents films bien plus denses tel que *Le Roi Lion*. Bien qu'à l'origine d'un beau succès au box-office, *Mulan* est considéré comme un film mineur sans chanson réellement mémorable, avec le sempiternel élément comique dispensable (le dragon Mushu), cassant l'image d'un film repoussant encore le renouveau des studios Disney dans les années 1990.

MULAN
MULAN

Sortie originale : 19 juin 1998
Sortie française : 25 novembre 1998
Réalisateurs : Tony Bancroft, Barry Cook
Compositeur : Jerry Goldsmith
Durée : 88 minutes

Le Bossu de Notre-Dame

L'euphorie qui gagne la foule durant la séquence débridée de la fête des Fous est inversement proportionnelle à l'accueil réservé au film par les puristes du roman de Victor Hugo. On aurait pourtant tort de bouder son plaisir face à ce grand spectacle lyrique et engagé.

L'idée de revisiter ce monument de la littérature française, qui a déjà eu les honneurs de nombreuses adaptations (dont les plus fameuses restent celles avec Charles Laughton et Maureen O'Hara en 1939, puis avec Anthony Quinn et Gina Lollobrigida en 1956), trouve son origine au début de l'année 1993. Vice-président chargé de la création, David Stainton décèle dans le roman le potentiel d'une comédie musicale ponctuée de vrais morceaux de bravoure. L'idée validée par la direction, le président Jeffrey Katzenberg remet le projet entre les mains de Gary Trousdale et Kirk Wise, dans les grâces de Disney depuis le triomphe de *La Belle et la Bête*, réalisé en duo et déjà une adaptation de la littérature hexagonale. Contraints d'abandonner le projet consacré à Orphée sur lequel ils travaillent, les deux hommes visitent la capitale française afin d'engranger de la documentation, tandis que le compositeur Alan Menken et le parolier Stephen Schwartz sillonnent l'Europe d'où ils ramènent des sons de cloches et des chœurs grégoriens pour accentuer l'authenticité médiévale du récit. Le studio de Montreuil gagne par ailleurs ses galons en participant à son premier long métrage, dont il signe le somptueux prologue, l'embrasement spectaculaire de Paris et l'une des scènes chantées les plus intenses, lorsque le juge Frollo (qui est archidiacre dans le roman) peine à réfréner ses pulsions charnelles envers la troublante Esmeralda. La manière d'aborder la thématique du désir et du refoulé est sans conteste l'une des plus franches réussites du film, aucune production Disney ne l'ayant jamais traitée aussi frontalement, tout comme celle de l'exclusion

qui s'exprime avec une vibrante émotion dans la chanson *Les Bannis ont droit d'amour*. On est davantage désarçonné par l'apparence difforme de Quasimodo, l'orphelin reclus dans les hauteurs de la cathédrale Notre-Dame, autant que par son timbre excessivement cristallin interprété dans la version française par le chanteur Francis Lalanne. Surtout, en s'éloignant du roman d'origine au point de déboucher sur un dénouement heureux, le film s'autorise une trahison impardonnable qui met en émoi la famille de l'écrivain à la sortie du film. Reste qu'en offrant à Disney l'un de ses meilleurs résultats au box-office français des années 1990, cette libre relecture d'un classique de la littérature s'impose, grâce à une réalisation de haut vol et à une bande originale très inspirée, comme l'un des films les plus adultes et audacieux des studios de l'oncle Walt.

LE BOSSU DE NOTRE-DAME
THE HUNCHBACK OF NOTRE-DAME

Sortie originale : 21 juin 1996
Sortie française : 27 novembre 1996
Réalisateurs : Gary Trousdale, Kirk Wise
Compositeur : Alan Menken
Durée : 91 minutes

Le Crapaud et le Maître d'École

Dernier film à sketches exploité dans la foulée de *Coquin de Printemps* et *Mélodie Cocktail*, le onzième classique Disney réunit deux moyens métrages emblématiques de la période d'après-guerre où les studios, en quête d'un nouveau souffle, font face à des difficultés économiques.

Alors que l'animation parfois rudimentaire des précédents films à sketches, sortis durant ou au lendemain de la Seconde Guerre mondiale, trahissait un budget et une ambition limités, il en va autrement du *Crapaud et le maître d'école* qui mérite non seulement une sérieuse réévaluation à la hausse, mais préfigure rien moins que l'âge d'or de la décennie à venir, inauguré dès l'année suivante avec *Cendrillon*. Lauréat d'un Golden Globe, le film se compose de deux adaptations de classiques de la littérature anglo-saxonne : *La Mare aux grenouilles*, inspiré du *Vent dans les saules* de Kenneth Grahame (1908), et *La Légende de la Vallée endormie*, inspiré de *La Légende de Sleepy Hollow* de Washington Irving (1819). La première histoire met donc en scène le fantasque Crapaud baron Têtard dont la passion dévorante pour les voitures inquiète au plus haut point ses bienveillants amis McBlaireau, Rat et Taupe, surtout quand le batracien perd le titre de propriété de son château au profit de fouines qui lui refourguent une automobile volée. Cet épisode mouvementé et à l'humour omniprésent du *Vent dans les saules*, devenu avec les années un classique de la littérature britannique, se prête idéalement à l'esprit des films de Walt Disney, lequel avait déjà adapté en 1941 un autre conte du romancier sous le titre *Le Dragon Récalcitrant*. La simple introduction du moyen métrage, constituée d'illustrations puis de magnifiques décors, témoigne du soin porté à la réalisation. La seconde histoire nous raconte pour sa part la terrible mésaventure d'Ichabod Crane, professeur à l'allure dégingandée qui a jeté son dévolu sur la jolie fille de l'homme le plus fortuné du village de Sleepy Hollow. Il doit affronter la fureur d'un rival qui se met en tête d'effrayer l'enseignant à l'occasion de la soirée d'Halloween. Popularisé à l'orée des années 2000 grâce au film en prises de vues réelles *Sleepy Hollow* de Tim Burton, ce récit gothique détonne dans la filmographie animée des studios Disney comme en témoignent les personnages ambivalents tour à tour cupides, stupides ou hypocrites, l'effrayante séquence du cavalier sans tête, ainsi que la morale déroutante qui ponctue une course-poursuite au suspense incroyable. Le film connaissant une exploitation anarchique (après sa sortie dans les salles américaines, les deux productions bénéficieront de ressorties, de diffusions télévisées ou de parutions vidéo distinctes), il faudra attendre l'automne 2003 pour découvrir en DVD dans l'Hexagone une œuvre qui, du haut de ses sept décennies, conserve un charme fou et une modernité intacte.

LE CRAPAUD ET LE MAÎTRE D'ÉCOLE
THE ADVENTURES OF ICHABOD AND MR. TOAD

Sortie originale : 6 janvier 1950
Sortie française : 7 octobre 2003 (en vidéo)
Réalisateurs : Clyde Geronimi, James Algar, Jack Kinney
Compositeurs : Oliver Wallace
Durée : 83 minutes

Peter Pan

Tiré d'une pièce de théâtre de James Matthew Barrie, *Peter Pan* est une œuvre phare de la culture anglo-saxonne. Elle apparaît très tôt dans l'enfance de Walt Disney, qui interprète le rôle-titre lors d'une représentation de son école qui le marquera à vie.

Avec le désir d'accélérer la cadence de sorties des films d'animation suite au succès de *Blanche-Neige et les sept nains*, Walt et Roy Disney lancent dès la fin des années 1930 plusieurs grands chantiers dont *Alice au Pays des Merveilles*, *Cendrillon*, *La Belle et le Clochard* ou encore *Peter Pan*, promis à un avenir radieux. La décennie suivante ne se déroule cependant pas comme prévu, et si les films à sketches ainsi que le cinéma en prises de vues réelles se développent, la reprise des véritables longs métrages animés ne se fait qu'avec *Cendrillon* en 1950, grillant la politesse aux trois autres titres, considérés comme moins intéressants pour le public – le succès de *Blanche-Neige*, lui aussi issu d'un conte perçu comme universel, est alors encore dans toutes les têtes. Tout comme *Alice*, *Peter Pan* pose d'emblée plusieurs problèmes quant à sa transposition filmique. D'une part, il s'agit de l'adaptation d'une pièce de théâtre devenu roman, *Peter et Wendy* (1904). Une œuvre connue et aimée de tous, jouée dans les écoles, et appelant le public à participer comme la scène où les spectateurs sont invités à taper dans les mains pour ressusciter la petite fée. Contrairement à *Alice*, l'adaptation se voit ici plus aisée du fait de la linéarité classique de la narration de l'œuvre d'origine, mais patauge dans de nombreuses versions qui ne plaisent que rarement à Disney, subissant par ailleurs la pire période pour sa société, entre grève du personnel et problèmes financiers dus à la crise et à la guerre. Alors que Walt Disney annonce la reprise de la production de longs métrages ambitieux pour la fin des années 1940, le studio se sépare de plusieurs centaines de salariés, ce qui met à mal la productivité générale. Avide de nouveaux projets, Disney lui-même se détourne du cinéma d'animation, en misant énormément sur son idée de parc d'attractions et sur la production de films en prises de vues réelles, souvent tournés sur le Vieux Continent. L'équipe créative, en parallèle, s'efforce de garder le cap entre tous les projets, souvent transversaux et nécessitant un grand effort d'organisation interne, d'autant plus face aux absences répétées de Disney.

Au départ, l'adaptation présente de vraies différences avec l'œuvre de Barrie, mais se recentre progressivement vers une fidélité qui faisait défaut à *Alice*. Après de nombreuses moutures, des story-boards aux dizaines de milliers d'esquisses, Walt Disney accepte une version sans surprise du scénario, mais qui comporte des changements loin d'être anodins. Le héros se retrouve masculinisé (alors qu'autrefois décrit comme juvénile et habituellement interprété par une jeune fille au théâtre) et la fée clochette n'est plus une simple lumière, mais désormais personnifiée dans l'œuvre de Disney sous les traits d'une jeune femme plutôt séduisante montrant des signes de jalousie envers Peter Pan et sexualisant subtilement le propos. Loin des stéréotypes du conte classique, mais en abordant

PETER PAN
PETER PAN

Sortie originale : 5 février 1953
Sortie française : 23 décembre 1953
Réalisateurs : Clyde Geronimi, Wilfred Jackson, Hamilton Luske
Compositeur : Oliver Wallace
Durée : 76 minutes

de nouveaux plus actuels (la représentation des Amérindiens, la gente féminine attirée par le jeune héros), *Peter Pan* met également en scène un méchant à l'allure étrange qui reste dans les mémoires. Ce flamboyant pirate aux allures de dandy et aux velléités obscures se trouve être l'exact opposé du héros : un adulte acceptant de vieillir, adepte de l'ordre et opposé à toute fantaisie. Si le trait est ici très gros dans l'opposition du monde des adultes et celui des enfants, notion au cœur de l'histoire de l'œuvre de Barrie, il apporte une nouveauté dans le cinéma d'animation Disney en permettant à son premier public - les enfants - de non seulement s'identifier aux héros, mais aussi d'en accepter les thématiques et la position assumée d'un monde où l'imagination et la fantaisie seraient l'apanage des enfants envers et contre les adultes. Heureusement, la cellule familiale est préservée et Wendy, en fin de narration, accepte alors de grandir, à l'image d'Alice sortant de sa torpeur sur la branche d'un arbre pour reprendre une vie normale après un voyage dans un monde fantasmagorique.

Malgré quelques controverses notamment liées à la représentation de la fée clochette en petite nymphe, propulsant le récit dans une dimension bien moins naïve que l'œuvre de Barrie, le film est un succès au box-office. Si la critique s'attarde sur la consensualité du film, d'un héros à la profondeur moins importante que dans l'œuvre d'origine, l'ensemble est salué pour la maîtrise des techniques d'animation et la direction artistique. Il s'agit par ailleurs du dernier film rassemblant les Neuf Sages en intégralité sur un projet. Les vétérans de l'animation Disney, les réalisateurs Clyde Geronimi, Wilfred Jackson et Hamilton Luske (même s'ils ne sont pas désignés comme étant des « sages ») marquent cet âge d'or pour l'animation Disney avec ce qui est considéré comme le point d'orgue de leur carrière. Avec ses thèmes liés à l'enfance et une animation au sommet de sa maîtrise technique traditionnelle (la xérographie changera les choses dès *Les 101 Dalmatiens*), *Peter Pan* devient de fait l'archétype du cinéma d'animation Disney de la période d'après-guerre au point d'en éclipser auprès du grand public, comme le fera également *Alice au Pays des Merveilles*, son œuvre d'origine.

4

L’anthropomorphisme

P. 75
PAS SI BÊTES

P. 78
ZOOTOPIE

P. 80
COQUIN DE PRINTEMPS

P. 81
LA BELLE ET LE CLOCHARD

P. 82
LES 101 DALMATIENS

P. 83
LES ARISTOCHATS

P. 84
ROBIN DES BOIS

P. 85
OLIVER & COMPAGNIE

P. 86
LES AVENTURES DE WINNIE L’OURSON

P. 87
BASIL, DÉTECTIVE PRIVÉ

PAS SI BÊTES

DANS LA LIGNÉE DES FABLES D'ÉSOPE ET DE JEAN DE LA FONTAINE, WALT DISNEY A TOUJOURS PRÊTÉ DES TRAITS HUMAINS AUX ANIMAUX - VOIRE AUX VÉGÉTAUX - QUI PEUPLENT SES PRODUCTIONS, À COMMENCER PAR LA SOURIS MICKEY. IL FAUT NÉANMOINS DISTINGUER TROIS APPROCHES DIFFÉRENTES, *BAMBI* ET *ZOOTOPIE* SE TROUVANT AUX DEUX EXTRÉMITÉS DE L'ÉCHIQUIER.

L'exposition événementielle « Il était une fois Walt Disney : Aux sources de l'art des studios Disney », présentée de septembre 2006 à janvier 2007 au Grand Palais à Paris, soulignait combien les illustrateurs du XIXe siècle et du début du XXe ont profondément influencé l'imaginaire de Walt Disney. Produite de 1923 à 1927, la série fondatrice des *Alice Comedies* dans laquelle une fillette se trouve propulsée dans un univers cartoon, compte déjà son lot d'animaux anthropomorphes, bientôt suivis par la création du lapin Oswald, de la souris Mickey et du canard Donald, pour ne citer que les mascottes pionnières. Comme le rappelle fort à propos l'épais catalogue de l'exposition évoquée, le démiurge américain s'inscrit dans une tradition millénaire qui consiste à attribuer des caractéristiques humaines aux animaux et aux végétaux, à commencer par la parole. En se rapprochant de l'époque moderne, l'objectif est double : permettre une identification rapide à des personnages construits sur des stéréotypes immuables (ainsi, le lion est craint et respecté, le renard fourbe et rusé, etc.), et s'en servir comme d'un miroir à peine déformé de la société pour croquer les travers de ses contemporains. La BD y trouve un terrain de jeu inépuisable, tantôt dans une veine humoristique avec *Krazy Kat* de George Herriman et *Lapinot* de Lewis Trondheim, tantôt sur le mode du polar avec *Canardo* de Benoît Sokal et *Blacksad* de Juan Díaz Canales et Juanjo Guarnido, tantôt encore sur un registre dramatique avec *Maus* d'Art Spiegelman et *La Bête est morte* de Calvo, lequel déclinera la proposition d'embauche de Walt Disney, impressionné par sa transposition féroce de la Seconde Guerre mondiale dans un univers animalier. Le créateur de Mickey n'aura en effet de cesse de s'abreuver à la source d'influences multiples, majoritairement européennes. Rédigées au VIe siècle av. J.-C., les *Fables* du Grec Ésope, considéré comme le père de ces histoires courtes mettant en scène des animaux humanisés, teintées d'humour et ponctuées d'une morale, ont influencé de nombreux artistes : au XIXe siècle avec les illustrateurs Ernest Griset et Grandville, ou au siècle suivant avec le réalisateur Ladislav Starewitch, à travers son long métrage *Le Roman de Renard* qui dénonce les travers d'une époque féodale hypocrite et corrompue. « *Moins les humains dépendaient des animaux pour leur vie quotidienne et plus les animaux s'éloignaient des hommes*, affirme le catalogue de l'exposition, *plus la tendance à l'anthropomorphisme grandissait* ». Que dire, en effet, de la faune troublante « d'humanité » de l'univers douillet de l'auteure britannique Beatrix Potter ou de l'univers bucolique de l'illustrateur français Benjamin Rabier au début du

Les 101 Dalmatiens © 1961 Disney

Zootopie © 2016 Disney

La Belle et le Clochard © 1955 Disney

XXe siècle ou, sur un ton plus espiègle, de la communauté du Muppet Show imaginée des décennies plus tard par le marionnettiste américain Jim Henson ? Walt Disney se situe dans un entre-deux. Moins « réaliste » que les aventures de Pierre Lapin, moins loufoque que les pitreries de Kermit la grenouille, son imaginaire puise à la source d'une foule d'inspirations. Ainsi, l'œuvre du caricaturiste allemand Heinrich Kley a influencé le segment *Danse des heures* de *Fantasia*, parodie de ballet avec des autruches dégingandées, des hippopotames en tutu et autres crocodiles entreprenants. Walt Disney collectionnait en effet les dessins d'hippopotames et d'éléphants dansants conçus par l'artiste. Deux autres illustrateurs français ont eu une influence considérable sur le réalisateur : d'une part, Honoré Daumier pour sa manière d'utiliser les lignes et les volumes et son aptitude à caricaturer la société ; et d'autre part, Gustave Doré pour son talent de conteur et son goût pour le comique, le fantastique et, parfois, le macabre. Difficile de ne pas voir un lien de filiation entre la fuite de Blanche-Neige dans la forêt, en proie aux branches d'arbres et à des feuilles mortes menaçantes, et les végétaux auxquels Doré prête vie de manière inquiétante dans les illustrations de l'*Enfer* de Dante. Ce n'est pas un hasard si la bibliothèque des studios Disney abrite de nombreux ouvrages de l'artiste, qui font office de documentation pour les auteurs.

Pas logés à la même enseigne

L'animation ne s'est jamais privée d'exploiter le potentiel tour à tour comique ou dramatique de l'anthropomorphisme. Qu'il s'agisse du cheval arraché aux siens de *Spirit, l'étalon des plaines*, des insectes farfelus de *1001 Pattes*, des apprentis chanteurs anxieux de *Tous en scène* ou du paresseux crétin de *L'Âge de glace*, respectivement produits par DreamWorks, Pixar, Illumination Mac Guff et Blue Sky, les bêtes de tous poils ne cessent d'inspirer les animateurs qui les manipulent à leur guise. Si les studios Disney continuent d'en faire leur miel, il convient cependant de souligner que l'ensemble du règne animal n'est pas toujours mis sur le même plan, selon que le curseur de l'anthropomorphisme est plus ou moins poussé. Certains exégètes ont ainsi noté avec malice que Pluto et Dingo, pourtant tous deux des chiens, n'ont pas droit aux mêmes égards. Le premier est réduit au rang d'animal de compagnie doté de l'aboiement propre au meilleur ami de l'homme, tandis que le second est un bipède doué de parole, vêtu de vêtements comme les êtres humains. Au-delà de cette anomalie anecdotique, on peut établir trois catégories distinctes d'utilisation des animaux dans la galaxie Disney.

• Il y a d'abord ceux qui demeurent plutôt fidèles à leur nature animalière même si certains témoignent très ponctuellement de traits typiquement humains. Une partie est ainsi reléguée au rang de figurants et se contente d'observer voire de subir les événements à l'image de la chienne Nana dans *Peter Pan*, des gnous dans *Le Roi Lion* ou des dinosaures dépourvus de toute espèce d'humanité dans le segment du *Sacre du Printemps* de *Fantasia*, et n'a bien souvent même pas de nom tels les animaux de *Blanche-Neige et les sept nains* ; quand une autre prête main forte au héros, comme dans le cas des oiseaux qui confectionnent la robe dans *Cendrillon*, ou s'amuse à faire quelques farces comme le chien Pluto, digne de figurer dans la catégorie.

• On trouve ensuite les animaux doués de parole mais dont l'attitude reste peu ou prou conforme à la réalité de leur espèce. Il en va ainsi de l'éléphant Dumbo, du faon Bambi, des héros canins de *La Belle et le Clochard* et des *101 Dalmatiens*, ou des dinosaures du plus récent *Dinosaure*. De temps en temps, certaines mimiques excessivement expressives trahissent un désir de les assimiler aux hommes, sans pour autant que ne soit franchie la ligne rouge consistant à les vêtir ou à reconstituer une véritable société en tous points semblable à la nôtre. On peut concéder à Winnie l'Ourson et à ses compagnons de la forêt des rêves bleus l'appartenance à cette famille.

Pinocchio © 1940 Disney

Basil, Détective Privé © 1986 Disney

• Le reste des animaux relève d'une catégorie à l'anthropomorphisme poussé dans ses derniers retranchements. Initiée par la souris Mickey avec ses souliers et son short orné de boutons blancs, qui habite une coquette petite maison, puis le grillon Jiminy Cricket avec son costume, son chapeau haut-de-forme et son parapluie, cette famille de personnages permet aux animateurs de s'autoriser toutes les fantaisies, de la version revisitée de Sherlock Holmes dans *Basil, Détective Privé* à la population désemparée de Oakeys Oaks dans *Chicken Little*, en passant par le royaume reconstitué de *Robin des Bois*. Une caractérisation humaine portée à un degré d'incandescence dans *Zootopie* où les animaux reproduisent nos faits et gestes dans une cité tentaculaire.

À la manière des fables de La Fontaine, les productions Disney se servent du prétexte de l'anthropomorphisme pour délivrer une morale et s'amuser des travers de l'être humain. Libre ensuite à chacun de se reconnaître dans l'un ou l'autre des personnages, le renard étant particulièrement prisé si l'on en croit la sournoiserie de Grand Coquin, la naïveté de Rox, la filouterie de Nick Wilde ou la malice de Robin. L'être humain dans toutes ses contradictions ?

Robin des Bois © 1973 Disney

Zootopie

Irrésistible de drôlerie, de malice et d'inventivité, *Zootopie* s'impose comme l'un des Disney les plus stimulants des années 2010 grâce à son propos étonnamment politique qui dénonce les discriminations au profit d'un éloge vibrant du vivre ensemble.

Avec l'ogre Shrek, DreamWorks prétend faire souffler en 2001 un vent de modernité dans le monde de l'animation en s'affranchissant de l'esprit boy-scout des productions Disney. Humour scatologique, gags référentiels, tout est bon pour ringardiser le sacro-saint studio, même si le film cède en bout de course au traditionnel *happy end*. Plutôt que de s'engouffrer dans cette voie iconoclaste d'un humour gratuit et souvent grossier devenue consensuelle au fil des années, la firme de l'oncle Walt préfère s'intéresser aux préoccupations de son temps : monoparentalité dans *Lilo & Stitch*, émancipation féminine dans *La Princesse et la Grenouille*, rapports conflictuels mère/fille dans *Raiponce*. En 2016, les discriminations restent d'une brûlante actualité et *Zootopie* s'empare de la problématique à bras-le-corps pour sensibiliser le jeune public et contribuer en douceur à l'évolution des mentalités. L'héroïne est une jeune lapine qui refuse de céder aux diktats de la société. Tout le monde la presse en effet d'oublier son rêve d'intégrer les forces de l'ordre pour faire comme ses congénères : planter des carottes. Hors de question pour cette femme au caractère bien trempé, qui se donne les moyens de ses ambitions et décroche le sésame tant convoité pour devenir flic. Comme elle le clame haut et fort à ses parents inquiets, au moment de quitter le foyer pour rejoindre la cité aux airs d'Eldorado : « *La seule chose dont il faut avoir peur, c'est la peur elle-même* ». L'intéressée n'est pourtant pas au bout de ses peines puisqu'à peine arrivée à Zootopie, elle suscite bravades et railleries de toutes sortes. Logée dans un appartement miteux dénué d'isolation phonique, elle se trouve affectée au stationnement dès son premier jour et se laisse duper par un renard sans scrupules qui a mis au point un trafic parfaitement rodé… de glaces à l'eau. Après plusieurs péripéties, les deux personnages doivent pourtant faire équipe pour enquêter sur la disparition d'une fouine.

ZOOTOPIE
ZOOTOPIA

Sortie originale : 4 mars 2016
Sortie française : 17 février 2016
Réalisateurs : Byron Howard, Rich Moore, Jared Bush
Compositeur : Michael Giacchino
Durée : 108 minutes

Sous l'apparence d'un *buddy movie* trépidant dans la lignée de *48 heures* et *L'Arme fatale*, mètres-étalons du genre dans les années 1980, le film tire à boulets rouges sur la politique sécuritaire fondée sur l'instrumentalisation de la peur qui assimile instinctivement des espèces animales spécifiques à des sauvages, celles-ci se trouvant d'office reléguées au ban de la société. Un propos politique inédit dans une production Disney, tant par son caractère explicite que par sa perspicacité, que renforce un twist malin qui démontre le poids des préjugés, l'attention du spectateur ayant été détournée d'un profil a priori insoupçonnable. Par ailleurs, en laissant éclater au grand jour les états d'âme des rôles-titres, *Zootopie* pousse l'anthropomorphisme à un degré jamais atteint dans la filmographie des studios Disney. Ainsi, l'humour sarcastique du renard est une carapace qui cache un traumatisme d'enfance aux répercussions patentes ; tandis que l'obstination de la lapine à accomplir son rêve est une manière pour l'intéressée de prendre sa revanche sur le destin de planteuse de carottes qu'on voulait lui imposer. Ce refus du déterminisme résonne avec les débats qui agitent la société contemporaine, notamment sur la question des stéréotypes de genre. Le seul prologue, désopilante pièce de théâtre interprétée par les enfants d'une école élémentaire, est particulièrement éloquent. L'humour est d'ailleurs l'un des nombreux atouts d'un film à entrées multiples, pour délivrer un propos multipliant les coups de griffe envers les travers de nos contemporains et de Disney lui-même, avec une réplique qui égratigne la naïveté des paroles du tube-titre de *La Reine des neiges*. Entre deux clins d'œil au *Parrain* et à *Breaking Bad*, le public adulte se régale de clichés délibérés : les voisins sans-gêne, les adeptes du naturisme baba cool et, surtout, les fonctionnaires, à travers une parodie jubilatoire de l'administration où les employés en contact avec le public ne sont autres que des paresseux, au sens propre comme au figuré. Des séquences qui contrastent avec l'ambiance polar qui irrigue l'intrigue, notamment lors de la course-poursuite nocturne de pur effroi avec un jaguar enragé. Enfin, *Zootopie* séduit par son graphisme qui louche du côté du *Robin des Bois* de Wolfgang Reitherman, vivifié par une technique irréprochable, des décors chatoyants et une richesse conceptuelle étourdissante d'inventivité, tant dans la cité de Zootopie construite sur mesure pour héberger les animaux de tous les horizons, que dans la représentation crédible de la pilosité animale. Personnages instantanément attachants, humour vif, intrigue policière habile, propos éminemment contemporain, anthropomorphisme poussé à son paroxysme : une conjugaison réussie de tradition et de modernité qui fait de *Zootopie* l'un des Disney les plus brillants de la décennie 2010, et confirme la forme insolente d'un studio qui, après *Raiponce* et *La Reine des neiges*, connaît un indéniable regain de créativité.

Coquin de Printemps

Le célèbre conte anglais *Jack et le haricot magique* est décidément une idée fixe pour Walt Disney, qui l'a adapté à deux reprises en court métrage – *Giantland* en 1933, puis *Le Brave petit tailleur* en 1938 – déjà avec Mickey. Lequel reprend donc du service une troisième fois.

Rien ne destinait *Bongo, Roi du Cirque* et *Mickey et le haricot magique*, envisagés au départ comme deux films distincts, à être réunis au sein d'un seul et même long métrage. Le premier était en effet pressenti comme un prolongement de *Dumbo*, avec une intrigue plus étoffée et des ours en lieu et place des éléphants. Le deuxième était destiné à convoquer à nouveau Mickey sur grand écran, qui avait fait sensation dans un segment devenu mythique de *Fantasia*. Mais la Seconde Guerre mondiale bouleverse la donne et les projets, initiés en 1940, sont mis entre parenthèses pour soutenir prioritairement l'effort de guerre. Pourtant à un stade avancé, un script de *Bongo* a ainsi le malheur d'être classé sans suite puisqu'achevé le 8 décembre 1941, soit au lendemain de l'attaque de Pearl Harbor. Au terme du conflit, Walt Disney décide de relancer les productions sous forme de deux moyens métrages d'égale durée, réunis en un film dans l'esprit de *La Boîte à Musique*. En fil rouge, le sémillant Jiminy Cricket introduit les deux segments, après une entraînante ritournelle intitulée *Farandole et Fantaisie* (prévue à l'origine pour *Pinocchio*), rejoint à mi-parcours, dans le cadre de séquences en prises de vues réelles quelque peu datées, par le ventriloque Edgar Bergen, grande star de la radio, ainsi que la toute jeune comédienne Luana Patten, découverte l'année précédente dans *Mélodie du Sud*. Si l'animation des deux segments s'avère sans génie (il convient tout de même de souligner le soin porté aux décors), l'humour et la poésie qui les caractérisent méritent qu'on s'y attarde. Adapté d'un texte de Sinclair Lewis, premier auteur américain lauréat du prix Nobel de littérature, *Bongo, Roi du Cirque* s'intéresse au destin d'un ours de cirque persécuté qui décide de revenir à la vie sauvage. Ce plaidoyer inoffensif pour la liberté vaut surtout pour la parenthèse rêvée d'un romantisme échevelé, et l'affrontement entre le héros et un rival particulièrement agressif. Dans une nouvelle adaptation de *Jack et le haricot magique*, Mickey (doublé pour la dernière fois, en VO, par Walt Disney en personne), épaulé de Donald et Dingo, en découd par la suite avec un géant. Deux scènes retiennent davantage l'attention : le repas frugal des amis qui force délibérément le trait sur leur grande précarité, et la pousse accélérée et invraisemblable des haricots magiques durant une seule nuit. Malgré un rythme un peu daté et un humour parfois très enfantin, *Coquin de Printemps* demeure un film distrayant dont certaines séquences préfigurent *Cendrillon*.

COQUIN DE PRINTEMPS
FUN AND FANCY FREE
Sortie originale : 27 septembre 1947
Sortie française : 29 mars 1950
Réalisateurs : Jack Kinney, Bill Roberts, Hamilton Luske, William Morgan
Compositeurs : Eliot Daniel, Paul J. Smith, Oliver Wallace
Durée : 73 minutes

La Belle et le Clochard

Une fois n'est pas coutume, *La Belle et le Clochard*, adapté d'une nouvelle déjà existante, connaît une novélisation publiée avant la sortie du film. Une double-adaptation croisée, par le même auteur, à la demande de Walt Disney pour préparer le public.

C'est lors de la finalisation de la production de *Blanche-Neige et les sept nains* que l'animateur et scénariste Joe Grant arrive avec une idée mettant en scène sa chienne Lady, un springer anglais (qui devient un cocker américain dans le film), et la manière dont lui et sa femme l'ont délaissé sans le vouloir quand leur bébé est né. Walt Disney, séduit par l'idée, commande la création du projet mais au bout de quelques années, le scénario proposé ne lui convient pas, puisqu'il se situe uniquement dans la maison familiale avec un manque flagrant d'action. Par hasard, il découvre une nouvelle mettant en scène un chien vagabond, et finit par acheter les droits et les services de son auteur, Ward Greene, qui travaille en parallèle aux scénaristes du film, Joe Grant et Ward Greene – l'objectif est alors d'apporter notamment de la romance, symbolisée par la fameuse scène du restaurant italien. Le résultat, longtemps après les premières esquisses de 1936, donne lieu à un roman éponyme mais qui est publié avant la sortie du film en salles, en 1953. En effet, *La Belle et le Clochard* apparaît comme le premier film d'animation Disney n'étant pas adapté d'une œuvre préexistante. Cette équation, probablement perçue comme hasardeuse, permet alors à Walt Disney de proposer une histoire déjà connue du public avec la sortie anticipée de sa novélisation.

La Belle et le Clochard englobe plusieurs thématiques propres à l'univers Disney. Les chansons sont très nombreuses, et l'anthropomorphisme, quoi que bien moins appuyé qu'avec Mickey, Donald ou Dingo, permet de jouer sur le point de vue animal et humain et apporte un équilibre dans la narration qui sera l'une des clés de son succès auprès d'un public très familial. Techniquement, le film est alors proposé en deux versions dont l'une en CinemaScope, une nouvelle technologie de 1953 qui permet de filmer avec un écran bien plus large, mais tous les cinémas n'en étaient pas encore équipés en 1955. Et si l'absence d'un véritable antagoniste limite les enjeux, l'ensemble plaît et devient l'un des plus gros succès historiques de Disney pour un film d'animation. Cependant, encore loin de rentabiliser autant qu'un film live ou le merchandising naissant, *La Belle et le Clochard* confirme timidement la reprise du cinéma d'animation Disney après l'échec d'*Alice au Pays des Merveilles*.

LA BELLE ET LE CLOCHARD
LADY AND THE TRAMP

Sortie originale : 22 juin 1955
Sortie française : 23 décembre 1955
Réalisateurs : Clyde Geronimi, Wilfred Jackson, Hamilton Luske
Compositeur : Oliver Wallace
Durée : 76 minutes

Les 101 Dalmatiens

Faisant écho à *La Belle et le Clochard* sorti six ans plus tôt, *Les 101 Dalmatiens* met une nouvelle fois les chiens à l'honneur, mais dans un récit plus musclé. Il est aussi le chef de file d'une nouvelle étape-clef dans les techniques d'animation chez Disney.

Pourtant, rien ne va plus au début des années 1960 dans le département animation de Disney. L'échec de *La Belle au Bois Dormant* au box-office inscrit non seulement une perte non négligeable pour la société, mais confirme à cette époque la croyance que le cinéma d'animation n'égalera commercialement jamais le cinéma traditionnel. Walt Disney pense alors à tout arrêter pour se concentrer sur les productions live et la télévision, ainsi que le divertissement grandeur nature avec le développement des parcs d'attractions. Cependant, ayant bâti son empire sur l'animation, il se refuse à l'idée et poursuit l'adaptation d'un livre pour enfants de l'auteure Dodie Smith publié en 1956. Il commande alors l'écriture du scénario à l'animateur et auteur Bill Peet, qui est le seul à travailler sur l'adaptation, une grande première dans l'histoire des studios Disney. La raison première est alors purement financière, mais aussi pratique, inversant complètement l'ancienne formule qui mettait l'animation au cœur de chaque production. Le travail de Peet sur *Les 101 Dalmatiens*, salué par Disney mais également par l'auteure Dodie Smith, est la première étape de modernisation dans la création d'un film d'animation. Le script terminé, le storyboard puis l'animation prennent le relais, faisant économiser du temps et de l'argent à la production.

Mais c'est surtout une petite révolution qui permet un gain financier important, avec l'arrivée de la technique de la xérographie, déjà expérimentée dans *La Belle au Bois Dormant*, et adaptée aux besoins de l'animation par le vétéran Ub Iwerks. Une technique de photocopies, toujours en vigueur de nos jours, qui fonctionne par impulsions électriques permettant d'attirer et transférer l'encre sur un support vierge. Les dessins sur celluloïds sont donc littéralement dupliqués de manière industrielle, laissant par ailleurs apparaître les lignes de dessins, ce qui ne plaisait guère à Walt Disney et signifiait la mort de l'animation traditionnelle « noble ». *Les 101 Dalmatiens*, qui suppose l'animation de milliers de taches noires sur la robe des chiens, aurait demandé deux fois plus de temps sans le recours à la xérographie. Walt Disney en voudra cependant longtemps au directeur artistique, Ken Anderson, mais le film est un très beau succès auprès du public comme auprès de la presse, unanime à sa sortie.

LES 101 DALMATIENS
ONE HUNDRED AND ONE DALMATIANS

Sortie originale : 25 janvier 1961
Sortie française : 20 décembre 1961
Réalisateurs : Clyde Geronimi, Wolfgang Reitherman, Hamilton Luske
Compositeur : George Bruns
Durée : 79 minutes

Les Aristochats

Dernier projet validé par Walt Disney avant sa disparition, *Les Aristochats*, qui clôt la trilogie animalière urbaine initiée par *La Belle et le Clochard* et *Les 101 Dalmatiens*, fait preuve d'un grand manque d'inspiration.

Avec en toile de fond la ville de Paris et une bande de chats de la haute société, le nouveau long métrage des studios Disney sans la présence du maître tranche subtilement avec les animaux du *Livre de la Jungle* tout en renouant avec les petits succès que furent les précédents films du genre. Comme pour appuyer sa singularité, l'action ne se déroule pas à l'époque contemporaine, mais en 1910 avec l'imagerie fantasmée et parfois anachronique de la resplendissante capitale française sur fond de jazz et de music-hall. Le film est introduit par une chanson écrite par Robert et Richard Sherman, qui est proposée à Maurice Chevalier, chanteur français très célèbre aux États-Unis, qui sort alors exceptionnellement de sa retraite pour honorer la mémoire de son ami Walt. Bien que le scénario soit écrit par deux auteurs à la demande de Walt Disney en 1961, la première intention n'était pas d'en faire un long métrage d'animation exploité en salles, mais deux programmes en prises de vues réelles diffusés dans l'émission *Le Monde merveilleux de Disney*. L'histoire plaît tant à Walt Disney qu'il décide d'en faire un long métrage d'animation, mais le projet est mis en attente le temps de la production du *Livre de la Jungle*. C'est l'année de la sortie de ce dernier, en 1966, que Walt Disney autorise la mise en production des *Aristochats* – il décède quelques mois plus tard.

À la surprise générale, le film est un succès au box-office mondial, notamment en France et en Allemagne. Les critiques n'épargnent cependant pas le film. Si les chats, habitués aux mauvais rôles, deviennent les héros de ce nouveau film, le manque de méchant, le schéma général de l'histoire (le cadre urbain, l'enlèvement d'animaux) et la consensualité globale du film amènent à penser que l'équipe orpheline de Walt ne sait pas se détacher des thèmes ayant fait la gloire des studios. Pourtant encadré et animé par les vétérans de la société, *Les Aristochats* reste à classer dans l'âge d'or du cinéma d'animation, même s'il est vrai que le manque de prise de risque et d'innovation brillent davantage que les qualités réelles du film. Néanmoins attendrissant et reflétant la bienveillance notoire d'un Walt Disney pourtant absent, le film marque son temps et les diverses ressorties en salles seront toujours de grands succès commerciaux, confortant sa stature de classique.

LES ARISTOCHATS
THE ARISTOCATS

Sortie originale : 24 décembre 1970
Sortie française : 8 décembre 1971
Réalisateur : Wolfgang Reitherman
Compositeur : George Bruns
Durée : 78 minutes

Robin des Bois

Dans la catégorie infamante des œuvres mineures des studios Disney, la relecture gentiment irrévérencieuse de la légende de *Robin des Bois* constitue sans doute l'une des plus attachantes, en bonne place au côté de *Merlin l'Enchanteur*. L'heure est venue d'une sérieuse réévaluation.

Ce n'est pas la première fois que Disney porte à l'écran la légende médiévale du brigand au grand cœur qui détrousse les riches pour redistribuer l'argent aux plus démunis. Pourtant, tout le monde a aujourd'hui oublié *Robin des Bois et ses joyeux compagnons*, long métrage en prises de vues réelles salué en 1952 par la critique et le public, mais irrémédiablement éclipsé deux décennies plus tard à la sortie du film d'animation. L'idée de ce dernier surgit au cours d'une discussion entre l'animateur Ken Anderson et Card Walker, à la tête du studio depuis la disparition de Walt Disney. Convenant tous deux de la qualité des bucoliques scènes animées de *Mélodie du Sud*, les intéressés décident d'adapter dans le même esprit anthropomorphe l'histoire de Robin des Bois. Boudé par la critique à sa sortie en 1973, le film doit sa piètre réputation à son contexte de production. Superviseur des films d'animation depuis la disparition du créateur de Mickey, Wolfgang Reitherman, l'un des fameux Neuf Sages dont l'expérience lui vaut le respect de ses confrères, impose une politique d'économie drastique. De quoi faire grincer des dents en interne. Des plans entiers sont ainsi calqués de classiques antérieurs, en remplaçant les personnages d'antan par les héros de la forêt de Sherwood. La chanson *Messire le roi de mauvais aloi* est à ce titre édifiante : tandis que la danse endiablée de Petit Jean avec Dame Gertrude est un copier-coller manifeste de celle de Baloo avec Roi Louie dans *Le Livre de la Jungle*, Belle Marianne se substitue alternativement à Blanche-Neige et à Duchesse des *Aristochats*. Rien d'une coïncidence, bien entendu. Mais le film ne démérite pas sur bien des points. Outre de

magnifiques décors, il fait preuve d'un humour malicieux qui égratigne gentiment la monarchie, notamment lorsque l'immature Prince Jean suçote frénétiquement son pouce sous le regard consterné de Triste Sire. Une fois n'est pas coutume, les ennemis volent d'ailleurs la vedette aux héros, le Shérif de Nottingham, dont la cruauté n'a d'égale que la couardise, marquant davantage les esprits que le brave mais un peu lisse Robin. Si le film alterne les scènes cocasses et rythmées avec efficacité, on est surtout saisi par les vibrants moments d'émotion, comme lorsque le shérif pénètre dans un foyer précaire en faisant fi de toute humanité, ou quand le coq narrateur, qui croupit dans un cachot insalubre avec d'autres villageois, entonne la bouleversante chanson *Pas à Nottingham* à l'écoute de laquelle le spectateur peine à réprimer de sincères sanglots.

ROBIN DES BOIS
ROBIN HOOD

Sortie originale : 8 novembre 1973
Sortie française : 30 octobre 1974
Réalisateur : Wolfgang Reitherman
Compositeur : George Bruns
Durée : 83 minutes

Oliver & Compagnie

Loin d'en avoir fini avec les animaux domestiques et l'anthropomorphisme fondateur de la société, Disney lance la production d'une adaptation fantaisiste de Charles Dickens, porté par le confortable succès du film précédent en 1986, *Basil, Détective Privé*.

Le film met en scène un chaton abandonné dans le New York contemporain des années 1980, se liant d'amitié avec un chien errant et volant pour survivre. Malgré sa filiation évidente avec l'œuvre de Dickens (originellement, il s'agissait d'adapter le musical *Oliver!* de 1960), le film se fait l'écho de la grande tradition des œuvres d'animation mettant en scène des animaux domestiques, et se rapproche même du célèbre court métrage de Don Bluth, ancien de chez Disney, *Banjo le chat malicieux* (1979). Mais ici, le roman de Dickens est adapté plutôt fidèlement et le film se voit sublimé par des techniques d'animation nouvelles, avec notamment l'utilisation du très coûteux Computer Animation Production System (« CAPS ») sur onze minutes du film. La mise en œuvre d'un tel système, dont l'achat se chiffre à plusieurs millions de dollars, est rendu possible par l'augmentation du nombre d'entrées pour le cinéma d'animation dans les années 1980, amenant le PDG de la Walt Disney Company, Peter Schneider, à reconsidérer l'importance du département animation (qui décline alors depuis les années 1960) et commander un film par an à ses exécutifs. Cette métamorphose de l'industrie, qui explosera l'année suivante avec *La Petite Sirène*, est alors symbolisé dès 1986 par la sortie de deux films d'animation, *Basil, Détective Privé* et *Fievel et le Nouveau Monde* de Don Bluth (produit par Amblin Entertainment), deux succès mérités mettant en scène des souris, le premier sauvant les studios d'animation Disney de la faillite (suite au désastre de *Taram et le Chaudron Magique*), le second devenant le premier film d'animation de l'histoire à battre une production Disney au box-office. Cette bataille permet, paradoxalement, d'éveiller le public au cinéma d'animation moderne, et continuera en novembre 1988 avec *Oliver & Compagnie* et *Le Petit Dinosaure et la Vallée des merveilles,* de Don Bluth, et toujours produit par Steven Spielberg et George Lucas. La production Disney, cette fois, sort vainqueur. En cette fin de décennie, et si le film offre assez peu d'innovations malgré un propos un peu plus dur qu'à l'accoutumée, le cinéma d'animation en sort grandit, et prépare le terrain à l'arrivée d'une certaine Ariel, révolution sans précédent, mais qui ne serait sans doute pas survenue sans l'intervention d'une souris et d'un chat, symboles séculaires de l'ancienne école.

OLIVER & COMPAGNIE
OLIVER & COMPANY

Sortie originale : 18 novembre 1988
Sortie française : 29 novembre 1989
Réalisateur : George Scribner
Compositeur : J. A. C. Redford
Durée : 74 minutes

Les Aventures de Winnie l'Ourson

Le plus populaire des personnages Disney, si l'on en croit les chiffres du merchandising Disney, a été entièrement développé après la mort de Walt Disney, qui n'a vu que le premier moyen métrage lui étant dédié en 1966, quelques mois avant sa disparition.

Protagoniste emblématique de l'imaginaire Disney, Winnie est pourtant issu d'une série de livres pour enfants d'Alan Alexander Milne publiée dès 1926. Walt Disney acquiert les droits au début des années 1960 mais hésite à produire un film, le public américain étant peu familiarisé avec l'œuvre de l'auteur anglais. La première étape d'exploitation de la licence est révolutionnaire pour l'époque. En signant un contrat avec le distributeur Sears, Disney crée une gamme de jouets et de phonogrammes à l'image de Winnie, supposée développer sa popularité dès 1964. Deux ans plus tard sort le premier moyen métrage de vingt-six minutes mettant en scène l'ourson friand de miel, accolé à la sortie du film en prises de vues réelles *Quatre bassets pour un danois*. La même formule est appliquée aux deux métrages suivants, *Winnie l'Ourson dans le vent* (sorti en 1968 avec *Le Cheval aux sabots d'or*, salué de l'Oscar du meilleur court métrage d'animation en 1969) et *Winnie l'Ourson et le Tigre fou* (sorti en 1974 avec *L'Île sur le toit du monde*). D'autres courts et moyens métrages sont produits, mais aussi des éditions audio avec des histoires narrées par les voix officielles. En moins de dix ans, Disney impose les personnages de Milne au public américain et mondial, tout en développant le concept de merchandising à travers de nombreux produits dérivés à la gloire du petit ours. Cette popularité amène la direction de Disney à considérer un long métrage dédié à l'ourson, et opte finalement pour une solution simple : la compilation des trois premiers moyens métrages de 1966, 1968 et 1974, liés par de nouvelles transitions créées spécialement pour l'occasion. Un second film est produit par les studios Disney

en 2011, sobrement intitulé *Winnie l'Ourson*, mais est en réalité le seul et authentique long métrage original de la licence par les studios d'animation historiques de la firme californienne. Entre-temps, Winnie et ses amis de la forêt des rêves bleus font l'objet d'une vingtaine de films, téléfilms et séries, produits et réalisés par DisneyToon Studios et Disney Television Animation à partir des années 1980. Cette licence extrêmement riche en productions diverses a surtout la particularité d'être le premier univers à acquérir et développer une telle popularité après la disparition de Walt Disney.

LES AVENTURES DE WINNIE L'OURSON
THE MANY ADVENTURES OF WINNIE THE POOH

Sortie originale : 11 mars 1977
Sortie française : 3 juin 1977
Réalisateurs : John Lounsbery, Wolfgang Reitherman
Compositeur : Buddy Baker
Durée : 74 minutes

Basil, Détective Privé

Sur le point d'achever la longue traversée du désert entamée depuis près de deux décennies, les studios de l'oncle Walt livrent avec ce pastiche explicite des aventures de Sherlock Holmes une œuvre aux qualités pour le moins modestes. Alimentaire, mon cher Disney ?

Encore groggy de l'échec commercial et artistique douloureux de *Taram et le Chaudron Magique*, le département animation peine à rebondir au milieu des années 1980. Afin de tourner la page, des animateurs décident de se retrousser les manches en adaptant le premier des cinq volumes de la série de romans pour enfants *Basil of Baker Street* de l'auteure américaine Eve Titus, relatant les enquêtes d'une souris rusée résidant sous la demeure de Sherlock Holmes. Propulsé à la tête dudit département, Roy E. Disney est séduit par le concept qu'il soumet aux décisionnaires Michael Eisner et Jeffrey Katzenberg en leur projetant l'intégralité du film sous forme de story-board. Pas franchement euphoriques, les deux hommes valident le projet mais exigent que la production s'éternise moins que celle de leur précédent film, avec un budget divisé par deux. Pari tenu : alors que *Taram* a nécessité pas moins de douze ans de développement pour un coût de 25 millions de dollars, *Basil* ne mobilise que quatre années de production pour un budget de 14 millions de dollars. Quatre réalisateurs sont aux manettes : Burny Mattinson et David Michener d'une part, depuis disparus des écrans radars, et Ron Clements et John Musker d'autre part, futurs réalisateurs de *La Petite Sirène* et *Aladdin*. À l'arrivée, la déception est de mise. L'intrigue est simplette (deux souris détectives aident une fillette à retrouver son père inventeur, kidnappé par un rat ivre de pouvoir), l'animation sans génie, le rythme faiblard, les personnages se révèlent peu attachants (seul Ratigan, méchant obséquieux bâti comme une armoire à glace, tire son épingle du jeu), et les trois chansons facultatives. Chiche en action, le film se réveille pourtant subitement dans les dernières minutes à l'occasion d'une course-poursuite mémorable dans les rouages de Big Ben, décisive dans l'histoire de Disney puisque jamais un film d'animation n'avait combiné à ce point l'animation traditionnelle avec les balbutiantes images de synthèse. Trente ans plus tard, la séquence fait encore forte impression - à noter que deux autres plans furtifs, une observation au microscope et l'escalade de cubes dans un magasin de jouets, recourent aussi à la 3D. C'est là le maigre héritage de ce long métrage anecdotique qui, grâce à un succès d'estime amortissant les modestes coûts de production, devait refermer une sombre page de l'histoire des studios Disney et ouvrir une période faste et stimulante en forme de nouvel âge d'or.

BASIL, DÉTECTIVE PRIVÉ
THE GREAT MOUSE DETECTIVE
Sortie originale : 2 juillet 1986
Sortie française : 26 novembre 1986
Réalisateurs : Ron Clements, Burny Mattinson, David Michener, John Musker
Compositeur : Henry Mancini
Durée : 74 minutes

5

La nature

P. 89
LES GRANDS ESPACES

P. 92
BAMBI

P. 94
LE LIVRE DE LA JUNGLE

P. 96
LE ROI LION

P. 98
ROX ET ROUKY

P. 99
POCAHONTAS, UNE LÉGENDE INDIENNE

P. 100
TARZAN

P. 102
DINOSAURE

P. 103
FRÈRE DES OURS

LES GRANDS ESPACES

MAJESTUEUSE, CRUELLE, FOUGUEUSE, INDOMPTABLE... LA NATURE N'A EU DE CESSE D'ÉMERVEILLER ET D'INSPIRER WALT DISNEY, QUI LUI REND HOMMAGE À TRAVERS SES PRODUCTIONS ANIMÉES ET DOCUMENTAIRES. DEPUIS SA DISPARITION, LES STUDIOS ONT REPRIS LE FLAMBEAU EN TEINTANT LES ŒUVRES CONTEMPORAINES D'UNE DIMENSION ÉCOLOGIQUE D'UNE BRÛLANTE ACTUALITÉ.

En 2014, Anne-Caroline Prévot-Julliard, chercheuse au Muséum national d'Histoire naturelle, s'intéressait à l'évolution de la représentation de la nature dans soixante longs métrages d'animation Disney produits entre 1937 et 2010. Publiée dans la revue scientifique *Public Understanding of Science*, l'étude dressait un constat sans appel : les décors naturels, présents en moyenne 80 % du temps dans les films des années 1940, ont chuté à 50 % au cours de la dernière décennie analysée. Pire, ceux-ci sont de plus en plus anthropisés (modifiés par la présence humaine) au détriment des zones sauvages, et le nombre d'espèces animales a baissé inexorablement au fil des années. En cause, une déconnexion progressive du monde naturel qui n'épargne pas les équipes aux manettes des productions. Problème, cet appauvrissement pourrait impacter l'imaginaire des futures générations. Les films postérieurs à l'étude confirment hélas la tendance : si *Vaiana, La Légende du bout du monde* est une déclaration d'amour à la nature au point que l'élément liquide s'impose comme un personnage à part entière du récit, l'univers virtuel des *Mondes de Ralph*, la cité futuriste des *Nouveaux Héros* et le cadre fortement urbanisé de *Zootopie* font table rase d'une nature vierge. Longtemps, celle-ci a pourtant tenu une place prépondérante dans les productions de Walt Disney, durablement marqué par son enfance à la campagne. Sa famille avait en effet déménagé dans une petite ferme de Marceline, dans le Missouri, alors que le jeune Walt était âgé d'à peine 4 ans. Dès 1929, *Printemps*, le troisième court métrage de la série *Silly Symphonies*, fait danser des fleurs et insectes tandis qu'une grenouille et une araignée se servent à tour de rôle de tortues comme d'un xylophone et de toile comme d'une harpe, le tout dans une ambiance bucolique. L'année suivante, trois courts métrages déclinent les autres saisons de l'année dans le même esprit. L'année 1932 marque un tournant important avec l'apparition de la couleur dans le court métrage *Des arbres et des fleurs*, l'occasion pour Walt de rendre hommage à la nature qu'il affectionne tant. Si la fantaisie est au rendez-vous comme l'illustre l'arbre efféminé qui cueille des fleurs avec lesquelles il se poudre le visage tout en admirant son reflet dans un cours d'eau, le réalisme est de mise dans la représentation de la végétation. Cinq ans plus tard, *Le Vieux moulin*, court métrage également lauréat de la précieuse statuette, dans lequel un moulin et les animaux qu'il héberge résistent de leur mieux à une violente tempête, pousse encore

Des arbres et des fleurs © 1932 Disney

Fantasia © 1940 Disney

Félins © 2011 Disney

Blue © 2018 Disney

plus loin le réalisme. Tant par la représentation de la faune que par l'aspect effrayant de la nature, cette production d'une poésie inégalée préfigure *Blanche-Neige et les sept nains*, avec l'effroi de l'héroïne dans la forêt inhospitalière. Walt Disney n'est pas dupe : s'il ne se lasse jamais d'admirer la beauté d'une nature nourricière, il n'ignore rien de sa rugosité. Ainsi, *La Chanson de la pluie*, la jolie ritournelle de *Bambi*, sans conteste le film le plus naturaliste des studios Disney, montre-t-elle la faculté des animaux à s'abriter lorsque survient un orage qui terrorise le jeune faon au centre du récit. Dans le même esprit, comment ne pas être bouleversé par la célébration enchanteresse du règne végétal dans le segment illustrant le *Casse-noisette* de Tchaïkovski dans *Fantasia*, et frémir devant la brutalité du règne animal dans *Le Sacre du Printemps* de Stravinsky dans le même film ?

Blanche-Neige et les sept nains © 1937 Disney

Une observation minutieuse

Les studios Disney n'hésitent jamais à joindre l'utile à l'agréable en organisant des voyages d'études pour ses animateurs qui peuvent ainsi observer sur place les décors naturels, la faune et la végétation, et ramener d'innombrables croquis et clichés en guise d'indispensable documentation pour la production des films. Ainsi, des équipes se sont envolées pour l'Afrique pour *Le Roi Lion* ; au Rwanda, en Ouganda et au Congo pour *Tarzan* ; ou en Alaska, en Californie et dans le Wyoming pour *Frère des Ours*. Walt Disney, toujours plus désireux d'authenticité, est allé plus loin durant la production de *Bambi*, avec une initiative qui a mis sens dessus dessous le quotidien des studios et offert de savoureuses images aux médias de l'époque : à l'été 1938, deux faons prêtés par l'État du Maine prennent leurs quartiers dans les locaux afin que les animateurs puissent les prendre comme modèles et étudier leur anatomie. Au fil des années, ces séances de poses insolites se multiplient : des chiens trouvent naturellement refuge dans les studios lors de la production de *La Belle et le Clochard* puis des *101 Dalmatiens*, *Rox et Rouky* permet à un renardeau baptisé Rox d'y prendre ses aises et de devenir rapidement la mascotte des employés, et *Le Roi Lion* entraîne l'arrivée de lionceaux et d'un lion de 350 kilos nommé Poncho qui donne quelques sueurs froides aux artistes chargés d'observer le roi des animaux. De quoi rappeler qu'en définitive, la nature a toujours le dernier mot.

Quoi de neuf, doc' ?

La passion de Walt Disney pour la faune et la flore trouve un nouveau terrain d'expression lorsque l'intéressé décide d'investir le terrain du documentaire animalier. L'idée lui vient durant un voyage en Alaska, à l'été 1948, lorsque le propriétaire d'un magasin d'appareils photos, désireux de filmer la migration des phoques sur des îles situées dans la mer de Béring, propose au créateur de Mickey de financer la production. Dans les mois qui suivent, le moyen métrage *L'Île aux phoques* sort ainsi dans une combinaison réduite de salles, avant de connaître une plus large diffusion et de rafler l'Oscar du meilleur court métrage de fiction. La série des *True Life Adventures* est née. Collectionnant les statuettes au fil des années, occasionnant la création de la filiale Buena Vista destinée à la distribution d'un genre peu prisé en salles, ces productions courtes exploitées en accompagnement de films de fiction, bifurquent à partir du *Désert vivant* en 1953 (dédié aux animaux du désert dans le Sud-Ouest des États-Unis), vers le format long métrage avec un mélange de scènes spectaculaires et de narration s'attachant au destin d'une poignée d'animaux pour lequel le public éprouve instinctivement de l'empathie. Une réorientation parfois factice vers le docu-fiction qui suscite des critiques, la série s'éloignant du caractère pédagogique des débuts. Au début des années 1960, Walt Disney met un terme à l'aventure avec l'attachant *La Légende de Lobo*, largement fictionnalisé, qui suit un loup durant toute son existence. Il faut attendre 2008 pour voir les studios Disney renouer avec le documentaire animalier, sous l'impulsion du Français Jean-François Camilleri, manager de la filiale hexagonale des studios Disney Motion Pictures International (nouveau nom de Buena Vista). Trois ans plus tôt, l'intéressé a marqué les esprits en produisant, sans le soutien de Disney, le documentaire *La Marche de l'empereur* dédié aux manchots empereurs de l'Antarctique. Un pari audacieux tant le genre était moribond dans les salles obscures, à l'exception des productions de Jacques Perrin comme *Le Peuple migrateur* ou *Microcosmos*. Deux millions d'entrées en France, une exploitation mondiale couronnée de succès (face au refus de Disney, Warner l'a distribué outre-Atlantique), l'Oscar du meilleur documentaire : il n'en fallait pas plus pour que Disney change son fusil d'épaule. En avril 2008, le label Disneynature voit le jour et s'inscrit dans l'esprit docu-fiction des *True Life Adventures* initiés soixante ans plus tôt. En plus de coproductions remarquées telles qu'*Un Jour sur Terre* et *Océans*, le label produit des films saturés de panoramas époustouflants entre deux tranches de vie attendrissantes, consacrés tour à tour aux flamants roses avec *Les Ailes pourpres*, aux lions avec *Félins*, ou aux grizzlys et aux chimpanzés dans les films éponymes. Plus largement sublimée dans *Pollen* ou *Blue*, la nature cristallise les enjeux des productions Disneynature, qui ne manquent jamais de sensibiliser le public à la fragilité de l'écosystème. Une conscience écologique en phase avec les préoccupations contemporaines.

Bambi © 1942 Disney

Bambi

Chef-d'œuvre caractéristique du cinéma d'animation des premiers temps, mal-aimé à sa sortie et porté en triomphe à notre époque, *Bambi* se révèle au moins aussi fondateur que son aîné, *Blanche-Neige et les sept nains*, et probablement plus intemporel.

La dernière grande production de Walt Disney se dévoile en 1942 dans les salles obscures américaines avec un long travelling mis en couleurs et en musique comme cela n'a jamais été fait auparavant. Tirant profit des dernières technologies, de la caméra multiplane à une nouvelle palette de couleurs toujours plus riche et variée, *Bambi* est la résultante de cinq années de travail acharné, et la continuité d'une thématique forte dans l'œuvre de Walt Disney, plaçant les animaux au centre de l'histoire. Parue en 1923 en Autriche en langue allemande, l'œuvre originale, *Bambi, l'histoire d'une vie dans les bois*, décrit avec simplicité les aventures dans la forêt d'un jeune faon, se faisant des amis parmi les animaux tout en vivant les drames de la vie comme la mort de sa mère ou la traque sans fin que l'homme lui fait subir. Vu dans les années 1930 comme une œuvre allégorique quant au sort des Juifs lors de la montée des nazis au pouvoir, *Bambi* est plus tard considéré comme la première fable écologique moderne. L'auteur, Felix Salten, se spécialise tout le long de sa vie dans les ouvrages mettant en scène des animaux, et apparaît alors comme une personnalité très proche de Walt Disney, avec un anthropomorphisme léger mais assumé quant à son parallèle avec l'homme, dans la lignée de Jean de la Fontaine. Le livre, traduit en anglais en 1928, intéresse alors la Metro-Goldwyn-Mayer qui en achète les droits en 1933, dans le but d'en faire un film en prises de vues réelles. Mais la société de production de films n'arrive pas à trouver une voie de développement satisfaisante, avec ces animaux pourvus de voix off pour les incarner. Son directeur, Sidney A. Franklin, écrit donc une lettre à Walt Disney pour lui proposer une co-production, le film pouvant être, au départ, considéré comme un film hybride. Mais Walt Disney annonce dès 1934 son premier long métrage d'animation, et finit par récupérer les droits de *Bambi* qu'il envisage très vite comme sa seconde grosse production prévue pour 1938, juste après *Blanche-Neige*. Afin de capter l'essence de l'œuvre d'origine, où les animaux ne sont en rien humanisés physiquement, la production s'appuie sur

BAMBI
BAMBI

Sortie originale : 21 août 1942
Sortie française : 28 avril 1948
Réalisateurs : David D. Hand, James Algar, Bill Roberts, Norman Wright, Sam Armstrong, Paul Satterfield, Graham Heid
Compositeurs : Frank Churchill, Edward H. Plumb
Durée : 70 minutes

l'expérience acquise sur l'animation des animaux de *Blanche-Neige* pour recréer la forêt de *Bambi* et ses quatre saisons. Dans le cadre de leur formation mais aussi dans l'optique d'apporter au film un réalisme animalier saisissant, les animateurs sont amenés à décortiquer le cadavre d'un jeune faon amené par les services forestiers, et l'État du Maine va jusqu'à envoyer deux faons vivants à Disney, après l'annonce de la production du film. Si le film est accueilli plutôt froidement à la sortie, son apport artistique répresente, quant à lui, une très grande avancée pour l'animation mondiale. Des centaines de milliers d'esquisses, de peintures et de dessins sont produits, et la technicité des animateurs parvient à recréer fidèlement la gestuelle des animaux, et touche même à l'excellence lors de certaines séquences dynamiques comme la scène de l'incendie, ou lorsqu'il faut capturer le naturel maladroit du faon – un exploit pour l'époque – lorsqu'il évolue, glisse et tombe sur la glace.

Malgré l'enthousiasme de Walt Disney, l'après *Blanche-Neige* ne se passe pas comme prévu. *Pinocchio* et *Fantasia* en 1940 sont des échecs relatifs au box-office, rendant le quotidien difficile pour la firme californienne qui compte plus de mille salariés. La production de *Dumbo* est alors lancée avec un petit budget, dans le but de renflouer les caisses lors de son exploitation en salles. *Bambi* doit subir de très grosses coupes, et voit sa durée réduite d'un tiers. La grève du personnel de 1941 et l'entrée des États-Unis dans la Seconde Guerre mondiale réduisent considérablement la productivité (la masse salariale, entre départs, licenciements et enrôlement dans l'armée est réduite de plus de trois quarts), mais le film sort malgré tout en 1942 aux États-Unis et en Amérique du Sud, et rencontre un succès timide parvenant à peine à relever les studios de la crise qui durera jusqu'au début des années 1950. Le film ressort en salle en 1947, et en profite pour atteindre l'Europe qui sort de la guerre, ce qui permet alors à Disney de sortir doucement la tête de l'eau. Passionné par l'œuvre de l'auteur autrichien Felix Salten, Walt Disney adapte par la suite deux autres de ses ouvrages, avec le docu-fiction *La Jeunesse de l'écureuil Perri* en 1957 et le long métrage live *Quelle vie de chien !* en 1959. Mais c'est surtout avec la série *True-Life Adventures*, projet inspiré par *Bambi*, que Disney produit des films documentaires sur la nature et les animaux, avec l'aide de photographes et naturalistes passionnés, ce qui participe aussi à la révolution écologique et à la compréhension de l'environnement au milieu du XXe siècle. Conspué à sa sortie par les conservateurs américains, *Bambi* est un cri d'amour de Walt Disney à ce qui était encore considéré comme un combat absurde. *Bambi*, malgré sa naïveté bienveillante, sensibilise le public et apporte une dimension inédite au cinéma d'animation d'alors.

Le Livre de la Jungle

Fort de quinze millions d'entrées, l'ultime classique supervisé par Walt Disney trône toujours fièrement à la neuvième place du box-office français. Ce qui ne saurait éclipser une production longue de quatre années émaillée de rebondissements.

« *Je vous défends de lire le livre !* » Cette injonction de Walt Disney à son équipe de production résume le climat électrique des premières réunions de travail du *Livre de la jungle* en 1962, marquées par la volonté farouche du tout-puissant patron de se défaire de l'influence du roman de Rudyard Kipling. Détourné du cinéma d'animation depuis quelques années au profit d'émissions télévisées, de documentaires animaliers et d'attractions pour Disneyland, l'intéressé décide néanmoins de s'impliquer dans la production du dix-neuvième long métrage du studio après l'échec de *Merlin l'Enchanteur*. L'idée d'un univers tropical jaillit dans l'esprit du scénariste Bill Peet. Arguant du fait qu'il offre l'opportunité de développer d'attachants rôles d'animaux, celui-ci suggère d'acquérir les droits d'adaptation du classique de la littérature britannique *Le Livre de la Jungle*. Problème : au terme de huit mois d'écriture, la copie ne convainc pas le big boss. Si le scénariste opte pour une trame linéaire plus lisible que les fréquents allers-retours du roman entre la jungle et le village, il en conserve en revanche l'atmosphère sombre, ce qui déplaît à Walt Disney qui souhaite une œuvre divertissante. En janvier 1964, un désaccord profond sur le choix du casting vocal pousse Peet à claquer la porte du studio après vingt-sept ans de bons et loyaux services.

Publiés en 1894 et 1895, *Le Livre de la Jungle* et *Le Second Livre de la jungle*, qui s'inspirent des séjours de Kipling en Inde, relatent les péripéties d'un « petit d'homme » nommé Mowgli, recueilli et éduqué dans la jungle par des loups, qui va et vient à son gré entre son lieu de naissance et le village des hommes. Walt Disney préfère une progression plus schématique : une fois les bribes d'éducation acquises dans la jungle, le héros doit une bonne fois pour toutes rejoindre la civilisation. Qu'à cela ne tienne, les trois scénaristes désignés pour retravailler le script plantent la scène principale au cœur du film, et tricotent l'une après l'autre chaque séquence située en amont et en aval. La réalisation échoit à Wolfgang Reitherman (*Les 101 Dalmatiens*), et la direction artistique à Ken Anderson (*Peter Pan*) qui s'entoure d'artistes chevronnés : Albert Dempster signe les quelque 700 décors évoquant les œuvres du Douanier Rousseau et recourt à la caméra multiplane pour leur conférer plus de profondeur, et trois surdoués s'attellent à l'animation de personnages spécifiques. Milt Kahl anime ainsi le tigre Shere Khan ; Frank Thomas, le héros Mowgli, le roi Louie et le serpent Kaa ; et Ollie Johnston la panthère Bagheera et l'ours Baloo, pas loin de voler la vedette au garçonnet.

LE LIVRE DE LA JUNGLE
THE JUNGLE BOOK

Sortie originale : 18 octobre 1967
Sortie française : 11 décembre 1968
Réalisateur : Wolfgang Reitherman
Compositeur : George Bruns
Durée : 78 minutes

Reste un élément essentiel : la tonalité jazzy du film. Car telle est l'autre volonté de Walt Disney : « *Des chansons drôles, de la légèreté sur les moments effrayants.* » Sur un petit nuage suite au phénoménal succès de *Mary Poppins* sorti trois ans auparavant, les frères Sherman héritent du projet auquel ils confèrent chaleur, complicité et tendresse après le rejet de la partition jugée sinistre de Terry Gilkyson. Ironie du sort : nommé à l'Oscar de la Meilleure chanson, le seul titre rescapé de son travail deviendra l'hymne du *Livre de la jungle* : *Il en faut peu pour être heureux*. Seule ombre au tableau, et de taille, l'emploi même du jazz crée un malaise au sein du studio. Ce courant musical ethniquement connoté ravive la polémique soulevée par *Mélodie du Sud* en 1946, remuant au goût de certains de vieux stéréotypes raciaux. En VO, Baloo est ainsi qualifié de « clochard de la jungle », clin d'œil lointain à un préjugé nauséabond ; et un parallèle est établi entre le souhait du roi Louie interprété par un chanteur de jazz, d'être un homme « comme vous », et le sort des Afro-Américains.

Alors que le travail d'animation touche à sa fin, vient l'heure de visionner l'émouvant dénouement. Nous sommes à l'automne 1966, et une dispute entre Milt Kahl et Walt Disney explose lors d'une réunion quant au fait de savoir si un tigre est capable ou non de grimper aux arbres. Très contrarié, Disney s'apprête à tourner les talons lorsqu'il se souvient de la raison de sa présence : découvrir l'ultime scène avec la demoiselle qui charme Mowgli. Une chute qu'il a lui-même initiée après avoir rejeté un élément du *Second Livre de la jungle* dans lequel la présence d'un trésor sous les ruines du roi Louie suscite l'intérêt d'un chasseur qui somme Mowgli de l'y conduire. Shere Khan tue alors le chasseur, et Mowgli retourne l'arme du chasseur contre le tigre, gagnant la reconnaissance des humains comme des animaux. Mais Disney a jeté cette fin aux oubliettes et préféré clore le film sur l'arrivée au village. Oubliant la colère qui l'habitait quelques minutes plus tôt, il découvre alors la scène finalisée et lâche : « *Eh ! Elle est sexy.* » Et, satisfait, quitte la pièce. Le 15 décembre, il succombe des suites d'un cancer du poumon diagnostiqué durant l'été, mais dissimulé à l'ensemble de ses collaborateurs. « *Ce n'était pas un homme, mais une force de la nature* », témoigne son infirmière. À l'image du dernier plan où Baloo et Bagheera s'éloignent bras dessus, bras dessous vers le soleil couchant, « *c'est ainsi qu'il est parti, en suivant le coucher du soleil* ». Terrassée par cette perte qui changera à tout jamais le destin du studio, l'équipe achève le chef-d'œuvre testamentaire de Walt Disney, qui triomphe sur les écrans en octobre 1967, soit presque trente ans après son film matriciel, *Blanche-Neige et les sept nains*.

Le Roi Lion

Qu'on la découvre pour la première fois ou qu'on l'ait visionné à d'innombrables reprises, la séquence d'ouverture du *Roi Lion* soulève invariablement des houles de frissons. Retour sur le film de tous les records et superlatifs, parvenu à changer la face de l'animation.

À lui seul, *Le Roi Lion* contient davantage de morceaux de bravoure et de plans iconiques qu'aucune autre production Disney : l'intégralité de la scène d'ouverture ; Scar trônant fièrement en haut d'un rocher après avoir appelé les hyènes à l'insurrection, à la fin de la chanson *Soyez prêtes* ; le troupeau affolé de gnous déferlant dans le canyon ; Scar donnant le baiser de la mort à Mufasa en chuchotant « *Longue vie au roi* » ; Simba, Timon et Pumbaa à la file indienne, sur un tronc d'arbre, fredonnant à tue-tête le mantra « *Hakuna Matata* » ; Simba devenu adulte, interpellant son défunt père dans le ciel, qui lui apparaît peu après dans les nuages ; le même Simba courant à bride abattue dans le désert pour reconquérir le trône qui lui revient de droit... Pourtant, rien n'était gagné d'avance. Lorsque Jeffrey Katzenberg, l'influent directeur des studios Disney depuis 1984, suggère au début de l'année 1989 de concevoir à partir de son expérience personnelle un film sur le thème du passage de l'enfance à l'âge adulte, tout le monde a les yeux rivés sur le projet phare du moment, *Pocahontas*. L'écrasante majorité des animateurs postule en effet pour collaborer à l'histoire de la belle Indienne, à tel point que le récit du lionceau contraint à l'exil après la mort de son père, échoit à une équipe composée de débutants. Tous deux entrés chez Disney en 1985, Roger Allers et Rob Minkoff se voient ainsi confier la charge de réaliser en duo leur premier long métrage. La gestation est en outre douloureuse car le scénario, développé sous le titre de travail *King of the Jungle*, peine à définir les enjeux. Certes, la relation entre un père et son fils est acquise, mais de multiples réécritures sont nécessaires pour étoffer le récit. Le déclic intervient lors du changement de scénaristes qui imposent l'idée de l'exil de Simba, et la création des désopilants laissés-pour-compte Timon et Pumbaa.

En 1994, le triomphe du film prend tout le monde par surprise. Exploité cinq mois d'affilée aux États-Unis, sans interruption, *Le Roi Lion* tutoie au final le milliard de dollars de recettes à l'international pour un budget d'à peine 80 millions de dollars, devient le plus gros succès de tous les temps pour un film d'animation (titre qui lui sera ravi dix-neuf ans plus tard par *La Reine des neiges*), rafle nombre de récompenses prestigieuses (Golden Globe du meilleur film pour une comédie ou film musical,

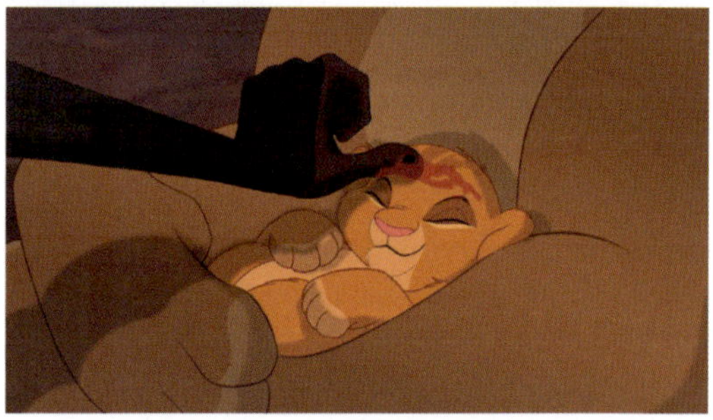

LE ROI LION
THE LION KING

Sortie originale : 24 juin 1994
Sortie française : 9 novembre 1994
Réalisateurs : Roger Allers, Rob Minkoff
Compositeur : Hans Zimmer
Durée : 88 minutes

Oscars des meilleures musique et chanson pour *Can You Feel the Love Tonight*), et se voit décliné avec réussite à Broadway. Ce succès ne doit rien au hasard, les bonnes fées s'étant penchées sur le berceau d'un film qui cumule tous les atouts : une animation exceptionnelle, des personnages charismatiques, une bande originale inoubliable, et un scénario solidement charpenté où se glisse une réflexion sur l'intégrité, le poids des responsabilités et les dérives de l'exercice du pouvoir. Si les studios Disney assument l'influence d'*Hamlet* de William Shakespeare, une autre inspiration manifeste fait en revanche l'objet d'une vive polémique. Malgré de troublants points communs avec *Le Roi Léo* d'Osamu Tezuka, Disney répète à l'envi que son film bénéficie d'un scénario original. Sans admettre un plagiat aux lourdes répercussions, le studio présente néanmoins des excuses officielles en 2001 en forme d'aveu (il est malgré tout permis de penser que le « Dieu du manga » eût été touché par l'emprunt symbolique à son œuvre, lui qui vouait une fascination sans bornes à Walt Disney). Pour revenir au film proprement dit, une scène sans précédent émeut particulièrement : la mort de Mufasa, montrée frontalement, dans le cadre d'un acte fratricide. Bien que le parti-pris soit différent du traitement de la disparition de la mère de Bambi dans le classique de 1942, les deux séquences ont un impact comparable sur les spectateurs. Enfin, le film reste gravé dans les esprits grâce à la bande originale de Hans Zimmer et aux chansons composées par Elton John et Tim Rice, mélange de chœurs zoulous et de sonorités africaines totalement envoûtants. Indissociable de l'œuvre, la bande originale, sans conteste la plus inspirée de toute l'histoire des studios Disney, continue à tourner en boucle sans avoir pris une ride. Réussite artistique majeure, *Le Roi Lion* marque pourtant le chant du cygne du troisième âge d'or du studio, et le point de départ d'une crise interne qui s'apprête à chambouler toute l'industrie de l'animation. Une véritable guerre d'egos, relatée en 2009 dans le documentaire sans complaisance *Waking Sleeping Beauty* réalisé par Don Hahn (producteur du *Roi Lion*), aboutit au départ fracassant de Jeffrey Katzenberg qui, fort de son instinct et de son expérience, fonde les studios DreamWorks (*Shrek*), qui met un terme au monopole incontesté de Disney et ouvre une brèche dans laquelle s'engouffreront Fox (*Anastasia*), Warner (*Le Géant de fer*) ou Sony (*Tempête de boulettes géantes*), ce dernier débauchant les réalisateurs du *Roi Lion*. Il n'empêche : moribond la décennie précédente, Disney renaît véritablement de ses cendres avec ce classique insurpassable des années 1990, une renaissance qu'illustre symboliquement la présentation en grandes pompes, en ouverture et en conclusion du film, du nouveau monarque légitime.

Rox et Rouky

Film de transition, *Rox et Rouky* voit les studios Disney se transformer radicalement pendant sa production, avec le départ de ses vétérans, l'arrivée de nouveaux visages et la concurrence se dessiner avec d'anciens animateurs.

Suite au succès de *Bernard et Bianca*, la nouvelle génération prend peu à peu ses marques et c'est avec *Rox et Rouky* que la transition s'opère définitivement. Dernier film du réalisateur et producteur Wolfgang Reitherman, mais aussi des autres « sages » Frank Thomas et Ollie Johnston, le film met en scène un chien et un renard se liant d'amitié, et fait quelque peu écho à *Bambi* en livrant une vision peu flatteuse des chasseurs, tout en humanisant les animaux. Cette fable écologique, tirée d'un roman de Daniel P. Mannix de 1967, dispose cependant d'une narration plus rythmée et d'enjeux plus modernes. Assez peu original en fin de compte, *Rox et Rouky* est cependant un film flamboyant par sa production traditionnelle, demandant plus de quatre ans d'efforts et donnant vie à des centaines de milliers de dessins. Malgré tout, même si le succès au box-office ne dément pas la dynamique que connaît le cinéma d'animation des années 1980, la production est le théâtre d'une profonde division au sein de l'équipe. Au-delà de la scission naturelle (la moyenne d'âge de l'ancienneté des animateurs, très élevée, occasionne le plus gros *turn-over* de l'histoire de la société à cette période), le vétéran Wolfgang Reitherman (animateur depuis *Blanche-Neige* et réalisateur depuis *La Belle au Bois Dormant*) n'accepte pas le développement de l'histoire, mais le président de la Walt Disney Company, Ron W. Miller, donne raison à la jeune équipe notamment constituée de Don Bluth (réalisateur de *Fievel et le Nouveau Monde* en 1986) et de Ron Clements (réalisateur de *La Petite Sirène*, *Aladdin* ou encore *Vaiana*). Malgré une bonne entente générale, les divisions persistent, et Reitherman est désavoué suite à certaines de ses idées – *Rox et Rouky* est pour lui aussi, mais pour de tristes raisons, le dernier film (il meurt tragiquement dans un accident de voiture quelques années plus tard). Don Bluth, de son côté, quitte la production en démissionnant avec une quinzaine de ses collègues. Nous retiendrons surtout un film anecdotique, mais qui voit l'émergence de talents tels que Tim Burton, Brad Bird, Henry Selick et John Lasseter au sein de Disney.

ROX ET ROUKY
THE FOX AND THE HOUND

Sortie originale : 10 juillet 1981
Sortie française : 25 novembre 1981
Réalisateurs : Ted Berman, Richard Rich, Art Stevens
Compositeur : Buddy Baker
Durée : 83 minutes

Pocahontas, une Légende Indienne

Passer après *Le Roi Lion* n'est pas chose aisée pour *Pocahontas* avec un thème qui, s'il est archi-connu aux États-Unis, reste largement ignoré sur le Vieux Continent. Mais en plus d'offrir un superbe spectacle, Disney s'offre ici un nouveau triomphe au box-office.

Après la sortie de *La Belle et la Bête*, le directeur des studios Disney, Jeffrey Katzenberg, exprime la volonté de produire un film différent, loin des standards de la firme. *Aladdin* et *Le Roi Lion* étant déjà bien avancés, entre humour et anthropomorphisme, c'est *Pocahontas* qui est développé, sur l'idée du réalisateur de *Bernard et Bianca au Pays des Kangourous*, Mike Gabriel. Ce dernier imagine l'histoire d'une jeune Amérindienne partagée entre l'amour de son peuple et celui qu'elle porte à l'ennemi ; un amour impossible, mis alors en parallèle avec un autre projet similaire dans ses thèmes, l'adaptation de *Roméo et Juliette*, par le producteur Peter Schneider. Mais la vision de Gabriel plaît tout de suite et le projet d'adapter *Pocahontas* est aussitôt validé. Basé sur la légende américaine, il convient alors d'adapter les choses pour les besoins du film et notamment incorporer la romance, inexistante dans la légende (elle-même tirée de faits réels). L'héroïne, normalement adolescente, devient ici une belle jeune femme mise en forme notamment sur le modèle de Naomi Campbell (Glen Keane, animateur et scénariste du film, rencontre à ce titre des descendantes de la véritable Pocahontas), indépendante et aventurière, s'éprenant de John Smith et entourée d'animaux, une fois n'est pas coutume, entièrement muets. Particulièrement moderne dans sa définition, Pocahontas n'est donc pas une princesse et développe une personnalité libérée qui fait écho à Belle et préfigure ses successeuses Mulan et Vaiana. Malgré tout, le film est épinglé par les clichés qu'il véhicule quant à l'ultra-féminisation du personnage historique, entretenant le fantasme de la femme indienne ne pouvant être présentée en dehors d'un cadre romantique. À ce titre, le représentant de la nation Powhatans déplore publiquement la teneur inexacte du film, tout en précisant que Disney aurait décliné leur participation pour apporter au film une vision plus en conformité avec leur histoire. Russell Means, grand activiste powhatan, s'inscrit en faux et défend le film sur lequel il a d'ailleurs participé. Au-delà des polémiques, le film est un succès lors de sa sortie en salles et est salué par la critique comme le public.

POCAHONTAS, UNE LÉGENDE INDIENNE
POCAHONTAS

Sortie originale : 23 juin 1995
Sortie française : 22 novembre 1995
Réalisateurs : Mike Gabriel, Eric Goldberg
Compositeur : Alan Menken
Durée : 81 minutes

Tarzan

Sorti dans les salles françaises à l'aube de l'an 2000, le trente-septième classique des studios Disney clôt de fait les années 1990 mais ignore qu'une page importante de l'animation traditionnelle est sur le point de se tourner, qui sonnera le glas du studio français basé à Montreuil.

Initiée par Jeffrey Katzenberg, l'adaptation disneyenne du célèbre roman d'Edgar Rice Burroughs, publié en 1912 et déjà maintes fois porté à l'écran (notamment sous les traits du comédien Johnny Weissmuller à l'origine du fameux cri caractéristique de l'homme-singe), est dans un premier temps confiée à la branche cinéma de Disney Television Animation. Lucide sur l'expérience limitée de la filiale dans le domaine du long métrage, Kevin Lima, qui vient d'y réaliser l'oubliable *Dingo et Max*, profite en 1995 du départ de Katzenberg pour persuader la direction de transférer le projet au département historique. Un plan esquissé symbolise déjà l'ambition qu'il entend insuffler au film : le jeune Tarzan posant sa minuscule main dans celle, corpulente mais pleine de tendresse maternelle, de la femelle gorille qui vient de l'adopter. Le thème-clef sera ainsi celui de l'identité. La même année, l'animateur Glen Keane, considéré à juste titre comme l'un des plus doués de sa génération puisqu'on lui doit la conception de personnages aussi emblématiques qu'Aladdin, Ariel dans *La Petite Sirène* et la Bête dans *La Belle et la Bête* (et, les années suivantes, de Raiponce), s'octroie un congé sabbatique mérité après l'éreintante production de *Pocahontas*. L'artiste au style expressif décide de poser ses valises à Paris pour étudier l'anatomie et, à son retour en 1996, met à contribution les connaissances acquises au service de *Tarzan*, qui va dès lors l'accaparer. Mais l'intéressé pose une condition : demeurer dans la capitale française, dont il est tombé sous le charme. Les studios Disney s'en accommodent aisément, eux qui ont ouvert en 1989 un studio à Montreuil, lequel a fait ses gammes sur diverses séries télévisées, l'excellent court métrage *Mickey perd la tête* ou les longs métrages *Le Bossu de Notre-Dame* et *Hercule*. Pour le studio français, *Tarzan* représente le premier projet d'envergure sur lequel il a l'opportunité de travailler, à raison d'une cinquantaine d'employés mobilisés durant près de deux ans. Sans surprise, Glen Keane est désigné pour superviser l'animation du rôle-titre. C'est ainsi à lui qu'on doit le physique déroutant de Tarzan, auquel il faut un certain temps pour s'habituer. Traits anguleux, nez aquilin, menton en pointe : le résultat ne fait pas l'unanimité, contrairement à ses précédentes créations. C'est également lui, par l'intermédiaire de son fils passionné de snowboard, qui choisit de moderniser le personnage en le faisant littéralement surfer sur les branches d'arbres, afin de casser l'image vieillissante de l'homme-singe sautant de liane en liane. À cet effet, Disney crée le procédé Deep Canvas, perfectionnement de la caméra multiplane mise au point dans les années 1930, dans le but de

TARZAN
TARZAN

Sortie originale : 18 juin 1999
Sortie française : 24 novembre 1999
Réalisateurs : Kevin Lima, Chris Buck
Compositeur : Mark Mancina
Durée : 88 minutes

faire évoluer son personnage dessiné en 2D dans un cadre créé en 3D. Amples panoramas, angles multiples : le résultat, stupéfiant, accompagne les morceaux de bravoure tels que l'affrontement avec le léopard ou l'attaque de babouins.

En cours de production, le réalisateur Kevin Lima est rejoint par Chris Buck, qui signe là son premier long métrage quelques années avant de frapper un grand coup avec *La Reine des neiges*. Les deux hommes insufflent une énergie formidable au récit, ponctué de touches romantiques avec la complicité de Tarzan et Jane, comiques avec le malicieux père de l'héroïne, ou poignantes avec l'époustouflant prologue qui met sur le même plan le naufrage malheureux de la famille du héros, et la disparition d'un bébé gorille laissant sa mère inconsolable. Si les libertés prises avec le roman divisent autant que l'intérêt discutable de certains personnages (le méchant Clayton, inventé de toutes pièces, est par trop caricatural), la mise en scène virtuose et les décors luxuriants participent de l'indéniable réussite du film, à laquelle participe activement la bande originale de l'artiste britannique Phil Collins, qui assure lui-même le doublage européen de ses chansons. Extrêmement efficaces (en dehors de la facultative parenthèse récréative dans le camp des humains), les chansons pop de *Tarzan*, très éloignées de la tradition comédie musicale façon Broadway des précédents films de Disney, permettent de faire progresser le récit, soit en signifiant le passage de l'enfance à l'âge adulte du héros avec l'euphorisante *Enfant de l'homme*, soit en montrant l'évolution de la relation entre Jane et Tarzan, et la découverte de la civilisation par ce dernier, avec l'émouvante *Je veux savoir*. La sortie du film est saluée par la critique comme le public, qui lui réserve un excellent accueil. Près de huit millions de spectateurs se déplacent dans les salles françaises, un score impressionnant qu'aucune production Disney (hors Pixar) n'a depuis atteinte, pas même *La Reine des neiges*. Si le film connaît une pérennité grâce à la mise en chantier d'une série télévisée, d'une suite réservée au marché vidéo et d'une adaptation à Broadway, il marque aussi la fin de l'âge d'or des années 1990, qui verra bientôt la remise en question d'une entreprise sur le point de tourner le dos à l'animation 2D. Une décision lourde de conséquences, notamment pour le studio de Montreuil dont la liquidation est prononcée en 2003. Faut-il voir dans l'ultime cri de Tarzan, qui clôt magnifiquement le film en résonnant dans toute la jungle, le symbole du cri de détresse du studio hexagonal condamné à fermer ses portes ?

Dinosaure

Animateur du *Petit Dinosaure et la Vallée des Merveilles* de Don Bluth, réalisateur des *Quatre Dinosaures et le Cirque Magique* produit par Steven Spielberg, le méconnu Ralph Zondag se voit propulsé en 2000 à la coréalisation de *Dinosaure*. Difficile d'y voir une simple coïncidence.

C'est l'histoire d'un terrible malentendu, celui d'un film qui promettait monts et merveilles et qui, à l'arrivée, s'apparente à un pétard mouillé. Début 2000, la diffusion du *teaser* de *Dinosaure*, désigné pour connaître les honneurs d'une sortie salles au cours d'une année hautement symbolique, suscite une attente démesurée. En près de cinq minutes portées par une musique lyrique qui soulève de véritables frissons, le spectateur assiste médusé au voyage mouvementé d'un œuf de dinosaure arraché aux siens, flottant au fil de l'eau avant de finir dans le bec d'un ptérodactyle qui le lâche finalement en cours de route. Époustouflante de photoréalisme, la séquence, qui mêle images de synthèse et prises de vues réelles, s'inscrit instantanément dans le sillage du tour de force de *Jurassic Park*, succès planétaire de l'été 1993, et promet de s'imposer comme une révolution technologique comparable. Quelques mois plus tard, c'est la douche froide : le *teaser* musical, qui n'est autre que le prologue, cède la place à des scènes dialoguées qui brisent irrémédiablement l'approche réaliste. Le calamiteux doublage français plombe en outre le film en prêtant la voix d'un lémurien à l'humoriste Jamel Debbouze qui s'autorise des expressions anachroniques franchement navrantes. Pire, le scénario se borne peu ou prou à calquer l'intrigue du *Petit Dinosaure et la Vallée des Merveilles* du studio Amblin : Aladar est un dinosaure qui a grandi parmi une bande de lémuriens. Un jour, une pluie de météorites les oblige à quitter leur île jadis paisible en direction d'une Terre promise plus fertile. Malgré quelques morceaux de bravoure, le film se révèle fade, prévisible et déséquilibré tant ses partis-pris, tantôt trop enfantins, tantôt excessivement brutaux, déroutent. L'échec du film est sans doute à chercher du côté de sa gestation : initié en 1988 (l'année de sortie du *Petit Dinosaure*), le film tombe entre les mains du sulfureux Paul Verhoeven qui envisage un long métrage muet produit par Jon Davison (*Robocop*), sur la base d'un scénario du non moins radical Walon Green (*La Horde Sauvage*). Mais le projet capote au départ de Jeffrey Katzenberg au milieu des années 1990, s'orientant alors dans une direction nettement plus consensuelle. Près de deux décennies après, si la prouesse technologique demeure incontestable (quand bien même quelques effets accusent inévitablement le poids des années), *Dinosaure* laisse un goût amer et ne vaut le détour que pour sa somptueuse séquence d'ouverture ainsi que pour l'incroyable bande originale signée James Newton Howard, dont la réussite n'est pas loin d'égaler celle du *Roi Lion*. Joli lot de consolation.

DINOSAURE
DINOSAUR

Sortie originale : 19 mai 2000
Sortie française : 29 novembre 2000
Réalisateurs : Ralph Zondag, Eric Leighton
Compositeur : James Newton Howard
Durée : 82 minutes

Frère des Ours

Propices à la contemplation, les majestueux paysages du Grand Nord servent d'écrin à l'odyssée poignante d'un homme fou de douleur à la mort de son frère, qui voit peu à peu ses certitudes vaciller. Rien de tel à la direction de Disney, résolue à tourner la page de l'animation 2D.

À l'image de l'affiche préliminaire du film qui met en perspective une main d'homme et une patte d'ours - évoquant un plan similaire de *Tarzan* - la séquence pivot de transformation donne à elle seule le ton d'une œuvre bouleversante : lancé à la poursuite du grizzli responsable de la mort de son frère, un jeune Inuit impétueux tue l'ours sans l'ombre d'un remords. De multiples esprits d'animaux surgissent alors d'une aurore boréale, sur un air interprété par des chanteuses bulgares qui insuffle une spiritualité vibrante à sa réincarnation en ours. Considérer la vie sous un autre angle : tel est le thème-clef (astucieusement illustré à mi-parcours par un basculement de l'image du format 1.85 à 2.35, lorsque le héros est devenu ours) d'un film profondément remanié entre sa mise en chantier au début des années 1990, durant la production du *Le Roi Lion*, et sa sortie une décennie plus tard. Président de Disney, Michael Eisner souhaite à l'origine multiplier les films offrant la vedette aux animaux. Le nouveau projet en ce sens, provisoirement intitulé *Bears*, est confié à Bob Walker et Aaron Blaise, tous deux aux commandes de leur premier film. Abandonnant la relecture du *Roi Lear* de Shakespeare au profit d'un récit sur les liens fraternels, doublement illustré par la relation de trois Inuits et par celle, plus chaotique, entre l'humain transformé en ours et un véritable ourson orphelin, le film émeut sincèrement en dépit d'un humour pas toujours bien dosé qui détourne quelque peu des enjeux. Composée par Mark Mancina et Phil Collins, l'entraînante bande originale participe par ailleurs activement de la réussite du film. Mais si le public répond présent, la critique se permet de faire la fine bouche. Il faut dire que l'animation

2D, ringardisée par la 3D de Pixar et DreamWorks, semble déjà appartenir à un temps révolu. Disney lui-même entend tourner la page en annonçant durant la production du film la fermeture du département 2D, et celle des studios de Montreuil un mois seulement avant la sortie américaine. Début 2004, les studios d'Orlando, à qui furent confiés la production de *Mulan*, *Lilo & Stitch* et du présent film, mettent à leur tour la clef sous la porte, enterrant de fait le quatrième projet baptisé *My Peoples*. Des décisions cruelles motivées par un repositionnement stratégique absurde, alors que la direction de Disney aurait été bien avisée d'appliquer à elle-même la morale de *Frère des Ours* : ne pas s'arrêter à une vision étriquée du monde afin de poser un autre regard sur les événements.

FRÈRE DES OURS
BROTHER BEAR

Sortie originale : 31 octobre 2003
Sortie française : 28 janvier 2004
Réalisateurs : Robert Walker, Aaron Blaise
Compositeurs : Mark Mancina, Phil Collins
Durée : 85 minutes

6

L'humour

P. 105
BLAGUES À PART

P. 108
ALADDIN

P. 110
HERCULE

P. 111
KUZCO, L'EMPEREUR MÉGALO

P. 112
LA FERME SE REBELLE

P. 113
LILO ET STITCH

P. 114
VOLT, STAR MALGRÉ LUI

P. 115
CHICKEN LITTLE

BLAGUES À PART

PRÉTENDUMENT RINGARDISÉ AU DÉBUT DES ANNÉES 2000 PAR LA TORNADE *SHREK*, L'HUMOUR PROPRE À DISNEY EST ASSIMILÉ À DES GAGS BON ENFANT, CONSENSUELS VOIRE ASEPTISÉS. C'EST ALLER UN PEU VITE EN BESOGNE TANT LA FILMOGRAPHIE DES STUDIOS DE BURBANK, SUR LE GRAND COMME SUR LE PETIT ÉCRAN, FAIT SOUVENT PREUVE D'UN ESPRIT DÉCAPANT. ANALYSE À L'AIDE DE PERSONNAGES EMBLÉMATIQUES, POUR LE MEILLEUR COMME POUR LE PIRE.

Pas un seul long métrage des studios Disney n'échappe à la présence d'un faire-valoir (que la langue de Shakespeare désigne sous le nom de *sidekick*), second rôle plus ou moins facultatif dont la principale fonction consiste à amuser la galerie tout en épaulant – ou handicapant – accessoirement le rôle-titre dans sa quête. La plupart du temps, le film n'aurait pas la même saveur sans sa présence. Comment imaginer en effet *Le Livre de la Jungle* sans le débonnaire Baloo, *Aladdin* sans le délirant Génie ou *Le Roi lion* sans les outranciers Timon et Pumbaa ? Tentons donc de dégager les grandes lignes directrices de l'humour Disney à travers des personnages qui doivent parfois leur raison d'être à une poignée de mimiques et traits d'esprit, ou aux catastrophes qu'ils déclenchent souvent bien malgré eux. Précisons en préambule que, dans l'écrasante majorité des cas, les protagonistes humoristiques sont des animaux. Tantôt muets (le chat Figaro et le poisson Cléo dans *Pinocchio*, le crocodile Tic-Tac dans *Peter Pan*, le caméléon Pascal dans *Raiponce*, le coq Heihei dans *Vaiana*), tantôt doués de parole (les souris Jack et Gus dans *Cendrillon*, le poisson Polochon et le crabe Sébastien dans *La Petite Sirène*, le hamster Rhino dans *Volt*), ils révèlent un potentiel comique inépuisable dont Walt Disney a très tôt su tirer profit. N'oublions pas que l'homme a bâti sa réputation dans les années 1920 grâce à des cartoons qui ont vu émerger des mascottes animalières aussi populaires que le canard Donald, les chiens Pluto et Dingo ou, dans une moindre mesure, les écureuils Tic & Tac. Sans oublier la plus célèbre d'entre toutes, la souris Mickey, cas d'école concernant la thématique qui nous intéresse. Publié en 2011, l'essai *L'Assassinat de Mickey Mouse* du critique Pierre Pigot note à juste titre que le tempérament rebelle, malicieux et même anarchiste initial de la souris, a peu à peu laissé place à un individu policé et aseptisé, exception faite du prodigieux court métrage *Mickey perd la tête* de 1995, dans lequel l'intéressé mute en une créature monstrueuse aux faux airs de Frankenstein. Symptomatique de l'évolution des studios Disney vers une identité progressivement plus consensuelle et fédératrice au fil des années, ce virage à 180° de la personnalité de Mickey ne saurait pour autant synthétiser l'humour des productions Disney, en réalité à multiples facettes.

Pour tous les goûts

Par leur candeur (Panpan dans *Bambi*, Simplet dans *Blanche-Neige et les sept nains*), leur jovialité forcée (Tigrou dans *Winnie l'Ourson*, Percy, Flit et Meeko dans *Pocahontas*) ou leur franche crétinerie (les élans Truc et Muche dans *Frère des Ours*, Olaf dans *La Reine des neiges*), nombre de personnages humoristiques semblent certes s'adresser en priorité au jeune public. C'est oublier quantité

Mulan © 1998 Disney

Aladdin © 1992 Disney

Kuzco, l'Empereur Mégalo © 2000 Disney

d'autres seconds couteaux dont la dinguerie fait mouche auprès des spectateurs plus âgés. Dans *Alice au Pays des Merveilles*, difficile en effet ne pas réprimer un fou rire face à la loufoquerie du Chapelier fou et du Lièvre de mars incapables de servir une tasse de thé correcte à leur hôte. La performance presque épuisante du Génie d'*Aladdin*, immortalisé dans la version originale par le regretté Robin Williams, les pitreries complices de Lumière et Big Ben dans *La Belle et la Bête*, ou les saillies du dragon Mushu dans *Mulan* sont autant de moments de drôlerie face auxquels il est difficile de rester de marbre. Disney sait aussi se faire iconoclaste en se payant la tête des monarques, à l'image du Prince Jean de *Robin des Bois* ridiculisé lorsqu'il suce bêtement son pouce tout en invoquant sa mère ; en égratignant l'image nonchalante des fonctionnaires, avec l'irrésistible scène des paresseux dans *Zootopie* ; ou en jouant la carte de l'anachronisme, avec la séquence finale de *Merlin l'Enchanteur* où le magicien revient de Saint-Tropez pour assister à l'accession du jeune Arthur au trône d'Angleterre. Plus rarement, la caution comique contamine même l'ensemble du film d'un humour plus (*Kuzco, l'Empereur Mégalo*) ou moins (*Hercule*) ravageur, ou se niche dans une multitude de clins d'œil à plusieurs niveaux de lecture, à l'image d'une furtive et cocasse scène de *Zootopie* où une fouine vend à la sauvette des DVD pirates de films déjà sortis, voire pas encore exploités mais réellement en production. Ainsi, *Meowana*, *Giraffic* et *Floatzen 2* font respectivement référence à *Vaiana*, *Gigantic* (projet depuis annulé) et *La Reine des neiges 2*. Enfin, l'humour jaillit parfois du doublage délectable de personnages encore plus secondaires, tels que la souris Roquefort dans *Les Aristochats*, Bill le lézard dans *Alice au Pays des Merveilles*, ou les inimitables serveuse et opératrice téléphonique pince-sans-rire respectivement présentes dans *Kuzco, l'Empereur Mégalo* et *Atlantide, l'Empire Perdu*. Souvent jugé consensuel, l'humour des productions Disney ne s'inscrit certes guère dans l'esprit trash et polisson d'un Bill Plympton, ni dans l'humour scato de certaines productions DreamWorks, mais s'avère en réalité plus protéiforme qu'il n'y paraît, jouant alternativement la carte de la légèreté et de l'espièglerie, de l'absurde et de l'anachronisme. Une chose ne varie pas en revanche : la présence systématique d'une figure comique destinée à divertir le public en dédramatisant des enjeux parfois tragiques.

TOP/FLOP DE L'HUMOUR DISNEY

FLOP 5

ZINI

Bavard, remuant et tête à claques à l'image de l'insupportable Jar Jar Binks dans *Star Wars*, le lémurien de *Dinosaure* est le principal repoussoir d'un film qui se voulait épique, et parvient même à aggraver son cas avec le doublage exaspérant et anachronique de Jamel Debbouze en VF.

TOK

Meilleure amie de Tarzan, cette femelle gorille qui croit tout savoir fait tâche à côté de l'amusant éléphant Tantor ou de l'espiègle père de Jane. Outre une présence totalement facultative, son humour est rendu encore plus laborieux avec le doublage d'une Muriel Robin bien trop identifiable.

GURKI

Même le très sérieux et inclassable *Taram et le Chaudron Magique* ne résiste pas à glisser un faire-valoir comique, sous les traits d'une boule de poils plus douée pour voler de la nourriture et se plaindre sans cesse, que pour susciter l'hilarité. Et le doublage de Roger Carel n'y change rien.

HERCULE

Certes, le film a ses amateurs (peu nombreux), mais son humour iconoclaste, essentiellement redevable au héros plus proche du bouffon que du respectable demi-dieu, au satyre Philoctète ou aux trois Moires, a de quoi crisper. L'un des personnages les plus agaçants de la galaxie Disney.

LA ROCAILLE, LA MURAILLE, LA VOLIÈRE

L'indissociable trio de gargouilles du *Bossu de Notre-Dame*, pure invention de Disney au regard du roman de Victor Hugo, arrache à grand-peine un sourire d'indulgence. Et dire qu'elles sont les seules à tenir compagnie à ce Quasimodo décidément bien mal loti.

TOP 5

DINGO

Longtemps dans l'ombre de Mickey, le gaffeur invétéré décroche sa série de courts métrages à l'orée des années 1940 où, s'essayant à une ribambelle de disciplines sportives et de loisir dans les « *How to…* », sa bonhomie, sa crédulité et sa maladresse font mouche à tous les coups.

ROGER RABBIT

Suite au succès planétaire de *Qui veut la peau de Roger Rabbit*, le digne héritier de l'esprit de Tex Avery s'illustre coup sur coup en baby-sitter de l'imprévisible Baby Herman dans *Bobo Bidon*, *Lapin Looping* et *Panique au Pique-nique*, trois courts métrages aussi cinglés que survoltés.

LE GÉNIE

Punchlines imparables, improvisations délirantes, imitations… La performance ahurissante de Robin Williams, véritable « coup de génie » d'*Aladdin* qui doit une grande partie de son succès à ce carburant comique éreintant, ne souffre d'aucune concurrence dans la filmographie du studio.

KUZCO

Aux antipodes de l'esprit boy-scout qui anime généralement les têtes d'affiche, cet anti-héros veule, ultra-narcissique et dénué d'empathie constitue l'un des personnages les plus excentriques de la galaxie Disney, pas loin parfois de se faire voler la vedette par le tout aussi baroque Kronk.

STITCH

Avec sa bouille à croquer, son regard implorant et ses mimiques irrésistibles, on lui donnerait le bon Dieu sans confession. C'est compter sans sa tendance à détruire tout ce qui l'entoure, prétexte à un joyeux capharnaüm dont les bras cassés Jumba et Pleakley font souvent les frais.

Aladdin

Fort du succès de *La Petite Sirène*, le duo de réalisateurs Musker/Clements revient avec ce qui représente une nouvelle étape pour les studios Disney, en mettant en scène le conte d'une culture peu habituelle pour le cinéma d'animation américain.

Alors que la production de *La Petite Sirène* bat son plein en 1988, l'auteur-compositeur Howard Ashman esquisse de son propre chef les prémices d'une histoire mettant en scène le Génie et sa lampe magique tirés d'un conte des *Mille et une nuits*, transposé à une époque moderne avec une identité plutôt jazzy et quelque peu maniérée, avec beaucoup de second degré. Ashman se fend d'un document de quarante pages et écrit six chansons avec Alan Menken, dont trois qui resteront dans la version finale, mais l'ensemble ne semble guère plaire au sein de Disney. Mis de côté le temps de la production de *La Petite Sirène*, le projet est accepté par John Musker et Ron Clements, refusant pour cela deux autres scénarios dont ce qui deviendra *Le Roi Lion*. Linda Woolverton, la scénariste de *La Belle et la Bête*, développe alors l'histoire d'Ashman pour ramener l'ensemble à une vision plus fidèle du matériau de base, réincorporant le personnage d'Aladdin et apportant une touche d'originalité en s'inspirant du film britannique *Le Voleur de Bagdad* de 1940. En avril 1991, un mois après le décès prématuré d'Howard Ashman, le story-board du film, proprement monté avec les dialogues déjà enregistrés, est présenté à Jeffrey Katzenberg, président des studios Disney. Ce dernier démonte le film, le considérant bourré d'erreurs et surtout d'avoir un personnage principal, Aladdin, totalement transparent et qui n'appelle en aucune façon l'empathie du public – un comble pour un film portant son nom ! Il demande une refonte totale du scénario, sans pour autant décaler la date de sortie du film, laissant à l'équipe à peine un an et demi pour finir les modifications. Des renforts viennent alors pour engager les transformations du scénario et notamment rendre Aladdin plus attractif, plus moderne, originellement sur le modèle du comédien Michael J. Fox, mais qui prend aussi un peu du côté de Tom Cruise, le tout sous la direction de Glen Keane. Trois mois décrits comme un cauchemar par les réalisateurs, pour arriver, enfin, à une version acceptée par Katzenberg. Durant la préproduction, la voix du Génie, personnage central hautement excentrique et souvent un brin anachronique, est confié à l'acteur Robin Williams. Dès le départ et malgré les doutes, l'acteur étant connu pour être souvent imprévisible, c'est en toute connaissance de cause que son apport est envisagé pour donner à *Aladdin* une formule tranchant radicalement avec le classicisme du film précédent, *La Belle et la Bête*. La production ne sera pas déçue. Dès la première séance d'enregistrement, Robin Williams ne suit aucunement le script soigneusement rédigé pour lui, et improvise sans discontinuer pendant des heures, débitant ses lignes de dialogues dans la peau du Génie de la lampe dans un déluge de voix hilarantes. Pour les deux réalisateurs, c'est du pain bénit : la performance de Williams est telle

ALADDIN
ALADDIN

Sortie originale : 25 novembre 1992
Sortie française : 24 novembre 1993
Réalisateurs : John Musker, Ron Clements
Compositeur : Alan Menken
Durée : 90 minutes

qu'elle porte très haut la création du film, et Jeffrey Katzenberg conclut que l'acteur n'est finalement pas seulement acteur du film, mais littéralement co-auteur. Une révolution après une autre, *Aladdin* devient, et de loin, le film le plus outrageusement original des studios Disney depuis *Alice au Pays des Merveilles* en 1951.

Comme tous les films produits dans les années 1990, *Aladdin* bénéficie de l'aide à l'animation qu'offre le système Computer Animation Production System, notamment indispensable pour l'animation du tapis volant, qui arbore des expressions complexes, mais aussi pour répondre à l'urgence dans laquelle la production se trouve fin 1991, n'ayant qu'un an pour réaliser le film. Le résultat est dans la lignée des films de son époque, mais un peu moins flamboyant que les deux longs métrages l'encadrant, *La Belle et la Bête* et *Le Roi Lion*. Loin d'être considéré pour autant comme un film mineur, *Aladdin* devient le film d'animation le plus rentable de l'histoire, avant d'être détrôné, d'un cheveu par *Le Roi Lion*. Malgré tout, le film n'échappe pas aux critiques, certains n'hésitant pas à stigmatiser la performance de Robin Williams ou le racisme ordinaire entourant le film. La chanson *Arabian Nights*, notamment, comporte à la sortie du film en salles des couplets très connotés sur la supposée violence de la culture arabe – la correction sera apportée pour la sortie vidéo. Plus globalement, il est noté qu'Aladdin et Jasmine disposent d'un anglais parfait et d'une peau plus blanche que les différents méchants du film qui, en plus d'être souvent idiots, sont effectivement plus foncés de peau. Ainsi, *Aladdin* est considéré comme le film le plus controversé de l'histoire de Disney quant aux questions d'ordre raciale. Néanmoins couvert de récompenses à travers le monde (*Le Roi Lion* ne fera guère mieux), il fait entrer le cinéma Disney dans une nouvelle ère en incorporant une thématique jusqu'ici assez peu développée, l'humour. Un humour évidemment central, tranchant, avec une pointe de burlesque qui n'est pas sans rappeler les premiers cartoons de l'époque de Walt Disney. À ce titre, *Aladdin* étonne lui aussi par sa merveilleuse capacité à synthétiser ce qui représentait, à l'époque, soixante-dix ans d'animation.

Kuzco, l'Empereur Mégalo

Réalisateur du méconnu et jubilatoire *Dany, le chat superstar* produit par Warner en 1997, Mark Dindal signe avec *Kuzco*, qui marque le retour de Disney en Amérique du Sud un demi-siècle après *Les Trois Caballeros*, une comédie déjantée qui suscite des remous en interne.

C'est peu dire que le quarantième classique des studios Disney revient de loin. Développé en 1994 sous le titre *Le Royaume du Soleil*, le projet confié au réalisateur Rogers Allers s'enlise progressivement. Auréolé du succès du *Roi Lion*, l'intéressé souhaite transposer le roman *Le Prince et Le Pauvre* de Mark Twain au pays des Incas. Des problèmes de scénario surgissent, mais la direction de Disney reste confiante dans la capacité du coréalisateur du *Roi Lion* à réitérer l'exploit du triomphe planétaire des années 1990. Las, les projections-test, désastreuses, imposent Mark Dindal à la coréalisation afin d'injecter du sang neuf dans un scénario aux airs de déjà-vu. Les deux artistes ne parvenant pas à concilier leurs points de vue - le premier désire insuffler une dimension épique, le second emprunter une voie comique - la situation dégénère : Roger Allers claque la porte, l'intrigue est revue de fond en comble, les six chansons composées par Sting partent à la poubelle (l'intéressé réécrit à la hâte deux titres pour ouvrir et clore le film) et Michael Eisner, qui soutient du bout des lèvres le projet, finit par le désavouer publiquement. La production calamiteuse du film fait d'ailleurs l'objet, en 2002, d'un documentaire à charge censuré par Disney, intitulé *The Sweatbox*. Il est vrai que le film dynamite méthodiquement les codes Disney : à des années-lumière du héros disneyen traditionnel, Kuzco est un monstre d'égoïsme dénué d'empathie à l'égard de son prochain ; Pacha, le paysan au grand cœur, est père de deux enfants, avec une épouse enceinte jusqu'au cou (alors que Disney veille à ne jamais sexuer ses personnages) ; raillée de toutes parts, la machiavélique Yzma ne cesse de jouer de malchance ; et son ridicule subalterne Kronk n'est qu'un enfant dans un corps d'adulte obnubilé par la réussite de ses petits plats. Sans jamais perdre le fil du récit, les auteurs du film prennent un plaisir manifeste à malmener le quatuor, qui manque de peu de finir au fond d'un ravin, de servir de repas à des crocodiles ou à des panthères noires, et autres gags dignes de Tex Avery. Rythmé de séquences totalement absurdes (par son sens du tempo et de l'outrance, celle du restaurant constitue un cas d'école), le film se paie même le luxe d'égratigner *Le Roi Lion* : comment ne pas établir un parallèle entre le plan de Scar, demandant aux hyènes d'éloigner Simba pour s'emparer du trône, et l'intention similaire d'Yzma, chargeant Kronk de se débarrasser de Kuzco ? Sans l'ombre d'un doute, *Kuzco* constitue le film le plus subversif et désopilant de la filmographie Disney.

KUZCO, L'EMPEREUR MÉGALO
THE EMPEROR'S NEW GROOVE

Sortie originale : 15 décembre 2000
Sortie française : 28 mars 2001
Réalisateur : Mark Dindal
Compositeur : John Debney
Durée : 78 minutes

La Ferme se Rebelle

Sans tambour ni trompette, Disney referme pudiquement, à l'été 2004, près de sept décennies vouées à l'animation traditionnelle, désormais supplantée par la 3D dans le cœur du public. Difficile de croire que la 2D puisse tirer sa révérence avec une œuvre aussi anecdotique.

Au début des années 2000, Disney prend acte du succès monstre des productions 3D signées DreamWorks (*Shrek*), Pixar (*Le Monde de Nemo*) et Blue Sky (*L'Âge de glace*), et estime que le public s'est définitivement lassé de la 2D à l'ancienne. Il faut dire que ses derniers longs métrages en animation traditionnelle, d'*Atlantide, l'Empire Perdu* à *La Planète au trésor*, ont été des fours retentissants, tout comme *La Route d'Eldorado* et *Sinbad : La Légende des sept mers* chez la concurrence. Faisant l'économie du droit d'inventaire qui aurait permis de mettre en évidence la responsabilité des scénarios et non de la technique, les studios Disney tirent donc un trait, sans amertume, sur près de soixante-dix ans d'expertise. Annoncé comme l'ultime film en 2D avant une inespérée résurrection en 2009, *La Ferme se Rebelle* a tout de la pilule au goût amer, tant par l'intrigue cousue de fil blanc (trois vaches laitières tentent de sauver leur ferme d'une vente aux enchères imminente), les personnages peu attachants, une bande originale insipide (en-dehors d'un yodel surréaliste) pourtant signée Alan Menken, que par son rythme décousu. L'animation ne démérite toutefois pas, et il faut saluer l'intention de revisiter sous un angle parodique le western, un genre jadis prisé et tombé en désuétude. Alors que le film, baptisé au départ *Sweating Bullets*, ambitionnait de raconter le parcours d'un veau aspirant à ressembler aux chevaux qui mènent son troupeau (sic), l'intrigue change de cap quand un scénariste décide de s'intéresser à l'épopée de trois vaches improvisées chasseuses de primes. En coulisses, rien ne va plus chez Disney : le patron Michael Eisner impose une ligne éditoriale contestée jusque dans les rangs de l'entreprise, qui aboutit fin 2003 à la démission fracassante de Roy E. Disney, neveu de Walt, qui tente dans la foulée de mobiliser les employés pour démettre le président de ses fonctions. En vain. Le dernier film en 2D est donc le cadet des soucis pour les studios Disney, qui ont déjà les yeux rivés vers l'avenir. Exploité dans des conditions exécrables (fenêtre de sortie confidentielle aux États-Unis, doublée d'une classification « *accord parental souhaitable* » en raison d'une suicidaire réplique salée dans la bande-annonce), le film, qui suscite une indifférence polie, mérite une bienveillante indulgence eu égard aux conditions de production chaotiques, ainsi qu'aux traits d'humour gentiment absurdes qui émaillent un vaudeville dans l'esprit de Tex Avery. *La Princesse et la Grenouille* fera finalement mentir ce chant du cygne cinq ans plus tard.

LA FERME SE REBELLE
HOME ON THE RANGE

Sortie originale : 2 avril 2004
Sortie française : 28 juillet 2004
Réalisateurs : Will Finn, John Sanford
Compositeur : Alan Menken
Durée : 76 minutes

Hercule

Dans la lignée d'*Aladdin*, *Hercule* est le deuxième film jouant à fond la carte de l'humour et des anachronismes savoureux. Il représente aussi, pour les deux réalisateurs phares John Musker et Ron Clements, un passage obligé avant *La Planète au trésor*.

Hercule met en scène le célèbre héros grec dans une adaptation plutôt libre des récits mythologiques où le dieu des Enfers, Hadès, fomente un plan contre Zeus et les divinités de l'Olympe, mais doit d'abord se débarrasser du dernier rejeton de la famille, qui est une menace pour ses plans. En décidant de le rendre mortel, Hadès fait boire du poison à Hercule, mais ce dernier n'avale pas tout, et ne devient par conséquent qu'un demi-dieu qui retombe sur Terre, où il est élevé par un couple de fermiers. Assumant à fond la carte du « super-héros », le scénario du nouveau film des studios Disney peut presque être considéré comme une adaptation hasardeuse de Superman, tant les similitudes avec le synopsis sont légion. Pour parfaire le tout, et si la question s'est posée un temps quant à la teneur de la narration, il s'agit ici d'une vraie comédie, ne rendant que plus flou le lien avec le matériau de base, extrêmement dense et complexe, que représentent les mythes anciens. Sous la direction de Barry Johnson (un des auteurs du *Roi Lion*), une équipe de scénaristes travaille dès 1992 sur les aventures d'*Hercule* avec un traitement très moderne selon le souhait du directeur des studios, Jeffrey Katzenberg, qui propose également pas mal d'idées pour inscrire le film dans une certaine forme d'originalité anachronique. Ainsi, si le film ne manque pas d'afficher un goût étrange pour le placement de produit non dissimulé (lorsque même les méchants, au grand désarroi d'Hadès, portent des sandales à l'effigie du héros), il permet aussi quelques fantaisies comme la chanson gospel à l'ouverture. Pourtant les deux réalisateurs ne devaient au départ pas travailler sur le film. Après *La Petite Sirène*, ils entretenaient l'espoir d'adapter *L'Île au trésor*, projet auquel Katzenberg ne croit pas une seconde. Ce dernier conclut malgré tout un deal avec les deux hommes, qui acceptent la réalisation d'*Hercule*. Avec près de 700 animateurs et deux ans de travail sur la production, *Hercule* devient une entreprise titanesque, avec un budget quasi-record (bien que moins élevé que celui de son aîné sorti un an plus tôt, *Le Bossu de Notre-Dame*). Le score relativement faible au box-office est une douche froide, amenant la direction de Disney à accuser la concurrence de cette année-là, *Men in Black* et *Batman et Robin*, mais la presse est unanime et valide cet élan de modernité dont fait preuve Disney au milieu des années 1990.

HERCULE
HERCULE
Sortie originale : 27 juin 1997
Sortie française : 26 novembre 1997
Réalisateurs : John Musker, Ron Clements
Compositeur : Alan Menken
Durée : 93 minutes

Lilo & Stitch

Déambulant dans les parcs d'attractions à la rencontre d'enfants émerveillés et de parents nostalgiques, Mickey, Minnie, Donald ou Dingo appartiennent au cercle fermé des mascottes intemporelles, auxquelles il convient d'ajouter le très charismatique trublion Stitch.

Par quelque bout qu'on le prenne, *Lilo & Stitch* est une réussite éclatante. Refusée par les éditeurs de littérature jeunesse, l'histoire imaginée dans les années 1980 par Chris Sanders est acceptée par Thomas Schumacher, président du département animation, au sortir d'une série de flops retentissants que furent *Fantasia 2000*, *Dinosaure* et *Atlantide, l'Empire Perdu*. Dès lors incité à réduire la voilure, le studio se concentre sur des projets plus modestes. Le récit d'une créature extra-terrestre *persona non grata* où qu'elle aille tombe donc à point-nommé. Alors que Sanders envisage de catapulter le personnage parmi les animaux, la direction lui conseille d'opter pour les humains : le réalisateur, qui se retrouve aux manettes de son premier long métrage en duo avec Dean DeBlois (la production étant confiée au studio de Floride, jusque-là responsable du seul *Mulan*), décide donc qu'une jeune hawaïenne va recueillir l'imprévisible créature venue de l'espace. À l'image de celle-ci, le film a des allures de sale gosse qui n'en fait qu'à sa tête : abandonnée depuis un demi-siècle, l'aquarelle, imposée par le réalisateur dès les travaux préparatoires, fait son grand retour avec des décors au charme fou (la gouache et la peinture à l'huile s'étaient depuis longtemps imposées) ; inédit dans un classique Disney, le cadre de l'île d'Hawaï sonne pourtant comme une évidence tant il insuffle un vent de fraîcheur et d'exotisme au récit, tout comme la bande originale portée par les tubes d'Elvis Presley ; quant au personnage principal, sa propension à semer le chaos sans se préoccuper des conséquences en font l'anti-héros par excellence, quand bien même son timbre nasillard et ses mimiques irrésistibles le propulsent instantanément au rang de mascotte disneyenne parmi les plus attachantes jamais imaginées. Bijou d'humour et d'inventivité, le film laisse aussi transparaître en filigrane des enjeux foncièrement réalistes puisque la fillette orpheline qui s'entiche de Stitch court le risque d'être séparée de sa sœur. Précarité, parents absents : un discours sur la brutalité du monde contemporain qui nous éloigne des contes de fées idylliques, prouvant la faculté de Disney à se renouveler pour être en phase avec la société. Mais si le film est plébiscité par le public et la critique, John Lasseter, fraîchement élu aux commandes du département animation, fait connaître son aversion pour un film trop éloigné des codes du studio. Évincé de son nouveau projet intitulé *American Dog* (qui deviendra *Volt*), Chris Sanders claque la porte en 2007 avec Dean DeBlois pour rejoindre DreamWorks où ils réalisent l'éblouissant *Dragons*.

LILO & STITCH
LILO & STITCH

Sortie originale : 21 juin 2002
Sortie française : 22 juin 2002
Réalisateurs : Dean DeBlois, Chris Sanders
Compositeur : Alan Silvestri
Durée : 85 minutes

Volt, star malgré lui

La période moderne de Disney bat son plein quand Chris Sanders, réalisateur de *Lilo & Stitch*, esquisse un projet mettant en scène un chien, ce qui n'était pas arrivé depuis *Oliver & Compagnie*. Mais les temps ont changé, et le ton également.

Intitulé *American Dog* lors des premières esquisses, le nouveau film des studios Disney est au début porté par Chris Sanders, scénariste sur *La Belle et la Bête*, *Aladdin* ou encore *Mulan*, mais surtout auteur et réalisateur de *Lilo & Stitch*, succès de l'année 2002. Avec ces thèmes extrêmement modernes et son manque flagrant d'ambition d'intellectuel, ce qui deviendra *Volt, star malgré lui* n'est, à première vue, qu'une réponse de Disney à DreamWorks qui, depuis dix ans, commence à grignoter de sérieuses parts de marché. L'arrivée des cadres de Pixar dans le groupe Disney remettent cependant certaines choses en place, et Chris Sanders est prié par John Lasseter de revoir sa copie. Probablement en froid avec la nouvelle direction, notamment depuis le départ du directeur des studios Jeffrey Katzenberg, parti créer DreamWorks avec Steven Spielberg au milieu des années 1990, Sanders claque la porte en 2007 et verrouille ses droits sur *American Dog*. Qu'à cela ne tienne, la direction confie la réalisation aux animateurs Byron Howard et Chris Williams, change le nom du film et maintient la sortie pour l'année 2009, laissant seulement un an et demi à la production, pour un film entièrement en 3D. Avec un confortable budget de 150 millions de dollars, ce qui devient un standard quasi-stable pour les films des studios Disney, *Volt, star malgré lui* inscrit alors une nouvelle formule dans l'imagerie Disney, bien plus grand public et sans véritable prise de risque. Bien qu'aimé du grand public et doublant sa mise au box-office mondial, le film ne comprend pourtant aucune grande séquence d'émotion, avec un scénario téléphoné où le protagoniste principal passe de son statut de star du petit écran à véritable héros. Non sans rappeler *Cars* dans sa structure narrative, le film est toutefois une véritable

réussite graphique, confirmant la porosité entre Disney et Pixar, ce dernier étant alors historiquement le véritable concurrent de DreamWorks sur le terrain de l'animation 3D. Chez Disney, les deux réalisateurs ont après *Volt* une belle carrière. Chris Williams sera auteur sur *La Reine des Neiges* et co-réalisateur des *Nouveaux Héros*. Byron Howard, quant à lui, sera co-réalisateur de *Raiponce* et *Zootopie*. Une nouvelle génération de films d'auteur qui confirme, avec *Volt, star malgré lui*, la troisième grande époque des studios Disney.

VOLT, STAR MALGRÉ LUI
BOLT

Sortie originale : 21 novembre 2008
Sortie française : 4 février 2009
Réalisateurs : Byron Howard, Chris Williams
Compositeur : John Powell
Durée : 96 minutes

Chicken Little

Après plusieurs départs et retours chez Disney, le réalisateur Mark Dindal revient définitivement pour réaliser *Kuzco, l'Empereur Mégalo* en 2000, et se voit confier un nouveau projet tiré d'une fable populaire pour inaugurer le système Disney Digital 3-D.

Mark Dindal est un animateur à la carrière assez singulière. Il entre chez Disney en 1980 et commence sur *Rox et Rouky*, pour enchaîner sur plusieurs courts métrages (dont le célèbre *Noël de Mickey* en 1983) et quelques longs métrages, mais il quitte la société furtivement au milieu des années 1980 pour aider sur des petites séries d'animation. De retour, il finit par endosser le rôle de responsable des effets spéciaux sur des titres tels que *La Petite Sirène* et *Bernard et Bianca au Pays des Kangourous*. En quittant une seconde fois Disney, il réalise chez Warner *Dany, le chat superstar* en 1997, son premier rôle d'envergure, qui est un échec retentissant. Il est alors appelé la même année pour co-réaliser *Kuzco* qui, s'il n'est pas un succès spectaculaire, amène l'animateur à reprendre un rôle de direction pour *Chicken Little*, librement adapté d'un conte populaire anglosaxon. Si librement que Chicken Little devient un héros et s'éloigne des préceptes du personnage original, mêlant les notions de peur et de courage, craignant que le ciel ne tombe mais prenant tous les risques pour avertir les siens. L'arrivée de David Stainton à la direction des studios en 2003 change la donne, lorsqu'il demande à Dindal de changer l'histoire pour la rendre plus proche de la morale originale. Le réalisateur s'exécute et, modernité oblige, *Chicken Little* se voit lutter contre des extraterrestres, supposés symboliser la très métaphorique crainte du ciel tombant sur la tête.

Cette période est aussi celle qui voit Disney lancer de manière exclusive les films 3D, après le précédent film, *La Ferme se Rebelle*, dernier long métrage en 2D (malgré l'exception que sera

La Princesse et la Grenouille en 2009). Ainsi, des centaines de salariés travaillant sur l'animation traditionnelle prennent part à une large formation visant à les rendre entièrement autonomes sur des logiciels tel que Maya. Cette période est fondatrice du nouveau style Disney, mais Dindal n'oublie cependant pas de travailler tous les designs selon les grands classiques de l'animation Disney, tels que les courts métrages mettant en scène Dingo. Malgré un très confortable score au box-office, *Chicken Little* reste un film anecdotique, apparemment plus travaillé sur la forme que sur le fond, mais qui permet à Disney de rattraper son retard face à DreamWorks et surtout Pixar, encore concurrent à cette époque.

CHICKEN LITTLE
CHICKEN LITTLE

Sortie originale : 4 novembre 2005
Sortie française : 7 décembre 2005
Réalisateur : Mark Dindal
Compositeur : John Debney
Durée : 81 minutes

7

La modernité

P. 117
RETOUR VERS LE FUTUR

P. 120
LES MONDES DE RALPH

P. 122
BIENVENUE CHEZ LES ROBINSON

P. 123
LES NOUVEAUX HÉROS

RETOUR VERS LE FUTUR

ON PEUT APPELER CELA UN PARADOXE. SI LES FILMS D'ANIMATION DISNEY ONT TOUJOURS EU UN COUP D'AVANCE SUR LE PLAN TECHNIQUE, IL EN VA AUTREMENT DU POINT DE VUE DES MŒURS, MALGRÉ LE VIRAGE AMORCÉ EN DOUCEUR AU TOURNANT DES ANNÉES 1990. MAIS LA DÉMARCHE EST-ELLE RÉELLEMENT SINCÈRE ?

Parmi les qualificatifs prêtés à Walt Disney, un terme revient plus souvent que les autres : visionnaire. Si ses productions ont souvent été le théâtre d'innovations décisives dans l'histoire de l'animation (voir les dix dates-clés en page suivante), on ne peut en dire autant des schémas narratifs d'un classicisme absolu et des valeurs traditionnelles véhiculées que d'aucuns jugent archaïques voire rétrogrades. Structurants pour la société et l'individu, les stéréotypes peuvent toutefois s'avérer réducteurs voire erronés, les figures féminines comme masculines des films Disney étant longtemps restées figées dans un modèle patriarcal. Réduites aux tâches domestiques, obéissant aux critères de beauté de leur époque, Blanche-Neige, Cendrillon ou Aurore sont ainsi candides, effacées et rêvent en secret du prince charmant qui saura donner un sens à leur existence. Conte de fées oblige, le dénouement ne varie guère car une fois l'âme sœur rencontrée, tous deux « vivront heureux et auront beaucoup d'enfants ». Comment penser l'épanouissement féminin autrement que par le mariage et la maternité ? De leur côté, les personnages masculins, musclés, braves et fortunés, s'imposent comme des modèles de virilité. De quoi filer des complexes. Difficile d'en vouloir à Walt Disney, pur produit de son époque. Il faut attendre les années 1990, la vague féministe des années 1960 étant depuis longtemps passée par là, pour qu'émergent enfin des rôles féminins plus affirmés : émancipée de la figure paternelle à l'image d'Ariel dans *La Petite Sirène*, fière comme Pocahontas ou capable d'endosser un destin d'homme telle Mulan, la femme s'affranchit enfin du rôle de faire-valoir auquel elle avait jusque-là été cantonnée. De la même manière, il faut attendre la fin du siècle dernier pour voir apparaître des mâles plus vulnérables, à l'image de Flynn dans *Raiponce* ou de l'anti-héros Kuzco, dont l'arrogance et la désinvolture masquent un manque de confiance en soi. Cette complexification des personnages reste néanmoins à nuancer si l'on en juge par la représentation perpétuellement caricaturale des méchants. Ainsi, des traits typiquement masculins dans l'imaginaire collectif sont prêtés à la méchante disneyenne, invariablement repoussante souvent en lien avec la menace qu'elle constitue pour l'autorité masculine, à l'image de la reine aigrie d'*Alice aux pays des merveilles* qui vocifère en émasculant symboliquement son époux, de l'hystérique Cruella des *101 Dalmatiens* qui fume et représente un

Kuzco, l'Empereur Mégalo © 2000 Disney

La princesse et la Grenouille © 2009 Disney

danger public au volant de sa voiture, ou de l'obèse Ursula de *La Petite Sirène*. A contrario, le méchant disneyen, en puisant dans l'imaginaire des traits féminins, porte atteinte à la représentation traditionnelle de l'homme viril. Que dire ainsi du souffreteux Scar du *Roi Lion*, du maniéré Jafar d'*Aladdin* ou du coquet Docteur Facilier de *La Princesse et la Grenouille*, tous longilignes ? Malgré l'évolution des mentalités, les préjugés ont encore la dent dure dans l'animation disneyenne. Soucieux de ne pas brusquer un public familial, Disney est en effet frileux à l'idée de bouleverser des codes établis depuis sa création. C'est particulièrement flagrant en ce qui concerne la représentation des diversités ethnique et sexuelle. Ce n'est qu'en 2009 qu'apparaît la première princesse afro-américaine (Tiana, dans *La Princesse et la Grenouille*), et en 2017 qu'un personnage fait ouvertement état de son homosexualité (un adolescent, dans la série télévisée *Andi*). Une évolution que d'aucuns jugent bienvenue quoique tardive, mais qui interroge sur la sincérité d'une initiative qui pourrait simplement chercher à faire taire les critiques adressées à l'endroit de son conservatisme.

Depuis le début des années 2000, Disney fournit cependant des efforts considérables pour « vivre avec son temps », après être descendu de son piédestal à la faveur d'une concurrence nommée DreamWorks ou Blue Sky. Longtemps, les productions Disney sont restées figées dans un passé largement fantasmé, ou dans des univers ouatés sur lesquels la marche du monde n'avait aucune emprise. Progressivement, par petites touches, la modernité s'est invitée dans les films, à l'image du poste de télévision dans *Les 101 Dalmatiens* ou de la musique jazzy dans *Le Livre de la Jungle*. En 1988, le vent de modernité insufflé à *Oliver & Compagnie* sonne faux : en situant l'histoire dans le New York des années 1980, le film surjoue l'aspect branché en surfant sur les tendances du moment (bandana et lunettes de soleil du frimeur Roublard), rendant le film obsolète dès sa sortie. Ce n'est qu'au tournant du nouveau millénaire, grâce aux contributions musicales de Phil Collins (*Frère des Ours*) ou Shakira (*Zootopie*), à l'humour vif et décapant (*Kuzco, l'Empereur Mégalo*, *Lilo & Stitch*), à l'incursion dans des registres jusque-là délaissés (l'aventure mâtinée de science-fiction avec *La Planète au trésor*, le polar avec *Zootopie*), et surtout au traitement de thématiques contemporaines (la monoparentalité dans *Lilo & Stitch*, les discriminations dans *Zootopie*), que Disney parvient à compenser des années d'immobilisme qui l'avaient déconnecté des préoccupations du public. Le succès de films s'aventurant sur le terrain de l'anticipation ou des univers virtuels, à l'image des *Mondes de Ralph* et des *Nouveaux Héros*, participent de cette volonté d'être davantage en phase avec l'époque, d'autant que les dernières avancées technologiques permettent de concevoir des villes aux architectures futuristes, et d'entraîner les héros dans des scènes d'action ébouriffantes. S'il reste encore du chemin à accomplir pour obtenir une égalité de traitement entre les sexes (ainsi, les hommes affrontent mille périls parce que ce serait dans leur nature, tandis que les héroïnes de *Pocahontas* ou *La Reine des Neiges* le font à contrecœur, dans un réflexe de survie), les studios Disney ont heureusement su prendre le virage des années 2000 pour renouveler leur propos et s'éloigner du modèle sexiste qui a longtemps prévalu. Une bonne nouvelle, quand on sait que leurs films d'animation constituent encore des références pour des millions d'enfants.

LES INNOVATIONS TECHNIQUES EN DIX DATES-CLÉS

1928 - Son synchrone

Le troisième court métrage de la série *Mickey Mouse*, *Steamboat Willie*, qui marque la naissance officielle de l'emblématique mascotte, est considéré (à tort) comme le tout premier dessin animé à synchroniser le son et l'image.

1932 - Technicolor

Des Arbres et des fleurs, vingt-neuvième court métrage de la série *Silly Symphonies* et lauréat de l'Oscar du meilleur court métrage d'animation, est le premier dessin animé réalisé en couleurs grâce au procédé Technicolor.

1933 - La caméra multiplane

Inauguré sur le court métrage *Le Vieux Moulin* (1937), le système de la caméra multiplane permet de donner un effet de profondeur. Dans le même esprit, le procédé Deep Canvas créé en 1999 pour le film *Tarzan* permet de faire évoluer des personnages dessinés en 2D dans un cadre créé en 3D.

1937 - Premier long métrage d'animation

Révolution sans précédent et pari risqué, *Blanche-Neige et les sept nains* est considéré comme le premier long métrage d'animation de l'histoire du cinéma.

1940 - Fantasound

Fantasia est le premier film sorti avec plusieurs pistes sonores grâce au système stéréophonique Fantasound à l'expérience sonore immersive.

1955 - CinemaScope

La Belle et le Clochard est le premier film d'animation à recourir au format d'image CinemaScope, utilisé la première fois au cinéma deux ans plus tôt.

1961 - Xérographie

Les 101 Dalmatiens est le premier film d'animation à utiliser la technique de la xérographie, seule technique capable d'animer les très nombreux chiens.

1964 - Animatronique

Le premier animatronique de l'histoire du cinéma n'est autre que le rouge-gorge posé sur la main de Julie Andrews dans *Mary Poppins*, par ailleurs premier long métrage mêlant prises de vue réelles et scènes d'animation.

1982 - Animation 3D

Tron est le premier film à utiliser des images conçues par ordinateur, non pour une poignée d'effets spéciaux mais pour créer un univers entier.

1990 - CAPS

Utilisé la première fois dans *Bernard et Bianca au Pays des Kangourous*, le Computer Animation Production System, développé par Disney et Pixar à la fin des années 1980, permet d'encrer et de peindre des scènes d'animation numérisées par caméra numérique.

Les Mondes de Ralph

L'élan de modernité n'arrête plus les studios Disney au début des années 2010 et le nouveau long métrage, pourtant imaginé depuis longtemps, dévoile pour héros un personnage de jeu vidéo, tout en évitant les clichés habituels.

Fraîchement arrivé chez Disney, John Lasseter planche sur les nouvelles idées supposées révolutionner la société, notamment par le biais des studios Pixar, mais aussi en développant de nombreux projets pour les studios historiques du groupe dont il occupe désormais le rôle de directeur artistique et producteur exécutif. En 2008, il propose à son ami Rich Moore, connu pour avoir dirigé et produit des épisodes des *Simpson* et *Futurama*, de réaliser un long métrage chez Disney, avec pour sujet le jeu vidéo. En réalité, l'idée existe dans l'entreprise depuis une vingtaine d'années, intitulée *High Score* et plus tard *Joe Jump*, mais est sans cesse déboutée par la direction, prétextant ne pas croire au personnage, encore trop mal défini – le jeu vidéo d'alors est aussi un facteur d'exclusion culturel, et ne permet sans doute pas d'en tirer un bon film d'animation. Devenu entre-temps une culture à part entière, le jeu vidéo prend dans ce projet une tournure intéressante. Si le réalisateur Rich Moore exprime au début des doutes quant à la pertinence du propos, l'idée devient plus précise et il imagine que le héros pourrait être en réalité le méchant d'un jeu vidéo voulant prouver qu'en réalité, il est une bonne personne. L'ensemble se déroulerait dans un univers peuplé de personnages de jeu vidéo, bien vivants et ne faisant que « leur job », exactement à l'image des toons dans *Qui veut la peau de Roger Rabbit* en 1988 ou *Monstres et Cie* en 2001. Ralph est né, et avec lui un univers à la fois cohérent et original. Afin de donner plus de crédibilité à cet univers, il est décidé d'inclure des personnages existants même si le réalisateur refuse dès le départ de les prendre comme éléments précis du scénario. Docteur Eggman de *Sonic the Hedgehog*, Zangief de *Street Fighter*, Bowser de *Super Mario Bros.* ou encore Pac-Man et Paperboy sont autant de caméos rendant presque légitimes l'exploration des mondes vidéoludiques par Ralph, qui n'est ni plus ni moins qu'une variation du terrible Donkey Kong envoyant des tonneaux sur Mario. Ce

LES MONDES DE RALPH
WRECK-IT RALPH
Sortie originale : 2 novembre 2012
Sortie française : 5 décembre 2012
Réalisateur : Rich Moore
Compositeur : Henry Jackman
Durée : 101 minutes

dernier est d'ailleurs validé par Nintendo lors des demandes d'autorisation, mais craignant de voir le plombier italien déséquilibrer le film par sa présence, il n'est au final pas retenu. Cette utilisation des caméos et le respect accordé à l'univers du jeu vidéo permettent aux *Mondes de Ralph* de se placer confortablement dans le cœur du public le plus redouté, celui des joueurs, et fait écho aux méthodes d'assimilation de l'univers du monde de l'enfance dans *Toy Story*.

Techniquement, le film est également une très grande avancée pour Disney qui rattrape un certain retard vis-à-vis de la concurrence, et qui apporte son lot de nouvelles technologies. La « Camera Capture », notamment, permet d'induire dans la réalisation les véritables sensations de la prise de vues réelles en plongeant le caméraman dans un univers 3D implémenté en temps réel dans le système d'animation numérique Maya. Dans une salle truffée de capteurs, la caméra physique peut donc se balader et ses mouvements être directement pris en compte dans les décors du film sous l'environnement 3D. Ces techniques novatrices ne sont pas sans rappeler que Disney, depuis *Blanche-Neige* et même avant, intégrait déjà les technologies nouvelles dans ses productions, de la caméra multiplane à la rotoscopie améliorée, en passant par le système CAPS. Ainsi, *Les Mondes de Ralph* s'en sort plus qu'honorablement : absolument magnifique de bout en bout, aussi bien novateur sur la forme que sur le fond, il est presque un OVNI dans la production de la firme californienne, marquant encore davantage la porosité avec les productions des studios Pixar, tant et si bien que des rumeurs voudraient qu'il s'agisse au départ d'un film plutôt destiné à la société d'origine de John Lasseter, vecteur d'originalité, voire d'expérimentation, depuis vingt ans.

C'est avec des arguments très solides que le film sort en salles. Disney est salué pour sa modernité affichée auprès du faiseur de miracle John Lasseter, et la rentabilité des *Mondes de Ralph* se positionne dans la fourchette haute des films d'animation Disney. Rich Moore, après ce coup d'éclat aussi bien thématique que technique, est ensuite amené à écrire et réaliser *Zootopie*, avant d'être annoncé sur la suite tant attendue des aventures de Ralph, en gestation peu de temps avant la sortie du premier. Cette suite, intitulé *Ralph Breaks the Internet: Wreck-It Ralph 2* (*Ralph casse Internet : Les Mondes de Ralph 2*), met en scène Ralph avec l'un des personnages les plus populaires du film, Vanellope von Schweetz du jeu fictif *Sugar Rush*. Rich Moore affirme alors vouloir développer l'idée de faire passer Ralph dans le jeu en ligne, alors que les bornes d'arcade se voit connectées au réseau. Avec la promesse, cette fois, d'inclure Mario dans le line-up des caméos, voire plus si affinités, la suite des *Mondes de Ralph* permettra peut-être de voir le jeu vidéo plus généreusement traité au cinéma de manière générale, avec de vrais scénarios originaux tout en évitant les clichés. Encore une fois, les studios Disney prouvent leur position de pionniers même si l'ombre de Pixar n'est jamais loin…

Bienvenue chez les Robinson

Le passage à vide des années 2000 avant le rachat de Pixar culmine à l'arrivée de John Lasseter à la direction artistique, qui ne parvient pas à sauver du naufrage *Bienvenue chez les Robinson*. Bien que pavé de bonnes intentions, le film peine à convaincre.

Contrairement à ce que son nom pourrait faire croire, le nouveau film des studios Disney n'est en rien l'adaptation de *Robinson Crusoé* de Daniel Defoe, mais de *A Day with Wilbur Robinson*, un album de William Joyce mettant en scène un jeune garçon qui découvre la famille et la maison très étranges de son camarade, Wilbur Robinson. Mais la comparaison s'arrête là, puisque le film reprend surtout les personnages de l'histoire originale tout en inventant une toute nouvelle trame qui va jusqu'à imaginer des voyages dans le temps. Le scénariste Stephen J. Anderson, déjà actif sur *Kuzco, l'Empereur Mégalo* et *Frère des Ours*, développe alors l'histoire et finit par être nommé réalisateur. L'arrivée de John Lasseter ne laisse cependant plus de place au doute : Disney doit évoluer et rattraper son retard. Lors de sa première projection, mêlant story-board et ébauches de réalisations 3D, *Bienvenue chez les Robinson* ne convainc pas le nouveau directeur artistique du groupe. Il manque, notamment, d'un méchant digne de ce nom, permettant de faire basculer le film dans une dimension supplémentaire et apporter des enjeux qui manquent alors cruellement. Dix mois plus tard, le film est de nouveau présenté, avec plus de 60% de modification et attribuant au méchant un *sidekick* qui donne subitement plus de force à la narration. Malheureusement, malgré le précieux apport de John Lasseter, le film n'échappe pas à ses faiblesses d'origine, malgré une production supervisée par la vétéran Dorothy McKim (*La Belle et la Bête, Le Roi Lion, Hercule, Fantasia 2000…*). Avec une histoire se déroulant péniblement et des personnages semblant à peine esquissés, *Bienvenue chez les Robinson* souffre du même syndrome que

Chicken Little ou *Volt, star malgré lui*, qui brillent par un manque de personnalité et une volonté à peine voilée de produire vite des titres pouvant concurrencer DreamWorks. Il faudra attendre la purge initiée par Lasseter avec l'antinomique *La Princesse et la Grenouille* pour voir Disney reprendre sa place légitime de leader du marché. Le film de Steve Anderson peut alors être perçu comme un sacrifice nécessaire à la reconstruction des studios, et échoue logiquement au box-office, au même titre que *La Planète au trésor* en 2002 et *La Ferme se Rebelle* en 2004, pour des raisons différentes, mais toujours sur le thème de la difficile question de l'identité de l'animation Disney.

BIENVENUE CHEZ LES ROBINSON
MEET THE ROBINSONS

Sortie originale : 30 mars 2007
Sortie française : 17 octobre 2007
Réalisateur : Steve Anderson
Compositeur : Danny Elfman
Durée : 95 minutes

Les Nouveaux Héros

Le rachat de Marvel Entertainment par la Walt Disney Company en 2009 amène la mise en chantier d'un premier film transversal entre les deux entités. Et c'est un récit finalement assez peu connu qui est choisi par John Lasseter, datant de seulement 1998.

Le PDG de Walt Disney Company, Bob Iger, grand architecte de l'expansion de la société depuis 2005, fait avec l'acquisition de Marvel Entertainment un coup d'éclat bien plus retentissant qu'avec Pixar quelques années plus tôt. Celui qui engloutira plus tard Lucas Films et 20th Century Fox demande alors à ses équipes la mise en chantier d'un film *crossover* entre les univers de Disney et Marvel, sous la supervision de John Lasseter. L'histoire moderne de Disney, à partir de cet instant, prend une direction inédite. Mais s'il était légitimement attendu qu'un ou plusieurs grands super-héros du catalogue de Marvel soit adapté en film d'animation Disney, soulevant par ailleurs la crainte des fans, Iger précise qu'il peut tout à fait s'agir d'un récit moins connu qui permettra aux équipes de faire jouer leur imagination sans décevoir ni les fans de Disney, ni ceux de Marvel. L'appel est entendu par Don Hall qui, enthousiaste à l'idée de pouvoir travailler sur ce catalogue, entreprend dès 2010 des recherches le conduisant à proposer à John Lasseter plusieurs idées. Il s'arrête notamment sur *Big Hero 6*, intrigué par le titre de cette licence qu'il ne connaît même pas, situé au Japon et ayant pour héros des têtes inconnues du grand public. À l'image des Avengers, *Big Hero 6* est une équipe de super-héros évoluant au Japon dans une ville fictive mais ayant la particularité de s'inscrire dans un univers sans aucun lien avec les autres têtes d'affiche de Marvel. Le projet est vite validé et mis en chanter, mais afin de garder l'esprit libre de toute contrainte, les scénaristes ne lisent même pas l'œuvre d'origine. Assez peu fidèle au final, *Les Nouveaux Héros* propose un univers (presque) original qui se déroule dans la ville fictive de San-Fransokyo avec son héros Hiro Hamada, petit génie de la robotique, et mêlant donc la culture américaine à la culture japonaise. Signe de la mondialisation vue par Disney, les thèmes du film, comme la relation entre le héros et son robot, sont profondément ancrés dans l'historique de la firme californienne. Le film reste suffisamment rythmé et dans l'air du temps pour gagner les faveurs du public et de la critique. Grand vainqueur des 87e cérémonie des Oscars où il repart avec le prix du meilleur film d'animation, *Les Nouveaux Héros* est indéniablement une grande avancée dans l'identité de Disney, mais aussi une réussite artistique.

LES NOUVEAUX HÉROS
BIG HERO 6

Sortie originale : 7 novembre 2014
Sortie française : 11 février 2015
Réalisateurs : Don Hall, Chris Williams
Compositeur : Henry Jackman
Durée : 102 minutes

AU-DELÀ DES CLASSIQUES

• P. 126 •
La revanche des suites

• P. 130 •
Les films hybrides et stop-motion

• P. 144 •
Les séries TV

La revanche des suites

P. 127

QUAND Y'EN A PLUS, Y'EN A ENCORE

QUAND Y'EN A PLUS, Y'EN A ENCORE

IL FAUT AUSSI PARLER DES CHOSES QUI FÂCHENT. CAPITALISANT SUR UN VIVIER DE PERSONNAGES POPULAIRES APPRÉCIÉS DE GÉNÉRATIONS SUCCESSIVES, LES STUDIOS DISNEY ONT MIS EN CHANTIER DANS LES ANNÉES 1990 UNE FOULE DE SUITES, DANS L'OBJECTIF DE FAIRE FRUCTIFIER LEUR CATALOGUE. SOUVENT NAVRANT, LE RÉSULTAT A DÉROUTÉ JUSQU'AUX FANS INCONDITIONNELS.

L'intérêt d'initier une ou plusieurs suites aux œuvres qui rencontrent le succès est évident : le spectateur prend plaisir à retrouver des personnages déjà familiers et évolue en terrain connu, tandis que les scénaristes peuvent entrer directement dans le vif du sujet en se concentrant sur l'intrigue, sans s'embarrasser de poser les bases d'un nouvel univers. Walt Disney lui-même, en homme d'affaires avisé, a très tôt saisi le potentiel d'une telle stratégie. Si la série des *Silly Symphonies* produite en 1929 et 1939 s'apparente avant tout à un laboratoire, le succès de plusieurs courts métrages entraîne la création de suites qui remportent à leur tour un franc succès. Ainsi, *L'Atelier du Père Noël* réalisé en 1932 est suivi, un an plus tard, de *L'Arbre de Noël* du même Wilfred Jackson. La même année, l'immense succès public des *Trois Petits Cochons* motive rien moins que la production de trois suites respectivement sorties en 1934, 1936 et 1939, intitulées *Le Grand Méchant Loup*, *Les Trois Petits Loups* et *Le Cochon Pratique*, dans lesquelles le fameux loup ne parvient heureusement jamais à ses fins. Enfin, *Le Lièvre et la Tortue* et *Les Trois Chatons Orphelins*, deux films de 1935, trouvent l'un et l'autre un prolongement direct l'année suivante à travers *Le Retour de Toby la Tortue* et *Toujours Plus de Chats*. À noter que les mêmes auteurs se retrouvent aux manettes des suites de ces productions. En revanche, le format long métrage doit patienter bien davantage avant d'accéder à son tour à un traitement similaire. En-dehors des *Trois Caballeros*, suite officieuse de *Saludos Amigos* sorti deux ans plus tôt (malgré un cadre latino-américain et des protagonistes semblables, il s'agit avant tout de compilations de courts métrages), il faut attendre 1990 et la sortie de *Bernard et Bianca au Pays des Kangourous* pour retrouver sur grand écran des personnages déjà croisés auparavant. Treize ans après *Les Aventures de Bernard et Bianca*, les souris reprennent du service dans une aventure australienne à la réalisation haut de gamme, qui se paie le luxe d'introduire de nouveaux personnages. Hélas, l'échec cinglant du film aux États-Unis enterre définitivement le projet envisagé d'un troisième volet.

La Belle et la Bête 2 : Le Noël enchanté
© 1997 Disney

Aladdin et le Roi des voleurs
© 1996 Disney

Bambi 2 © 2006 Disney

De la suite dans les idées

L'année 1994 marque un tournant décisif dans la stratégie commerciale de la société, qui confie à Walt Disney Television Animation, division chargée d'investir le petit écran avec des séries d'animation inédites, le soin de produire des suites de classiques pour une exploitation exclusivement vidéo. Celui qui sera rebaptisé DisneyToon Studios en 2003 connaît son baptême du feu avec *Le Retour de Jafar*, suite directe d'*Aladdin* conçu initialement comme le Pilote de la série télévisée. Qu'importent la réalisation affligeante, l'absence regrettable de Robin Williams au casting vocal ou le scénario-prétexte qui voit à nouveau s'affronter le sinistre vizir et le jeune orphelin, le succès est au rendez-vous puisque la production trouve le chemin de dix millions de foyers et devient la VHS la plus vendue de 1994 sur le marché américain. Un investissement limité, des retombées lucratives… Disney ne pouvait espérer mieux. Tant pis si son image est déjà écornée auprès des fans d'animation, rien ne peut dès lors arrêter la production de suites sous le label « Walt Disney Video Première ». En 1996, la deuxième suite d'*Aladdin*, intitulée *Aladdin et le Roi des Voleurs*, tente de réparer les pots cassés grâce à une réalisation plus soignée, une intrigue inventive et le retour de Robin Williams - médiatisé malgré le souhait du comédien de ne pas servir d'argument promotionnel. L'année suivante, Disney semble à nouveau décidé à redresser la barre avec *Winnie l'Ourson 2 : Le Grand Voyage*, à l'animation correcte même si la comparaison ne tient pas longtemps avec le délicieux classique sorti en salles vingt ans plus tôt.

La débâcle

Les choses se gâtent sérieusement avec la sortie, toujours directement en vidéo en 1997, de *La Belle et la Bête 2 : Le Noël Enchanté*. Un pur produit marketing truffé d'incohérences qui, grande première, situe son scénario réduit à la portion congrue au milieu du film d'origine, au moment où les deux rôles-titres roucoulent durant la saison hivernale. Contre toute attente, la vidéo est un succès aux États-Unis au point d'entraîner une avalanche de suites souvent bâclées, dont trois classiques font les frais dès l'année suivante. Ainsi, *Le Monde Magique de La Belle et la Bête* compile quatre contes qui ne sont autres que les quatre épisodes de la série télévisée avortée, et *Pocahontas 2 : Un Monde Nouveau* ne parvient pas, malgré des chansons honorables, à faire oublier l'indigence de son dénouement. Seul *Le Roi Lion 2 : L'Honneur de la Tribu* termine la décennie sur une note plus positive grâce à une réalisation satisfaisante, des chansons réussies et une histoire qui ne se contente pas de faire du recyclage. Fort de 23 millions d'unités écoulées dans le monde, la production décroche la deuxième place des ventes vidéo de 1998, à quelques encablures de l'insubmersible *Titanic*. Il ne faut pourtant pas crier victoire trop tôt, comme vont le démontrer les innombrables suites qui investissent les linéaires dans les années 2000 et dont la qualité décroît inexorablement. Pour une poignée de productions soignées (*La Belle et le Clochard 2 : L'Appel de la Rue*, *Le Roi Lion 3 : Hakuna Matata*, *Lilo & Stitch 2 : Hawaï, Nous Avons un Problème !*), et d'autres plus anecdotiques mais tolérables (*Dingo et Max 2*, *Frère des Ours 2*, *Mulan 2 : La Mission de l'Empereur*), nombre s'avèrent totalement dénuées de moyens et d'ambition (*Cendrillon 2 : Une Vie de Princesse*, *Le Bossu de Notre-Dame 2 : Le Secret de Quasimodo*, *Kuzco 2 : King Kronk*), réussissant « l'exploit » de ternir la réputation des films d'origine et, au-delà, celle des studios Disney. L'arrivée de John Lasseter à la tête de la direction artistique à l'été 2006 sonne heureusement le glas de ces suites produites en dépit du bon sens. L'intéressé limoge sans attendre Sharon Morrill, dirigeante de DisneyToon Studios, annule tous les projets en cours (dont *Les Aristochats 2* et *Chicken Little 2*) et met un terme à la politique hasardeuse des direct-to-video.

La Roi Lion 2 © 1998 Disney

Pocahontas 2 : Un Monde Nouveau © 1998 Disney

Le retour de Jafar © 2003 Disney

Tentative de reprise en main

Il faut se tourner vers les salles obscures pour observer, au tournant des années 2000, une politique plus ambitieuse de suites dotées de budgets confortables et de scénarios travaillés. À la date symbolique du 1er janvier 2000, *Fantasia 2000* fait bien entendu suite au chef-d'œuvre de 1940. Mais c'est bien davantage le triomphe justifié de *Toy Story 2* des studios Pixar, prévu au départ pour sortir directement en vidéo et cas d'école d'une séquelle considérée supérieure à l'original, qui donne de l'espoir à Disney, lequel se met à rêver de réitérer l'exploit avec les fleurons de son catalogue. Il relève donc le pari en convoquant Peter Pan dans *Peter Pan 2 : Retour au Pays Imaginaire* qui, bien qu'inégal, bénéficie d'une réalisation soignée et trouve son public dans les salles françaises. En 2003, *Le Livre de la Jungle 2* lui emboîte le pas mais, comme son prédécesseur, laisse le public américain de marbre. Disney décide donc d'arrêter les frais, sauf sur le territoire français où l'émouvant *Bambi 2* connaît les honneurs d'une sortie salles, contrairement aux États-Unis où le film paraît directement en vidéo. Dès lors, Disney se recentre avec succès sur la franchise Clochette qui, loin de tirer à la ligne, gagne en qualité au fil des épisodes. Le sixième volet, *Clochette et la Créature Légendaire*, s'avère à la fois sombre et trépidant. Si l'abandon progressif des suites – temporaire dans la mesure où *La Reine des neiges 2* est annoncée pour 2019 – sonne comme une prise de conscience salutaire, la mise en chantier effrénée d'adaptations en prises de vues réelles de grands classiques rappelle que le souci de rentabilité et le pragmatisme financier ont toujours le dernier mot.

Bernard et Bianca au Pays des Kangourous © 1990 Disney

2

Les films hybrides & stop-motion

P. 131
À LA CROISÉE DES MONDES

P. 134
MARY POPPINS

P. 136
L'APPRENTIE SORCIÈRE

P. 137
PETER ET ELLIOTT LE DRAGON

P. 138
QUI VEUT LA PEAU DE ROGER RABBIT

P. 140
L'ÉTRANGE NOËL DE MONSIEUR JACK

P. 142
FRANKENWEENIE

À LA CROISÉE DES MONDES

BIEN QUE CONSIDÉRÉS COMME DES ŒUVRES HORS STANDARDS, LES FILMS HYBRIDES, MÉLANGE DE PLUSIEURS TECHNIQUES ALLANT DE LA PRISE DE VUES RÉELLES À L'ANIMATION 2D OU 3D, DEVIENNENT DEPUIS LES ANNÉES 1990 LA BASE DE CHAQUE PROJET D'ENVERGURE À HOLLYWOOD. BIEN AVANT *AVATAR* OU *STAR WARS*, ET S'IL N'EN EST PAS L'INVENTEUR, WALT DISNEY EST L'UN DES PLUS FLAMBOYANTS PIONNIERS.

« *Adapter* Qui veut la peau de Roger Rabbit *a été une expérience formidable. Je suis probablement l'un des rares auteurs qui peut se dire heureux de ce qu'Hollywood a fait de son livre. Ils ont pris ce que je considérais comme une histoire inadaptable et en ont fait un classique en combinant les prises de vues live et l'animation. Honnêtement, je ne vois pas comment le film aurait pu être meilleur. À l'époque, je me suis retrouvé dans une pièce avec trente-cinq des personnes les plus créatives que je n'ai jamais rencontré et ils ont sorti plein d'idées pour rendre mon livre plus amusant. Je continue de croire que si j'avais eu ces gens autour de ma table de cuisine lorsque j'écrivais ce livre, j'aurais gagné le Prix Pulitzer.* »

Gary K. Wolf, (2013, trueclassics.net)

Quand *Alice Comedies*, première série commerciale de Walt Disney, pointe le bout de son nez dans les salles de cinéma, l'exercice de style « hybride » est loin d'être une nouveauté. En réalité, le cinéma des premiers temps s'en accommode depuis le départ, avec diverses techniques parfois pionnières dans l'exercice de certains métiers de la post-production pour les nombreuses décennies à venir. Au début, les cinéastes altèrent la pellicule avec des actions aussi spartiates que le fait de gratter l'argentique, ou dessiner sur une plaque de verre installée devant la lentille. D'autres, encore plus ingénieux, vont jusqu'à jouer sur le montage et notamment les surimpressions pour donner au cinéma un aspect surréaliste, comme George Méliès. Ces effets spéciaux restent cependant dépendants de la seule prise de vues réelles. Mais le cinéma « live » n'est-t-il pas, dans sa définition première, de la photographie dite « animée » ? C'est en 1906 qu'est produit ce que l'on considère être le premier film d'animation de l'histoire du cinéma : *Humorous Phases of Funny Faces* de James Stuart Blackton est en réalité un film en stop-motion, où l'auteur se filme en train de dessiner à la craie sur un tableau noir, en évitant soigneusement les plans où il apparaît, le tout entrecoupé de collages animés utilisant la même technique. Ainsi, le terme « animation » ne renvoie nullement au dessin dit « animé » mais bien aux images, qu'elles soient dessinées, mais aussi filmées, découpées, voire créées numériquement. Le mélange de plusieurs techniques, telle que la

Alice comédies © 1923

Mélodie du Sud © 1946 Disney

L'Étrange Noël de Monsieur Jack© 1994 Disney

Frankenweenie © 2012 Disney

prise de vues réelles et celles produisant une animation factice, intervient alors très tôt au cinéma. *Alice Comedies*, dès 1923, permet surtout à Walt Disney de produire rapidement des histoires sans contraintes techniques. La reproduction fidèle de la gestuelle d'une petite fille est alors impossible. Par manque d'expérience et pour des raisons de temps de production, il apparaît plus simple de filmer une actrice et de l'intégrer dans un univers de fantaisies où, cette fois, tout est permis.

L'animation traditionnelle, dès le départ et jusqu'à l'avènement du numérique, est strictement identique d'une époque à l'autre. Elle consiste en la photographie, image par image, de feuilles de celluloïd (première matière plastique de l'ère industrielle) sur lesquelles sont dessinées des images. L'animation ne serait donc, ni plus ni moins, que du stop-motion de photographies. Si les techniques se sont bien améliorées avec le temps (la caméra multiplane pour donner un effet de profondeur comme avec la prise de vues réelles, la rotoscopie permettant un gain de temps énorme, jusqu'à la numérisation pure et l'abolition de certaines étapes), la formule reste inchangée et son rapport à l'image dite « réelle » permet toujours plus de fantaisies et de libertés.

Élément narratif avant tout

Le mélange de prise de vues réelles et d'animation reste cependant confiné aux œuvres burlesques dominées par l'industrie de l'animation. Le cinéma classique, avec tout le sérieux qui le caractérise, proscrit très tôt son utilisation. Ainsi, le mélange n'est jamais vraiment franc, et les premiers films hybrides de Walt Disney, de *Fantasia* à *Danny, le petit mouton noir*, ont surtout tendance à alterner les deux techniques, plutôt que de les mélanger. *Mélodie du Sud* en 1946 donne cependant un superbe exemple de l'hybridation possible à la fin de la narration et sur une courte durée, mais la technique est totalement abandonnée durant près de vingt ans par Walt Disney, même si elle reste utilisée de temps en temps dans les courts métrages d'animation et dans le cinéma fantastique de seconde zone.

C'est en 1964 que le concept renaît, pour accompagner l'adaptation des nouvelles *Mary Poppins* de P. L. Travers. Il s'agit alors d'assimiler une œuvre qui se veut complexe, mettant en scène une sorcière capable des plus incroyables fantaisies. Se pose alors le problème d'en faire un film d'animation pur ou un film en prise de vues réelles, que Walt Disney produit en quantité et qui l'accapare souvent plus que son cinéma d'animation. Les fabuleuses aventures de la gouvernante anglaise auraient cependant plus de force si l'animation s'invitait tout d'un coup dans la réalité : l'hybridation, pour la première fois, trouve une vraie fonction narrative. Le succès du film amène alors Walt Disney à imaginer d'autres films de cet acabit, mais meurt peu de temps après la sortie de *Mary Poppins*.

L'équipe désormais décisionnelle lance alors la production de *L'Apprentie sorcière*, adapté de Mary Norton, sur le modèle de son aîné de 1964 : même équipe technique et artistique, même style d'univers, et hybridation implémentée dans la narration. Malgré un échec au box-office, le mélange prises de vues réelless et animation refait surface en 1977 avec *Peter et Elliott le dragon*, comédie légère qui trouve son public très familial, mais surtout en 1988 avec *Qui veut la peau de Roger Rabbit*, même s'il ne s'agit pas d'une production Disney stricto sensu. Mais l'hybridation live/animation laisse finalement place, dès les années 1990, à une technique bien plus novatrice.

Retour aux fondamentaux

Cette technique novatrice est pourtant aussi ancienne que le cinéma. Le stop-motion consiste en la prise de photographies d'objets inanimés pour leur donner un mouvement par défilement, technique déjà fondamentale dans le court *Humorous Phases of Funny Faces* en 1906, même si cela ne consistait qu'en des images dessinées ou découpées. Transposé dans le cinéma en prise de vues réelles, le stop-motion permet de faire évoluer des monstres en tous genres ou des marionnettes dans les programmes pour enfants, et devient extrêmement populaire chez les cinéastes dans les années 1970 et 1980 (*Star Wars*, *Ghostbusters*, *Terminator*, *Alien*…). Touchstone Pictures, filiale de Disney qui produit en 1988 *Qui veut la peau de Roger Rabbit*, lance alors la production de *L'Étrange Noël de Monsieur Jack* de Tim Burton et Henry Selick. Par nature hybride, car photographiant des objets réels, le stop-motion devient avec ce film une science exacte conjuguée de la plus belle des façons et est suivi trois ans plus tard par *James et la Pêche géante*, qui propose par ailleurs une introduction entièrement en prise de vues réelles. Malgré ses superbes exemples, le stop-motion perd de la vitesse et est par la suite très peu utilisé au cinéma, parfois perçu comme désuet (Tim Burton y reviendra néanmoins avec *Les Noces funèbres* en 2005 et *Frankenweenie* en 2012, et Henry Selick avec *Coraline* en 2009). C'est bien le concept d'hybridation live/animation qui se voit devenir dominant au fil des années, au point d'en devenir incontournable à notre époque : non plus l'animation « dessinée », mais bien l'animation en images de synthèse. Ainsi, des films tels qu'*Avatar*, *Star Wars*, *Alice au Pays des Merveilles*, *Pirates des Caraïbes*, *Tron: Legacy* ou encore tous les films de super-héros – pour ainsi dire, la très grande majorité des films hollywoodiens à grand spectacle – sont fondamentalement des films hybrides. Et si la fonction est ici bien différente sur l'impact narratif, il permet néanmoins de rendre possible l'impossible… C'est aussi ça, l'héritage de Walt Disney. ✦

Humorous phases of Funny Faces © 1906 Disney

Mary Poppins © 1964 Disney

Mary Poppins

Après avoir fait les beaux jours de Walt Disney Productions en association avec l'équipe d'animateurs, les films hybrides mélangeant prise de vues réelles et images animées reviennent suite à un hiatus de vingt ans, après *Danny, le petit mouton noir* en 1948.

Toujours à l'affût de nouvelles histoires, Walt Disney découvre au début des années 1940 que sa fille et sa femme lisent un roman a priori très divertissant, puisqu'il les fait beaucoup rire. *Mary Poppins*, en réalité une suite de nouvelles autour d'un même personnage central, est un best-seller anglais des années 1930 de Pamela Lyndon Travers dont la publication continuera jusqu'à la fin des années 1980 (l'auteure atteindra le respectable âge de 96 ans). Il raconte l'histoire – et les aventures – de la famille Banks, résidents du quartier de Cherry Tree Lane à Londres, et notamment des enfants auprès d'une gouvernante plutôt singulière. Arrivée par les airs du vent d'est, elle remonte la rambarde de l'escalier comme par magie et son sac sans fond contient des objets extraordinaires. Il s'agit alors d'un univers avec une grande force d'imagination, dans lequel se jouent des séquences laissant libre court aux fantasmes des lecteurs. Immédiatement happé par l'histoire, Walt Disney veut à tout prix signer l'adaptation des deux livres déjà publiés, et apprend que l'auteure Pamela L. Travers se trouve à New York, fuyant son Londres natal alors que la Seconde Guerre mondiale éclate en Europe. Mais sa personnalité la précède, puisqu'elle est connue pour être très sévère voire austère (tout comme Mary Poppins dans les romans !), et qu'elle aurait déjà refusé une offre d'adaptation du Samuel Goldwyn Studio, pourtant très respecté à son époque pour la qualité de ses films. En 1945, elle accueille Roy Disney mais refuse l'offre, prétextant ne pas vouloir voir son œuvre adaptée en animation. Une seconde offre, puis une troisième, passant du film d'animation au film en prises de vues réelles jusqu'au film hybride, ne réussissent toujours pas à convaincre la difficile romancière. Elle accepte finalement en 1960 avec une grosse somme et des royalties sur vente à la clé, convaincue par son avocat et obtenant au passage un contrôle sur le scénario. Comme acte final à la négociation, le film devient un film hybride musical à la façon de Broadway. Alors que Walt Disney se détache peu à peu du cinéma d'animation, brillant par ses absences, *Mary Poppins* devient pour lui l'un de ses projets les plus personnels.

En 1961, Walt Disney commissionne les auteurs-compositeurs Richard et Robert Sherman d'étudier l'histoire des livres *Mary Poppins* pour en extraire les scènes à retenir en vue d'un film

MARY POPPINS
MARY POPPINS

Sortie originale : 27 août 1964
Sortie française : 15 septembre 1965
Réalisateur : Robert Stevenson
Compositeur : Irwin Kostal
Durée : 139 minutes

musical, mais il est toutefois décidé de ne prendre en compte que le premier roman, à peu de choses près. Sans le savoir, les deux frères choisissent les mêmes chapitres que Walt, et commencent à construire l'univers musical du film à quatre mains, avant de le transposer à l'écrit via un script écrit par Bill Walsh, producteur et scénariste déjà très actif notamment auprès du réalisateur Robert Stevenson. Ce dernier est d'ailleurs désigné comme réalisateur du film, alors que les parties animées sont confiées à Hamilton Luske, vétéran des studios Disney depuis *Pinocchio* et *Fantasia*. Concentré des techniques de tournage de l'époque, *Mary Poppins* utilise de nombreux effets qui s'ajoutent à sa singulière hybridation : la surimpression (la scène aux pigeons), les divers câbles et structures de maintien (les scènes de vol et d'apesanteur), le stop-motion et l'inversement de certaines séquences (lorsque les jouets se rangent tout seuls), mais aussi dans l'apport artistique de certaines scènes, avec la peinture sur verre pour des effets de transparences et de luminosité, ou l'animatronique avec l'oiseau chantant sur le doigt de Mary Poppins.

Mais au-delà de son extraordinaire production, le film brille avant tout pour son scénario superbement mis en valeur par un casting trois étoiles et une musique digne des plus beaux *musicals* (ce que deviendra *Mary Poppins* en 2004). La famille Banks est ainsi interprétée par David Tomlinson (le père), Glynis Johns (la mère), Karen Dotrice (la fille) et Matthew Garber (le fils, acteur qui disparaît prématurément treize ans plus tard), dans des rôles très modernes pour l'époque. Ainsi, sous couvert de sévérité, le père reste accaparé par son travail à la banque et laisse ses enfants faire les quatre cents coups à la maison. La mère, quant à elle, est une pure suffragette, militante pour le droit de vote des femmes en Angleterre (l'action se déroule en 1910). Le film propose une certaine modernité dans le propos, quand bien même en 1964, les problématiques des protagonistes principaux peuvent sembler désuètes. Mais la valeur ajoutée du film est très largement attribuée au rôle principal, incarné par Julie Andrews, jeune comédienne et chanteuse de 29 ans qui s'illustre principalement à Broadway en créant notamment le rôle de *My Fair Lady* en 1954. Celle qui illuminera le monde avec *La Mélodie du bonheur* en 1965 fait de cette adaptation une œuvre d'une rare justesse, interprétant les chansons et touchant la grâce avec *Feed the Birds*, chanson préférée de Walt Disney que les frères Sherman joueront à son enterrement deux ans plus tard. Finalement très éloigné de l'œuvre d'origine, *Mary Poppins* est un succès sans précédent pour Disney. Et, pour les décennies à venir, l'une de ses plus flamboyantes réussites artistiques. ✦

L'Apprentie sorcière

Souvent comparé à *Mary Poppins, L'Apprentie sorcière* partage la même équipe créative tout en étant initié par Walt Disney dès 1963. La mort du maître ralentit la mise en œuvre des productions, mais le film sort en 1971 sans rencontrer le même succès.

Alors que la négociation des droits d'adaptation de *Mary Poppins* s'éternise avec son auteur, Walt Disney s'intéresse en parallèle à deux autres romans des années 1940 contenant des thèmes similaires (la magie, les enfants), *The Magic Bed-Knob* et *Bonfires and Broomsticks* de Mary Norton. La démarche n'a rien d'anodine. Dans le doute de la concrétisation du premier projet (l'auteure étant très difficile), l'équipe n'aurait pas travaillé en vain et une autre histoire de magie pourrait se mettre en place, mêlant les chansons des frères Sherman, l'hybridation technique ainsi qu'une partie des décors et du casting. Finalement, *Mary Poppins* va jusqu'à son terme et devient un succès sans précédent, qui permet à Walt Disney d'acheter des terrains en Floride pour construire son complexe Walt Disney World. *L'Apprentie sorcière*, pourtant déjà bien avancé par les frères Sherman qui étudiaient l'histoire et esquissaient déjà les premières musiques, est reporté à une date indéfinie.

La disparition de Walt Disney en 1966 laisse la société dans le désarroi. Il est notamment décidé de relancer la production de *L'Apprentie sorcière* et d'y appliquer la même recette que *Mary Poppins*. Ainsi, nous retrouvons certes les frères Sherman à la composition des chansons, mais aussi le réalisateur Robert Stevenson, les scénaristes Bill Walsh et Don DaGradi, ainsi que l'acteur David Tomlinson (le père George Banks dans *Mary Poppins*). L'histoire met en scène des enfants qui, pour fuir la ville de Londres lors de la Seconde Guerre mondiale, sont placés chez une femme

seule, Églantine Price (incarnée par Angela Lansbury), qui se révèle être en plein apprentissage de la magie. Ensemble, ils vivent des aventures en ayant notamment le lit d'Églantine comme moyen de locomotion. Sans surprise quant à sa teneur, le film s'inscrit dans la lignée de *Mary Poppins*. Son rapport à l'animation est donc plus enchanteur que réellement narratif, et comporte bien plus de chansons dans sa version d'origine. Néanmoins, alors que la production est très coûteuse, le film ne convainc pas lors de sa sortie en salles. Sans Walt Disney, la magie se serait-elle évaporée ? ◆

L'APPRENTIE SORCIÈRE
BEDKNOBS AND BROOMSTICKS
Sortie originale : 13 décembre 1971
Sortie française : 27 octobre 1972
Réalisateur : Robert Stevenson
Compositeur : Irwin Kostal
Durée : 117 minutes

Peter et Elliott le dragon

Cloué au pilori par une critique nostalgique de *Mary Poppins*, ce petit classique de la fin des années 1970 mérite davantage d'être comparé à *Qui veut la peau de Roger Rabbit*, sorti dix ans plus tard, le dragon et le lapin étant tous deux propulsés parmi les humains… et non l'inverse.

Encore sous le choc de la disparition de Walt Disney, les équipes du studio traversent un trou d'air dont elles peinent à se remettre. Niveau créativité, c'est la panne sèche, à tel point que sont exhumés des projets enterrés par le créateur de Mickey, tels que *Les Aristochats* ou *L'Apprentie sorcière*. Dans ce contexte, les scénaristes ressortent des tiroirs un script destiné à faire l'objet d'un téléfilm dans le cadre de l'émission *Disneyland*, dans la seconde moitié des années 1950. L'histoire repose sur la faculté d'un jeune garçon à se réfugier dans un monde imaginaire, dans lequel il croise brièvement un dragon, pour échapper à un quotidien morose. Lorsque le projet ressort des cartons, décision est prise de faire apparaître l'animal à l'écran au détour d'une courte séquence de rêve. Mais plus la production avance, plus les réflexes disneyens ressurgissent : exit la tonalité trop sombre du scénario, place à une multitude de chansons confiées aux compositeurs de *L'Aventure du Poséidon*, et à une plus grande présence accordée au dragon. Nommé vice-président du département cinéma à la mort de son beau-père, Ron Miller n'a aucun mal à céder aux désirs des animateurs qui travaillent sur le projet (pour la première fois, aucun des fameux Neuf Sages n'est impliqué), à qui il concède vingt-deux minutes d'apparition de l'animal. Le drame psychologique devient alors comédie musicale, les studios Disney rêvant de réitérer l'exploit de *Mary Poppins*. Clairement, le compte n'y est pas. Expurgé de plusieurs scènes, aussi bien pour l'exploitation cinéma que vidéo (il s'agit du premier Disney à paraître en VHS à l'automne 1980), *Peter et Elliott le dragon*, fraîchement accueilli, vaut certes mieux que sa réputation, même s'il souffre incontestablement de la comparaison avec le chef-d'œuvre offrant la vedette à Julie Andrews. Les comédiens peinent à emporter l'adhésion, aussi bien le marin alcoolique campé par le très populaire Mickey Rooney, que Sean Marshall, le jeune interprète principal qui apparaît pour la première fois à l'écran. Le dragon, dont l'animation est supervisée par le futur réalisateur Don Bluth (*Le Petit Dinosaure et la Vallée des merveilles*), suscite davantage de sympathie, d'autant que certains trucages traversent les années sans prendre une ride. Tour à tour enjoué et poignant, dynamisé par une succession de chansons entraînantes quoiqu'un peu datées, ce film aux qualités modestes garde en définitive un charme certain. ✦

PETER ET ELLIOTT LE DRAGON
PETE'S DRAGON

Sortie originale : 3 novembre 1977
Sortie française : 18 octobre 1978
Réalisateur : Don Chaffey
Compositeur : Irwin Kostal
Durée : 101 minutes (première version) ; 123 minutes (ressortie 2003)

Qui veut la peau de Roger Rabbit

S'il est naturellement rattaché à l'entreprise Disney, *Qui veut la peau de Roger Rabbit*, film hybride par excellence, est en réalité produit par la filiale Touchstone Pictures et met en scène une entreprise fictive bien connue, Acme, tirée des œuvres de... Warner.

Au début des années 1980, une sérieuse restructuration est nécessaire pour les studios d'animation, qui se trouvent être paradoxalement les seules entités vraiment en crise chez Disney. Le PDG du groupe, Ronald William Miller, gendre de Walt, acquiert à cette période les droits d'un roman sorti en 1981, *Who Censored Roger Rabbit?* de Gary K. Wolf, que tout le monde imagine parfaitement transposé dans un film hybride, voire devenir un gros blockbuster. Très vite, le nom de Robert Zemeckis apparaît, mais l'élaboration du scénario peine entre l'histoire atypique du livre et les problématiques budgétaires de l'époque. Le titre original, au final bien loin du film réalisé, présente de nombreuses difficultés. Il dépeint les États-Unis dans une époque contemporaine mais alternative où vivent les personnages de dessins animés parmi les hommes, et offre une intrigue digne des plus grands films noirs, sur fond de meurtres, d'humour satirique et de personnalités véritablement dérangées. Avec son ambiance très sombre, le film qui en découlerait ne semble cependant pas cadrer avec l'image de Disney. Si la production est en partie confiée à Amblin Entertainment (la société de Steven Spielberg), l'apport de Disney se fait finalement via sa filiale Touchstone Pictures, précisément dédié au cinéma plus « adulte ». La nécessité d'en faire une comédie un peu plus légère apparaît néanmoins rapidement. En effet, l'œuvre originelle ne fait aucune concession, allant jusqu'au meurtre de Roger Rabbit. L'adaptation se veut finalement plus conciliante avec le personnage du lapin désabusé, mais garde tous les éléments du film noir et, malgré tout, n'est pas à mettre sous les yeux des enfants. L'intrigue est transposée dans le Hollywood des années 1940, lors de l'âge d'or de l'animation Warner et Disney. Comme pour mieux brouiller les pistes quant à sa réelle appartenance, Warner se voit mis en avant de façon étonnante, et pour la première fois, de très nombreux personnages de dessins animés se côtoient, à l'image de Donald Duck et Daffy Duck, les deux frères ennemis de leurs sociétés respectives, qui se livrent dans le film à une séquence d'anthologie hilarante. Disney et Warner ne sont pas les seuls à enrichir la crédibilité du film, puisque d'autres sociétés acceptent de se prêter au jeu, telles que les studios Fleischer (Betty Boop), MGM (Droopy), Walter Lantz Productions (Woody Woodpecker) ou encore King Features Syndicate (Singing Sword).

En 1984 et 1985, Robert Zemeckis crève littéralement l'écran avec *À la poursuite du diamant vert* et *Retour vers le Futur*, ce dernier étant produit par Amblin Entertainment. Ce temps est refusé sur *Qui veut la peau de Roger Rabbit* par Disney suite

QUI VEUT LA PEAU DE ROGER RABBIT
WHO FRAMED ROGER RABBIT

Sortie originale : 22 juin 1988
Sortie française : 18 octobre 1988
Réalisateur : Robert Zemeckis
Compositeur : Alan Silvestri
Durée : 104 minutes

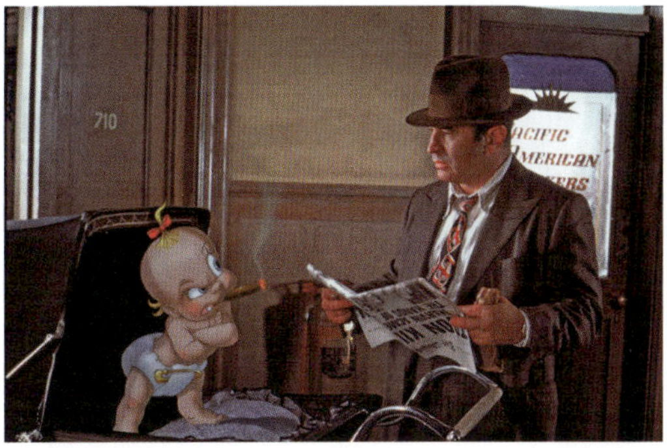

à ses échecs au box-office (*Crazy Day* en 1978 et *La Grosse Magouille* en 1980). Zemeckis, ce proche de Steven Spielberg, devient subitement le réalisateur le plus couru d'Hollywood. En acceptant de signer le film, il englobe toute la logique de production d'Amblin, des producteurs miraculeux Frank Marshall et Robert Watts (*Star Wars* et *Indiana Jones*), du compositeur Alan Silvestri (*Retour vers le Futur*) et bien sûr Steven Spielberg à la production exécutive, faiseur de miracles qui réunit pour la première fois des dizaines de personnages de dessins animés différents. L'arrivée des visionnaires proches de Spielberg donne un sacré coup de fouet au projet. Là où l'animation devait être réduite au minimum de par les limitations budgétaires de Disney, l'hybridation prend une dimension inédite. Zemeckis opte pour un véritable enchevêtrement de prises de vues réelles et d'animation, offrant quelques sueurs froides pendant le tournage (le détective Eddie Valiant, interprété par le brillant Bob Hoskins, interagit énormément avec Roger Rabbit, et va jusqu'à l'embrasser à la fin !). Cette proposition qualitative, au fil du temps, ne plait pas à Disney et son PDG Michael Eisner, qui depuis sa récente nomination en 1985 cherche par tous les moyens à réduire l'importance du projet. C'est Jeffrey Katzenberg, directeur des studios, qui le convainc d'accepter la hausse du budget, estimant que ce film sauvera l'animation Disney. L'avenir lui donne raison : avec un succès historique à son exploitation en salle, *Qui veut la peau de Roger Rabbit* se hisse parmi les vingt plus grands succès au cinéma de tous les temps. Parce qu'il assume totalement les aspects de polar sombre (le détective alcoolique, l'imagerie du film noir de l'âge d'or d'Hollywood, l'intrigue sous-jacente de la compagnie ferroviaire et de la corruption policière et politique, l'antagoniste génialissime campé par Christopher Lloyd), le film de Robert Zemeckis est un chef-d'œuvre de mélange des genres, dont la partie animée, quoique très sage tout au long du film, n'épargne pas l'imagerie « cartoon » avec un second degré et une grosse dose d'autodérision s'affichant dès l'ouverture du film avec les aventures totalement loufoques de Roger Rabbit et de Baby Herman. Quelques années plus tard, Jeffrey Katzenberg s'associera avec Steven Spielberg, faisant de Roger Rabbit le premier héros symbolique de ce qui deviendra le plus gros concurrent de Disney… DreamWorks Animation. ✦

L'Étrange Noël de Monsieur Jack

Produit par Touchstone Pictures et Skellington Productions de Tim Burton et Henry Selick, *L'Étrange Noël de Monsieur Jack* est un film hybride dans tous les sens du terme. Il reste notamment gravé dans les mémoires pour son incroyable bande originale.

Comme s'il semblait prédestiné à travailler chez Disney, Tim Burton naît et grandit à Burbank, ville de Californie où se trouvent le siège et les studios du groupe. Alors qu'il étudie au California Institute of the Arts, il réalise seul en 1979 un court métrage d'animation au crayon, *Stalk of the Celery Monster*, et se fait remarquer par Disney qui l'invite à rejoindre la société pour achever sa formation. Il collabore sur son premier film, *Rox et Rouky*, tout en développant son imaginaire le conduisant, dès 1982, à écrire et réaliser son premier film en stop-motion, le court métrage *Vincent*, narré par son acteur préféré, Vincent Price, et produit par Disney. Avec son style très particulier et son goût pour le fantastique et l'horreur, Tim Burton passe le niveau supérieur et réalise *Frankenweenie*, court métrage en prises de vues réelles, toujours chez Disney, mais est licencié peu de temps après car incompatible avec l'esprit « familial » des productions du groupe.

Peu après *Vincent*, Tim Burton écrit un poème en trois pages intitulé *The Nightmare Before Christmas* qui s'inspire à la fois du poème américain *A Visit from St. Nicholas* et de programmes télévisés tels que *Comment le Grinch a volé Noël !*, mettant en scène le célèbre personnage du Dr. Seuss malmenant la fête religieuse et se déguisant en Père Noël pour voler les cadeaux et la nourriture. Libre de ses obligations chez Disney en tant que salarié, Tim Burton signe *Pee-wee's Big Adventure* en 1985, *Beetlejuice* en 1988 et surtout *Batman* en 1989, qui le propulse sur le devant de la scène médiatique. Alors qu'il pense de plus en plus à produire un film basé sur son poème, Burton crée avec l'animateur Henry Selick la société Selick/Burton Projects mais s'aperçoit que les droits de *The Nightmare Before Christmas* sont encore détenus par Disney, comme tout ce qu'il produit chez eux à l'époque. En 1992, il renomme sa société en Skellington Productions et la revend à Disney. Le but est simple : produire coûte que coûte l'œuvre de sa vie, qui trouve un écho favorable auprès de la filiale Touchstone Pictures, confortée par le ton plus adulte et sombre que peuvent prendre les projets d'animation depuis *Qui veut la peau de Roger Rabbit* en 1988.

En parallèle à la concrétisation du film, le jeune réalisateur se voit impliqué dans *Batman : Le Défi*, suite des aventures du super-héros chez Warner. Il laisse sa place de réalisateur à son ami Henry Selick, d'autant plus que le stop-motion, faisant écho au style de *Vincent*, est une technique très exigeante et longue à mettre en œuvre. Tim Burton n'en reste pas moins auteur du film, mais aussi producteur, créateur des personnages et du design général. En deux ans, l'équipe abat une quantité incroyable de travail, réunissant une équipe de cent vingt personnes réparties dans vingt studios pour animer des centaines de marionnettes sur

L'ÉTRANGE NOËL DE MONSIEUR JACK
THE NIGHTMARE BEFORE CHRISTMAS

Sortie originale : 29 octobre 1993
Sortie française : 7 décembre 1994
Réalisateur : Henry Selick
Compositeur : Danny Elfman
Durée : 76 minutes

des dizaines de maquettes différentes. Plus de 109 000 plans sont pris durant la production, évoluant de manière très lente, comme le veut l'exigeante technique du stop-motion. Le personnage principal, Jack Skellington, le roi d'Halloween voulant voler Noël à la manière du Grinch, dispose à lui seul de plus de quatre cents têtes avec autant d'expressions faciales. Avec sa lumière naturelle et ses décors néo-impressionnistes propres au cinéma allemand mais aussi très proches de la vision de Tim Burton, *L'Étrange Noël de Monsieur Jack* est un véritable OVNI dans la culture du cinéma d'animation mondiale, et à plus forte raison chez Disney. Le coup de génie supplémentaire est alors de confier la musique au jeune Danny Elfman, compositeur attitré de Tim Burton depuis *Pee-Wee*. Issu de la scène new wave, le compositeur est dans les années 1980 à la tête du groupe Oingo Boingo célèbre pour sa musique déjantée et souvent associée aux contes d'Halloween – Burton et Elfman partagent en effet un goût prononcé pour le cinéma de genre. Très naturellement, Danny Elfman signe les musiques du film, qui se retrouvent enrichies (Disney oblige) de très nombreuses chansons, inspirées de l'œuvre allemande *L'Opéra de quat'sous*. Littéralement transcendé par l'histoire et son principal protagoniste, le compositeur incarne alors littéralement Jack Skellington en écrivant les paroles des chansons et en lui prêtant sa voix lors des parties chantées. Au-delà de l'humour noir apporté par le sujet, *L'Étrange Noël de Monsieur Jack* est une réussite artistique complète, qui se laisse parfois emporter par des élans de poésie pure (*Jack's Obsession*, *Sally's Song*) tout en développant un univers et un rythme, aussi bien musical que narratif, totalement nouveau au milieu des années 1990. Si le succès en salles de cinéma se révèle relativement moyen (mais positif), l'héritage laissé par ce film imprime encore aujourd'hui une onde de choc culturelle qui le fait passer d'œuvre confidentielle à culte en moins de dix ans. Le modèle est alors perpétué par le duo Burton/Selick en 1996 avec *James et la Pêche géante*, et surtout la « suite » spirituelle du film en 2005, *Les Noces funèbres*, qui dispose du même casting artistique, mais avec Tim Burton à la tête des opérations, Henry Selick brillant par son absence. ✦

Frankenweenie

Après des débuts modestes chez la Walt Disney Company, Tim Burton prend progressivement de l'importance pour devenir le réalisateur incontournable que l'on connaît. *Frankenweenie*, œuvre de jeunesse, est à ce titre hautement symbolique dans sa carrière.

Tim Burton, alors fraîche recrue des studios Disney, planche dès son arrivée sur un court métrage, *Vincent*, et enchaîne sur un second, cette fois-ci en prises de vues réelles, inspiré par le film *Frankenstein* de 1931, qu'il nomme sobrement *Frankenweenie*. En noir et blanc, avec un scénario plutôt singulier (l'histoire d'un chien mort écrasé, que son maître, un jeune garçon, ramène à la vie), ce premier film live de Tim Burton ne convainc pas les dirigeants de Disney qui l'accusent d'utiliser les ressources de l'entreprise pour des productions qui ne souscrivent pas aux critères de l'entreprise. Très ironiquement, *Frankenweenie* est pourtant un film très familial, et quand bien même la notion de mort est présente, elle fait partie du quotidien des ménages et l'histoire dédramatise les mésaventures du petit garçon et son chien mort-vivant, en plus d'offrir, déjà à l'époque, un véritable sens de la mise en scène. Sorti de chez Disney mais réintégré de manière détournée grâce à la production de *L'Étrange Noël de Monsieur Jack* en 1993, Tim Burton retourne à son univers morbide en stop-motion dix ans plus tard avec *Les Noces funèbres*, cette fois-ci sans Disney, préférant Warner, société qui lui fait confiance depuis *Pee-Wee's Big Adventure* en 1985 (et qui lui confie, surtout, les deux adaptations modernes de Batman). Tout comme son prédécesseur, les personnages des *Noces funèbres* évoluent dans un monde fantasmagorique pas si éloigné que ça d'Halloween Town, à la rencontre des morts qui sont, bien entendu, plus joyeux et fêtards que leurs homologues vivants. Mais au-delà des thèmes récents chers à Tim Burton, nous retrouvons ici la technique du stop-motion ayant fait les beaux jours de son premier court métrage et de *L'Étrange Noël de Monsieur Jack*, ici décuplé dans sa formule, avec des plateaux bien plus grands et un budget très conséquent même si le salaire de Tim Burton et des acteurs (Johnny Depp, Christopher Lee…) prennent la part du lion. Très honorable, *Les Noces funèbres* tombe malgré tout dans une période assez confuse pour le réalisateur qui se retrouve sur deux productions à la fois (l'autre film étant le très convenu *Charlie et la Chocolaterie*), et l'ensemble pousse un peu trop artificiellement ce qui est désormais désigné comme le style burtonien par excellence, mais qui semble plutôt être un piège thématique dans lequel Burton s'enfonce, et ce malgré une remarquable performance artistique et notamment musicale de Danny Elfman.

L'adaptation de *Frankenweenie* en long métrage d'animation se fait en parallèle dès 2005 avec la mise en chantier d'un scénario, notamment supervisé par John August, proche collaborateur de Tim Burton depuis *Big Fish* en 2003. Si le film n'est

FRANKENWEENIE
FRANKENWEENIE

Sortie originale : 5 octobre 2012
Sortie française : 31 octobre 2012
Réalisateur : Tim Burton
Compositeur : Danny Elfman
Durée : 87 minutes

plus en prises de vues réelles mais en stop-motion – une méthode désormais souvent assimilée au réalisateur californien –, l'aspect noir et blanc est conservé et le Bull Terrier Sparky prend les traits du chien sans nom de la série d'animation *Family Dog*, créée par Brad Bird et produite par Tim Burton en 1993. Techniquement, les méthodes restent inchangées même si le film est aussi proposé en 3D dans les salles de cinéma. Avec un budget presque aussi conséquent que celui des *Noces funèbres*, *Frankenweenie* se voit doté de grands studios de tournages et l'équipe de production fabrique plusieurs centaines de figurines, allant jusqu'à créer le chien Sparky en taille réelle. Il est, à ce jour, le film en stop-motion le plus ambitieux compte tenu de la taille des studios. Bien que le film se fasse sous la bannière Disney (les droits de l'œuvre originelle de Burton leur appartiennent toujours), le scénario ne change pas et met toujours en scène la mort du chien du héros Victor Frankenstein, qui redonne vie à son compagnon grâce aux propriétés fantaisistes de l'électricité énoncées par l'auteur du livre d'origine en 1818, Mary Shelley. S'ensuivent des aventures assez pittoresques qui ne sont pas épargnées par l'imagerie gothique de Burton, qui apporte son lot d'humour noir dans la lignée de *L'Étrange Noël de Monsieur Jack* et *Les Noces funèbres*. Artistiquement, Tim Burton s'entoure de têtes connues. Outre l'indispensable Danny Elfman derrière une excellente bande originale (mais cette fois-ci, sans chanson), nous retrouvons la productrice Allison Abbate (habituée des films en stop-motion de Tim Burton, mais aussi d'autres tels que *Fantastic Mr. Fox* en 2009), le monteur Chris Lebenzon (fidèle de Tim Burton depuis *Batman : Le Défi*) et les actrices Catherine O'Hara (Sally dans *L'Étrange Noël de Monsieur Jack*), Winona Ryder (Kim dans *Edward aux mains d'argent*). Le seul véritable absent est l'acteur Johnny Depp, mais Tim Burton signe quand même une nouvelle fois ce qui représente l'une des spécificités les plus appuyées du cinéma d'auteur américain. Si à l'origine, *Frankenweenie* est boudé par Disney au point d'en licencier son auteur, il devient dans les années 2010 l'un des fers de lance les plus réussis de la diversification, à la fois thématique, technique et artistique, des studios Disney. En ce sens, comme dans les années 1990 et 2000, Tim Burton est à l'origine du film d'animation le plus singulier de sa décennie. ✦

3

Les séries TV

P. 145
UN UNIVERS IMPITOYABLE

P. 148
LA BANDE À PICSOU

UN UNIVERS IMPITOYABLE

LE SUJET DE L'ANIMATION TV ESTAMPILLÉE DISNEY EST TROP VASTE POUR ÊTRE EMBRASSÉ EN UN SEUL ARTICLE. POINT D'EXHAUSTIVITÉ DONC, MAIS UN TOUR D'HORIZON DES SÉRIES QUI ONT MARQUÉ LE PETIT ÉCRAN ET PERMIS AU STUDIO DE DIVERSIFIER SES ACTIVITÉS EN LANÇANT DE NOUVELLES FRANCHISES OU EN CAPITALISANT JUDICIEUSEMENT SUR LE SUCCÈS DE GRANDS CLASSIQUES.

Sous l'impulsion du redoutable Michael Eisner, nommé président-directeur général de Disney en septembre 1984 (poste qu'il quittera avec fracas vingt ans plus tard, en 2005), les projets se multiplient tous azimuts au sein de la société fraîchement rebaptisée The Walt Disney Company : longs métrages, parcs à thèmes, création de la filiale Touchstone Pictures pour des films plus adultes… Et un retour remarqué dans la petite lucarne via le lancement de Disney Television Animation, division de Walt Disney Television dédiée à la production de programmes animés pour la télévision. À sa tête, Gary Krisel, transfuge du label Walt Disney Music Company, occupe le poste de vice-président jusqu'en 1990, puis de président jusqu'en 1995. Déserté du vivant de Walt Disney qui jugeait trop onéreuse la production hebdomadaire de séries animées pour le petit écran, le créneau est désormais investi par le studio avec l'ambition de ne rien sacrifier à la qualité. Mission réussie grâce à l'expérience acquise, conjuguée à des budgets confortables, qui renvoie aux oubliettes la réalisation rudimentaire des séries Hanna-Barbera des années 1960, à l'image des *Pierrafeu* ou des *Fous du volant*. Les premières séries diffusées à l'antenne conquièrent rapidement le cœur du public. Si la première production, *Wuzzles*, est avortée au terme d'une unique saison, la seconde, *Les Gummi*, marque davantage les esprits et connaît six saisons. Deux autres séries lancées à la fin des années 1980 remportent à leur tour un grand succès. À commencer par *La Bande à Picsou* qui remet en selle le canard pingre créé en 1947 par l'immense auteur américain Carl Barks, au côté de Riri, Fifi et Loulou, des sinistres Miss Tick et Les Rapetou, et de nouveaux personnages créés pour l'occasion, parmi lesquels l'aviateur Flagada Jones et la gouvernante Mamie Baba. Le succès des trois saisons est tel qu'il occasionne une ribambelle de produits dérivés (dont un jeu vidéo de grande qualité) et même, insigne honneur, un long métrage intitulé *La Bande à Picsou – Le Trésor de la Lampe Perdue*. Disney, qui a eu le nez creux en exhumant un personnage fétiche, décide de parier sans attendre sur d'autres mascottes de son catalogue. Le résultat, *Tic et Tac – Les Rangers du Risque*, met en vedette les deux écureuils facétieux, alors même que les souris Bernard et Bianca avaient d'abord été pressenties. Dopée à l'action et à l'humour à l'instar de son prédécesseur, la série joue avant l'heure la carte des clins d'œil référentiels, Tic étant vêtu d'une tenue de baroudeur évoquant furieusement celle d'Indiana Jones, et Tac d'une chemise hawaïenne proche de celle du héros de la série *Magnum* – dont l'interprète principal, Tom Selleck, devait initialement incarner Indiana

La maison de Mickey © Disney

Gargoyles © 1994 Disney

Les Gummi © 1985-1990 Disney

Kim Possible © 2002 Disney

Phinéas et Ferb © 2007-2015 Disney

Jones ! Rapidement confiées à des entités internationales basées au Canada, au Japon ou en France avec le regretté studio de Montreuil, les productions mises en chantier par Disney Television Animation au début des années 1990 enchaînent les succès d'audience : le virevoltant *Super Baloo* offre une sacrée cure de jouvence à l'ours débonnaire du *Livre de la jungle* ; *Myster Mask*, spin-off parodique de *La Bande à Picsou*, met en vedette un canard doté de superpouvoirs ; et *La Bande à Dingo*, réservée à un public enfantin, donne un sérieux coup de fouet à l'image vieillissante de Dingo, flanqué pour l'occasion d'un rejeton.

Du grand au petit écran

Parallèlement, la vitalité retrouvée en salles des studios Disney durant la décennie 1990 met la puce à l'oreille de Disney Television Animation, qui suggère de prolonger l'esprit des longs métrages caracolant en tête du box-office. Ainsi naissent les séries dérivées de *La Petite Sirène*, préquelle du film ; d'*Aladdin*, qui éclipse délibérément le personnage de Jafar ; de *Timon & Pumbaa*, avec dans les rôles-titres le suricate et le phacochère du *Roi lion* ; suivies des années plus tard, avec plus ou moins de bonheur, de *Hercule*, *La Légende de Tarzan* et *Lilo & Stitch*, jusqu'au plus récent *La Garde du Roi lion*. La division télévisée de Disney poursuit par ailleurs sa création de séries inédites, parmi lesquelles se distinguent *Bonkers* qui marche dans les pas de Roger Rabbit ; *Gargoyles* et son ambiance gothique singulière pour une production Disney ; ou encore *La Cour de récré* où, pour une fois, les héros ne sont pas des animaux. Au tournant des années 2000, face à l'explosion des chaînes thématiques, les séries Disney trouvent refuge sur la chaîne câblée Disney Channel – jusqu'alors, la majorité des séries-maison étaient diffusées sur les chaînes hertziennes. Le premier grand succès, *Kim Possible*, diffusé de 2002 à 2007, s'impose comme une parodie féminine des films d'espionnage avec son héroïne intrépide qui déjoue des complots avec l'aide de son meilleur ami. Le second, *Phinéas et Ferb*, qui prend la relève en 2007 et jusqu'à 2015, est un savant mélange d'humour absurde et de chansons. Entre les séries pour les chaînes Disney Junior, réservée aux plus jeunes (*La Maison de Mickey*), Disney XD, destinée aux préadolescents (*Tron – La Révolte*), et la chaîne-mère Disney Channel (*Souvenirs de Gravity Falls*), l'incursion de Disney sur le petit écran donne lieu à des productions à la réalisation remarquable, bien moins erratique que les suites de classiques et autres Direct-to-video produits à la chaîne depuis les années 1990.

LA CRÈME DES SÉRIES TV

Parce que Disney et télévision ne riment pas nécessairement avec adaptations (plus ou moins pantouflardes) de classiques-maison, voici notre sélection des productions les plus novatrices et accomplies.

Gargoyles (1994-1996)

Tranchant radicalement avec les sitcoms qui sclérosent la production animée de l'époque, *Gargoyles, les anges de la nuit* tient la dragée haute à *Batman, la série animée* produite par Warner. Objet d'un culte tenace outre-Atlantique, les aventures nocturnes d'un clan de gargouilles médiévales brusquement revenues à la vie au XXIe siècle sur l'île de Manhattan, bénéficient d'un graphisme sophistiqué, de scénarios fouillés et d'une atmosphère gothique qui détonnent dans la production du studio.

Phinéas et Ferb (2007-2015)

Répliques imparables, clins d'œil à foison, jeux de mots incessants, chansons fréquentes… Ce n'est pas un hasard si le quotidien des deux demi-frères meublant comme ils peuvent leurs vacances d'été, en dépit des tentatives de délation de leur sœur et de la double vie de leur ornithorynque qui n'est autre qu'un agent secret (sic), a su fédérer une large communauté de fans. Une série née de l'imagination délirante d'un duo passé par *Bob l'éponge* et *Les Simpson*, que n'aurait pas renié Tex Avery.

Tron – La Révolte (2012-2013)

Victime d'une diffusion anarchique et de l'échec cinglant de l'inégal *Tron : L'Héritage*, la série dérivée de l'univers créé par Steven Lisberger se situe chronologiquement entre les deux films réalisés à vingt-huit ans d'intervalle. Malgré des personnages complexes, une intrigue captivante, des scènes d'action virtuoses et spectaculaires, et une proposition graphique forte mais certes déroutante (personnages longilignes aux traits anguleux), le public boude l'ambitieuse production.

Souvenirs de Gravity Falls (2012-2016)

Envoyés pour un été chez leur grand-oncle dans un coin reculé de l'Oregon, deux faux jumeaux mettent la main sur un journal qui renferme les mystères de la ville. Créée par un ex scénariste de Cartoon Network, cette série à mi-chemin entre *X-Files*, *Twin Peaks* et *Les Simpson* déroule son scénario solide émaillé d'indices (notamment dans les génériques) sur un ton vif, décapant et contemporain. Une franche réussite truffée de clins d'œil geek et d'éléments fantastiques.

La Bande à Picsou (depuis 2017)

Réconciliés après une fâcherie d'une dizaine d'années et démangés par le frisson de l'aventure, Picsou et Donald repartent en quête de trésors avec l'inséparable trio Riri, Fifi et Loulou, et avec Zaza, la petite-fille de la gouvernante du canard grippe-sou. Trente ans après la série-culte des années 1980, ce reboot graphiquement très proche du style de Carl Barks dépoussière l'image un peu démodée de personnages qui ont pourtant de l'énergie à revendre. Bien plus qu'un *revival* nostalgique.

La Bande à Picsou

Le milliardaire de Canardville, via son créateur Carl Barks, connaît depuis des décennies des aventures extraordinaires l'emmenant aux quatre coins du monde. La série lui étant dédiée, qui lance ainsi les activités de Disney à la télévision, est un succès immédiat.

Balthazar Picsou, de son véritable nom Scrooge McDuck (inspiré d'Ebenezer Scrooge de Charles Dickens du conte *Un chant de Noël* en 1843, et qui sera adapté par Disney en 1983 avec *Le Noël de Mickey* où Picsou reprendra logiquement le rôle de Scrooge), naît en 1947 des mains de l'animateur et dessinateur Carl Barks, d'abord pour une bande dessinée mettant en scène Donald, et ensuite dans des courts métrages. Précisément, Picsou est l'oncle maternel de Donald, et trouve ses origines en 1943 où son neveu, dans un court métrage de propagande, est tiraillé par deux facettes de sa personnalité dont l'une particulièrement « économe », représenté par un Écossais. De ce fait, Carl Barks, scénariste sur ce court métrage, est également l'un des grands instigateurs du développement du personnage de Donald, et crée par la suite ses trois neveux (Riri, Fifi et Loulou) en plus de l'oncle milliardaire et les différents personnages gravitant autour du monde de Canardville, tels que la fiancée Daisy et le cousin Gontran Bonheur. Le « Duck universe » ainsi créé est vraiment un cas à part dans la production Disney au fil des décennies, faisant de Donald et Picsou des personnages très populaires notamment en bande dessinée. Si le personnage de l'oncle avare est repris dans les années 1980 et 1990 par Don Rosa (notamment via l'excellent *La Jeunesse de Picsou*), toute la génèse et la création du personnage est à porter au crédit de Carl Barks, qui fait preuve d'une imagination folle et qui amène, au fil des aventures de ses héros, à approfondir leur personnalité et la mythologie associée à leurs péripéties.

C'est en 1984 que la branche Walt Disney Television Animation est créée, afin d'investir le petit écran de manière plus ferme et systématique, alors que le cinéma d'animation peine à se développer et traverse une profonde période de crise et de lent renouvellement. Leur première production est *Les Gummi* en 1985, mais Picsou devient la même année le centre d'intérêt des créatifs qui ont la mission de développer des personnages « secondaires » pour la télévision. Le double épisode d'ouverture, « *N'abandonnez pas le navire / Fausse route vers fausse route* » (« Treasure of the Golden Suns » en version originale) offre déjà toutes les possibilités du personnage de Picsou : une présence minimale de Donald (pourtant très présent dans la bande dessinée, il est ici très largement absent de la série) et celle renforcée des trois neveux, le tout pour des péripéties amenant le milliardaire, mais surtout l'aventurier, à découvrir de nouveaux continents et percer de nouveaux

LA BANDE À PICSOU
DUCKTALES

Diffusion originale : 18 septembre 1987
Diffusion française : 2 janvier 1988
Réalisateurs : Bob Hathcock, James T. Walker, Alan Zaslove, Terence Harrison, Steve Clark, David Block, Jamie Mitchell, Rick Leon, Vincent Davis, Jeff Hall, Mircea Mantta, Richard Trueblood
Compositeur : Mark Mueller
Durée : 100 épisodes de 22 minutes

mystères. Avare mais enthousiaste, Picsou crève l'écran et permet, sous couvert d'une production sans superflu mais superbement écrite, une vraie série d'aventure pour enfants, avec ses thèmes modernes (Picsou qui perd sa fortune à cause d'un bug informatique, dix ans avant l'an 2000 !), ses grands personnages historiques (Gengis Khan, Homère...) et ses nombreuses antagonistes qui apportent autant de couleurs et de diversité à l'histoire. Son seul point noir, indépendant de la volonté des créateurs, est la production au budget très bas, qui fait passer l'animation à la télévision pour du low-cost comparé au cinéma (qui pourrait cependant avoir été une vraie stratégie en dehors des problématiques de budget). Avec cent épisodes de vingt minutes chacun, *La Bande à Picsou* réussit néanmoins à développer davantage le personnage sans Donald, ce que ne font guère les bandes dessinées jusqu'à *La Jeunesse de Picsou* de Don Rosa.

Une fois n'est pas coutume, la série est suivie (et conclue) par un film qui sort en salles en 1990 aux États-Unis et 1991 pour la France, *La Bande à Picsou, le film : Le Trésor de la lampe perdue*, scénarisé par Carl Barks et réalisé avec le renfort de Gaëtan et Paul Brizzi depuis les studios de Montreuil, en France. Le résultat dépasse très largement le caractère « économe » de la série, et offre une aventure haute en couleurs, grand hommage à Indiana Jones car, il faut le savoir, George Lucas s'était aussi inspiré des aventures de Picsou pour concevoir le premier film mettant en scène l'archéologue (le personnage de Flagada Jones, apparu dans la série, n'est qu'un clin d'œil de la version française, le personnage se nommant Launchpad McQuack en version originale).

Le troisième temps fort de Picsou sur les écrans a lieu en 2017 avec le revival de la série originale. Il s'agit ici d'un remake dans l'esprit, puisque le postulat de départ est strictement identique : Donald demande à Picsou de garder ses neveux pendant son absence, et les trois « castors junior » réveillent en leur vieil grand oncle ses instincts d'aventurier. Extrêmement dynamique et marquant donc une modernité nouvelle, cette série se démarque avec un style graphique qui est en réalité très proche du style originel de Carl Barks. Avec ces timides neuf épisodes pour la première saison mais au beau succès public et critique, nul doute que Picsou et sa bande ont de belles aventures devant eux.

L'UNIVERS ÉTENDU

• P. 152 •
Les films live

• P. 156 •
Les jeux vidéo

• P. 160 •
Les studios Pixar

• P. 164 •
Les autres studios

1

Les films live

P. 153
DU NEUF AVEC DU VIEUX

DU NEUF AVEC DU VIEUX

ALORS QUE LE DÉPARTEMENT ANIMATION CONNAÎT UN REGAIN DE CRÉATIVITÉ DANS LES ANNÉES 2010, CELUI DES « FILMS LIVE » EMPRUNTE UNE VOIE PLUS HASARDEUSE DE RECYCLAGE TOUS AZIMUTS DES FLEURONS DU CATALOGUE. UNE STRATÉGIE QUI POURRAIT S'AVÉRER RISQUÉE À MOYEN TERME, À EN JUGER PAR LA QUALITÉ INÉGALE DES PRODUCTIONS SORTIES EN SALLES CES DERNIÈRES ANNÉES.

L'accession de Bob Iger à la tête de Disney à l'automne 2005, après le règne chahuté de Michael Eisner durant plus de deux décennies, marque un tournant stratégique majeur dans la politique éditoriale du studio aux grandes oreilles. Outre le rachat lucratif de Pixar et des franchises Marvel et Lucasfilm, le président fraîchement élu décide de réorienter singulièrement la production des films en prises de vues réelles – également appelés films live, ou *live action* dans la langue de Shakespeare. Promu en 2010 à la tête du département, Sean Bailey se trouve ainsi chargé de remettre au goût du jour les classiques animés sous forme de préquelles, remakes et suites avec des effets spéciaux dernier cri et des acteurs en chair et en os, afin de faire fructifier le catalogue vieillissant du studio, en faisant découvrir les classiques à de nouvelles générations tout en titillant la fibre nostalgique des anciennes. L'idée n'est pas nouvelle : en 1996 déjà, sous la direction de Stephen Herek (*Les Petits Champions*), Glenn Close incarne l'excentrique Cruella dans un remake live des *101 Dalmatiens*. Fidèle à l'intrigue du classique sorti dans les salles trente-cinq ans plus tôt, l'adaptation ne manque pas de charme mais ne doit son salut qu'à la performance volontairement hystérique de la comédienne, dans le rôle d'un des méchants les plus charismatiques de la galaxie Disney. Face au succès du film (les recettes ne sont pas loin d'égaler celles du film original sur le territoire américain, et les dépassent à l'échelle mondiale), Disney ne tarde à pas à mettre en chantier une suite. Signée Kevin Lima, qui sort de la réalisation du film d'animation *Tarzan*, *Les 102 Dalmatiens* sort dans les salles en 2000. Embarrassant de mièvrerie et de vulgarité, le film, qui embarque Gérard Depardieu dans le naufrage, est un échec sans appel. Néanmoins, l'accueil favorable de son prédécesseur témoigne, sinon d'une appétence, à tout le moins d'une curiosité de la part des spectateurs. Dans le même esprit des suites animées déclinées en vidéo, les films live s'appuient sur un patrimoine fédérateur, rassurant pour des producteurs qui ne jurent que par les concepts amortis. Puisque le catalogue leur tend les bras avec des scénarios livrés clef en main, le budget peut donc être englouti dans les effets spéciaux, essentiels

101 Dalmatiens © 1996 Disney

Maléfique © 2014 Disney

Cendrillon © 2015 Disney

Alice au Pays des Merveilles © 2010 Disney

pour justifier la remise au goût du jour d'un film ; dans la distribution, la présence de stars étant à même de susciter l'intérêt du public ; ainsi que dans la campagne de promotion qui ne manquera pas de mettre un nouveau coup de projecteur sur le film d'origine à travers une reprise en salles, une diffusion télévisée ou une opportune réédition vidéo.

Une production intensive

À l'aube des années 2010, décision est enfin prise de se donner les moyens de ses ambitions en confiant les films live à des réalisateurs de renom, aptes à imprimer leur patte dans des univers parfaitement identifiés. Tim Burton signe ainsi en 2010 une relecture personnelle d'*Alice au Pays des Merveilles* avec la jeune Mia Wasikowska dans le rôle de l'héroïne, et Johnny Depp dans celui du Chapelier Fou, l'acteur signant là sa septième collaboration avec le cinéaste. Boursouflé et criard, le film s'avère malgré tout particulièrement rentable (un milliard de dollars de recettes dans le monde, pour un budget de 200 M$), confortant la politique du studio qui initie une succession de productions inégales dont il convient tout de même de saluer l'audace. À commencer, la même année, par *L'Apprenti Sorcier* avec Nicolas Cage, dans lequel un garçon ordinaire devient l'apprenti d'un puissant sorcier protégeant New York depuis des centaines d'années. Bien qu'oubliable, ce clin d'œil au segment iconique de *Fantasia* avec Mickey divertit grâce à ses scènes d'action et à ses effets spéciaux spectaculaires. La vraie bonne surprise arrive en 2014 avec *Maléfique* où Angelina Jolie, en interprète convaincante de la sorcière de *La Belle au Bois Dormant*, crève l'écran dans cette préquelle inspirée du classique de 1959, qui reste l'adaptation live la plus réussie à ce jour grâce à l'éclairage jeté sur le passé du personnage. Un an plus tard, le prestigieux réalisateur Kenneth Branagh signe un remake sage et fidèle de *Cendrillon*, en confiant le rôle-titre à la jeune Lily James. En 2016, deux adaptations supplémentaires sortent coup sur coup dans les salles : le gentiment effrayant *Livre de la Jungle* signé Jon Favreau, et l'étonnant *Peter et Elliott le Dragon* avec Robert Redford, très libre relecture d'un « petit » classique des années 1970. Deux films diamétralement opposés dans leur démarche, qui trahit la politique décousue voire schizophrène du studio : d'un côté, un remake plutôt fidèle de l'ultime classique initié par Walt Disney, au point d'y glisser les chansons emblématiques alors que la tonalité délibérément plus sombre ne s'y prête guère ; de l'autre, une comédie inoffensive qui s'éloigne tant du film original que seuls subsistent le titre et le concept-même du dragon. Une stratégie déroutante tiraillée entre des approches incompatibles qui, tour à tour, entendent faire table rase du passé, tentent d'introduire divers éléments inédits, ou s'en tiennent à de stricts remakes.

Tout se recycle

La sortie du remake live de *La Belle et la Bête*, au printemps 2017, tranche en faveur de la dernière option. Malgré quelques tentatives d'émancipation, à commencer par un rapide détour par Paris et une évolution saugrenue du faire-valoir de Gaston, les différences sont mineures au regard du décalque pur que constitue ce film live dans lequel Emma Watson, noyée sous un déluge d'effets numériques, peine à exister. Décors, costumes, intrigue, personnages, chansons : tout est reproduit à l'identique, avec un respect qui confine à l'idolâtrie. Délayé sur plus de deux heures, soit près de trois quarts d'heure supplémentaires par rapport au classique animé de 1991, le film rallonge surtout plus que de raison chaque chanson. Mais le public ne fait pas la fine bouche puisque le film se hisse sans peine dans le top 10 du box-office français de 2017, et finit même aux portes du top 10 du classement mondial des plus gros succès de tous les temps. En l'espèce, la stratégie de Disney est donc validée, et il faut s'attendre à voir fleurir moult adaptations du même ordre dans les années à venir. Qu'il s'agisse de l'adaptation de *Dumbo* par Tim Burton avec Colin Farrell et Eva Green en tête d'affiche (sortie prévue au printemps 2019) ; du remake de *Mulan* par la réalisatrice néo-zélandaise Niki Caro, avec la superstar chinoise Liu Yifei dans le rôle-titre (annoncé pour l'automne 2018, le film a été repoussé en 2019) ; du film entier dédié à Chernabog, immortalisé par le segment *Nuit sur le Mont Chauve* de *Fantasia*, par les auteurs de la bonne surprise *Dracula Untold* ; de la très attendue adaptation du *Roi lion* par Jon Favreau, déjà aux manettes du remake du *Livre de la Jungle* ; ou de la future *Fée Clochette* incarnée par Reese Witherspoon et du petit classique *Merlin l'Enchanteur* qui s'apprête à passer entre les mains du scénariste de la série *Game of Thrones*, les projets pleuvent sans que l'on sache, à l'heure actuelle, quels classiques y laisseront des plumes. Un planning chargé qui fait déjà le bonheur des humoristes : ainsi, des internautes ont imaginé un trailer de *La Petite Sirène* parodiant les tics de mise en scène de la réalisatrice Sofia Coppola, réellement intéressée par un projet d'adaptation du film de 1989 avant de jeter l'éponge à l'été 2015 pour « divergences artistiques » avec le studio, tandis que le comédien Dwayne Johnson n'a pas hésité à donner de sa personne dans un sketch parodique de l'émission *Saturday Night Live*, où Bambi inverse cette fois la situation en éliminant lui-même le chasseur. Cette frénésie soulève par ailleurs une inquiétude légitime : à recycler ainsi son catalogue, Disney ne prend-t-il pas le risque de porter préjudice à l'image des films originaux ?

La Belle et la Bête © 2017 Disney

La Belle et la Bête © 2017 Disney

2

Les jeux vidéo

P. 157
GÉNÉRATION PIXELS

GÉNÉRATION PIXELS

LE 10 MAI 2016, LE COUPERET TOMBE : ENDETTÉE À HAUTEUR DE 1,3 MILLIARD DE DOLLARS DE PERTE CUMULÉE DEPUIS 2008, LA DIVISION JEUX VIDÉO ET WEB DE LA WALT DISNEY COMPANY EST OFFICIELLEMENT ENTERRÉE. RETOUR SUR TROIS DÉCENNIES DE PRÉSENCE DANS UN SECTEUR FLORISSANT OÙ LE GÉANT DU DIVERTISSEMENT S'EST FINALEMENT RÉVÉLÉ UN COLOSSE AUX PIEDS D'ARGILE.

Les premiers pas de Disney dans l'univers vidéoludique sont aussi tardifs que timides. En 1982, le film *Tron* a droit à son adaptation en jeu d'action, sous le titre *Tron : Deadly Discs*, sur la console Intellivision de Mattel et, un an plus tard, le célèbre segment musical de *Fantasia* avec Mickey est décliné en jeu de plates-formes, sous le titre *Sorcerer's Apprentice*, sur Atari 2600. Une parenthèse rapidement refermée quand survient le krach du jeu vidéo de 1983, qui entraîne la faillite de plusieurs entreprises du secteur. Ce n'est qu'à la fin des années 1980 que Disney revient, toujours par la petite porte, dans un domaine requinqué par plusieurs succès, à l'image de *Megaman 2*, édité par Capcom. En mai 1988, un partenariat est signé entre les deux sociétés, chacune trouvant son intérêt : l'éditeur y voit une opportunité de séduire le public occidental avec des franchises fédératrices, et le géant de l'entertainment de mettre un pied dans un secteur en pleine expansion.

Prudent, Disney choisit d'adapter les séries télévisées qui font fureur dans les cours de récré plutôt que de risquer d'abîmer ses icônes. En septembre 1989, *DuckTales* sur NES et Game Boy, les consoles de salon et portable du géant Nintendo, surfe ainsi sur le succès de *La Bande à Picsou*. Très réussi, le jeu parvient à se faire une place au côté des best-sellers de l'époque. L'été suivant, Capcom sort coup sur coup sur NES le tout aussi abouti *Chip'n Dale : Rescue Rangers*, dérivé de la série *Tic et Tac – Les Rangers du Risque*, et le nettement plus oubliable *Adventures in the Magic Kingdom*, compilation de mini-jeux à la gloire des parcs d'attractions. À l'été 1991, *The Little Mermaid*, libre adaptation (inédite dans nos contrées) du film *La Petite Sirène* sorti en France un an plus tôt, constitue une exception à la règle des déclinaisons de séries TV. Déjà, le vent tourne pour Capcom puisqu'un concurrent s'apprête à signer un partenariat parallèle avec Disney. L'éditeur en question n'est autre que SEGA, en quête d'une mascotte à même de rivaliser avec le plombier italien Mario créé par Nintendo, devenu le personnage de fiction le plus connu des enfants nord-américains, au nez et à la barbe de Mickey.

C'est plus fort que toi

En attendant l'émergence du hérisson Sonic en 1991, SEGA conclut un deal avec Disney afin de porter une ribambelle de mascottes sur sa console Mega Drive avec, dans l'ordre, Mickey dans le mémorable *Castle of Illusion* paru en 1990, Donald dans le non moins ex-

Sorcerer's Apprentice © 1983 Disney

Casttle of illusion © 1990 Disney

Duck Tales © 1989 Disney

Tarzan © 1994 Disney

Aladdin © 1993 Disney

Épic Mickey © 2010 Disney

cellent *QuackShot* en 1991, et enfin les deux réunis dans *World of Illusion* l'année suivante. Deux partenariats, deux stratégies différentes : SEGA parie sur des mascottes intemporelles, quand Capcom s'appuie sur les séries TV du moment, comme le confirment *TaleSpin* et *Darwing Duck*, respectivement adaptés de *Super Baloo* et *Myster Mask*. Dès lors, les deux consoles 16-bits sont à couteaux tirés pour obtenir les meilleures exclusivités. Capcom frappe un grand coup à la rentrée 1992 avec *The Magical Quest* dans lequel Mickey se grime tour à tour en alpiniste, pompier et magicien. Mais ce n'est rien face au projet suivant. Suite au nouvel âge d'or que connaît le département animation dans les salles obscures, le dernier triomphe en date se doit d'être adapté en jeu vidéo pour dynamiser les ventes du film en vidéo, à l'approche des Fêtes de fin d'année 1993. L'heureux élu s'appelle *Aladdin*. Alors que Capcom se charge de la version réservée à la Super Nintendo, SEGA confie celle de la Mega Drive à son partenaire BlueSky (rien à voir avec le futur studio d'animation responsable de *L'Âge de glace*). Problème, celui-ci ne brille guère par son expérience dans le jeu vidéo, et Disney n'entend pas écorner l'image du long métrage. L'intéressé retire donc le projet à l'éditeur pour le confier à Virgin Interactive. Disney a en effet été impressionné par la réalisation de *Global Gladiators* et *Cool Spot*, deux jeux en forme de spots géants pour McDonald's et 7 Up développés par un jeune créateur nommé David Perry. Celui-ci met alors toute son énergie dans l'adaptation d'*Aladdin*, et parvient en un temps record à un résultat époustouflant grâce à la mise au point du processus Digicel qui permet de scanner, de corriger et d'animer des croquis conçus par les animateurs des studios Disney. Bien que la version sortie sur Super Nintendo soit de grande qualité, celle réservée à la Mega Drive est un bijou qui donne le sentiment de jouer à un dessin animé. La réputation du titre, l'un des meilleurs de la génération des consoles 16-bits, permet même au talentueux David Perry de quitter Virgin Interactive pour créer son propre studio, Shiny Entertainment, d'où sortira le chef-d'œuvre *Earthworm Jim*. Très heureux du résultat accompli par Virgin Interactive, Disney décide d'enchaîner sur une adaptation du *Livre de la jungle*. Mais David Perry et ses collaborateurs sont déjà partis vers d'autres cieux et le jeu, porté en 1994 sur toutes les consoles du marché, sort dans l'indifférence. Il faut dire que deux autres jeux estampillés Disney, bien plus ambitieux, sortent dans les linéaires la même année : d'une part, *Mickey Mania*, que l'on doit à un jeune éditeur nommé Traveller's Tales (désormais réputé pour ses innombrables déclinaisons vidéoludiques de Lego) offre, à l'occasion des soixante-cinq ans de Mickey, de traverser littéralement les productions qui ont bâti sa renommée ; et d'autre part, *Le Roi Lion*, sous-traité à une filiale de Virgin Interactive baptisée Westwood Studios, s'impose comme un nouveau coup d'éclat comparable à *Aladdin*, d'autant plus que les développeurs travaillent sur le jeu en parallèle de la production du film… auquel ils n'ont pas accès. D'où des niveaux déconnectés de l'intrigue du long métrage, où Simba traverse des cascades ou une rivière de lave. Face à ce nouveau succès critique et commercial, Virgin souhaite enchaîner sur une suite d'*Aladdin*, finalement avortée faute d'accord financier avec Disney. Le partenariat s'achève en 1995 avec une adaptation inégale de *Pinocchio*. Au total, dans la première moitié des années 1990, la mascotte Mickey aura tenu la vedette de quatorze jeux de plates-formes, contre dix pour Sonic et six pour Mario.

Les jeux sont faits

Dès lors, le géant américain entend moins prolonger l'esprit de ses productions à travers des adaptations inventives et soignées, que de capitaliser sur le nom des derniers succès en salles, quitte à déléguer les jeux à des éditeurs sans génie. Tout le monde a ainsi oublié les portages à la hâte des films *Hercule*, *Tarzan* ou *Atlantide, l'Empire Perdu*, confiés au studio britannique Eurocom. En décembre 1994, Disney saute finalement le pas en créant son studio de développement de jeux vidéo, baptisé Disney Interactive Studios. Mais le succès n'est pas au rendez-vous pour le jeune éditeur qui se casse les dents sur la nouvelle génération de consoles portée par la PlayStation et la Saturn et qui, en avril 1997, licencie 90 employés et préfère déléguer ses licences à des éditeurs tiers, à l'image du jeu de course *Mickey's Speedway USA* sur Nintendo 64, édité en 2000 par Rare ; le jeu d'aventure dérivé du *Monde de Nemo* sur plusieurs consoles, en 2003 par THQ ; et surtout la franchise action-RPG *Kingdom Hearts*, *crossover* des univers Disney et Final Fantasy, à partir de 2002 par Square Enix. Coup de théâtre en 2007 quand, face au succès de la Wii de Nintendo, Disney revient dans l'arène en créant Disney Interactive Media, une division chargée d'éditer les productions maison. Développé par le très respecté Warren Spector (*Deus Ex*), l'ambitieux *Epic Mickey* offre en 2010 le rôle-titre à la souris dans un hommage vibrant aux origines des studios Disney, malgré une caméra capricieuse. Deux ans plus tard, la suite du jeu passe inaperçue. Au début des années 2010, entre deux remakes (réussis) des succès d'antan *DuckTales* et *Castle of Illusion*, Disney s'engouffre dans la mode du « jouet vidéo », qui explose avec la série de jeux *Skylanders* d'Activision et les figurines Amiibo de Nintendo. La franchise Disney Infinity, qui exploite une foule de figurines à l'effigie des classiques-maison et des univers Marvel et Star Wars, cartonne aux Fêtes de fin d'année 2013. Le déclin est ensuite inexorable, jusqu'à la date fatidique de mai 2016 où le géant du divertissement décide d'arrêter les frais et de confier l'exploitation de ses licences à des éditeurs tiers, à l'image de la poule aux œufs d'or Star Wars confiée à Electronic Arts. Disney et le jeu vidéo : *game over*, vraiment ?

Disney Infinity © 2013 Disney

Duck Tales © 2010 Disney

3

Les studios Pixar

P. 161
VERS L'INFINI ET AU-DELÀ

VERS L'INFINI ET AU-DELÀ

MICKEY ET WOODY MARCHENT AUJOURD'HUI MAIN DANS LA MAIN, À LA PLUS GRANDE JOIE DES AMATEURS D'ANIMATION. MAIS DERRIÈRE L'UNION IDYLLIQUE QUI, DU *MONDE DE NEMO* À *RATATOUILLE*, A ACCOUCHÉ D'AUTHENTIQUES CHEFS-D'ŒUVRE, LES DEUX POIDS LOURDS DU SECTEUR ONT LONGTEMPS CONJUGUÉ LEUR RELATION SUR LE MODE DU « JE T'AIME, MOI NON PLUS ». RETOUR AUX ORIGINES.

Fraîchement diplômé de la prestigieuse école California Institute of the Arts créée au début des années 1960 à l'initiative de Walt Disney, John Lasseter est recruté en 1979 en qualité d'animateur au studio afférent où il œuvre sur le moyen métrage *Le Noël de Mickey*, relecture charmante d'un conte de Charles Dickens. Âgé de 22 ans, le jeune homme arrive au moment où le studio est en plein développement de *Tron*, un long métrage ambitieux et précurseur où l'imagerie numérique est au cœur des enjeux. Excité par les séquences préliminaires qu'il découvre, Lasseter flaire immédiatement le potentiel. En 1983, en compagnie de trois ingénieurs et Stan Kinsey, jeune vice-président en charge des opérations, des finances et des nouvelles technologies chez Disney, il visite les locaux de Lucasfilm qui possède une division en pointe dans le domaine. Ébloui par ce qu'il y découvre, Kinsey fait part de ses impressions à sa hiérarchie, mais Frank Wells, président-directeur-exécutif, douche ses espoirs : « *Nous allons fermer le département animation. Il ne rapporte plus d'argent.* » Dans une mauvaise passe, Disney est en effet obsédé par la réduction des coûts. John Lasseter claque alors la porte du studio et rejoint Lucasfilm où il anime en 1984 le premier court métrage d'animation numérique, *Les Aventures d'André et Wally B.* Deux ans plus tard, Disney rate à nouveau le coche lorsque Ed Catmull, codirigeant de la jeune structure, informe Stan Kinsey que celle-ci a besoin de capital pour remplacer la part de George Lucas en instance de divorce. Le fait de rallier Roy E. Disney à sa cause n'y change rien : Jeffrey Katzenberg, alors directeur des studios Disney, estime « *ne pas avoir de temps à perdre avec ça.* » Steve Jobs, l'emblématique cofondateur d'Apple, remporte la mise et, en février 1986, rebaptise la société « Pixar ». Soulignant l'optimisation des coûts de production rendue possible par l'informatique, Roy E. Disney finit de guerre lasse par convaincre Michael Eisner, PDG de Disney, d'investir dans la jeune société. Soucieux de faire progresser le domaine et perfectionner la maîtrise d'images de synthèse encore rudimentaires, John Lasseter enchaîne sur quatre nouveaux courts métrages. À commencer par *Luxo Jr.* (1986), où une lampe de bureau s'amuse, sous le regard bienveillant d'une

Le Monde de Nemo © 2003 Disney

Monstres & cie © 2001 Disney

Les indestructibles © 2004 Disney

Toy Story © 1995 Disney

lampe plus « âgée », avec un ballon. Outre la simulation réaliste d'objets, l'apprenti réalisateur parvient à crédibiliser l'existence de personnages insolites grâce à une palette d'émotions particulièrement crédibles. Un coup de maître à l'origine de l'identité de Pixar : aujourd'hui encore, la lampe de *Luxo Jr.* bondit gaiement en ouverture de chaque film du studio. En 1987, Lasseter simule la pluie dans *Red's Dream*, puis enchaîne l'année suivante avec l'être humain dans *Tin Toy* et, en 1989, avec l'eau dans l'amusant *Knick Knack*.

Une révolution annoncée

Tout en continuant d'accroître sa notoriété grâce à des publicités pour des clients comme Tropicana, Volkswagen ou Listerine, Pixar passe à la vitesse supérieure en nouant, en mai 1991, un contrat exclusif de coproduction avec Disney pour trois longs métrages, à hauteur de 21 millions de dollars. Et confie à John Lasseter le soin de réaliser le premier projet, qui devient de fait le tout premier long métrage 100 % numérique de l'histoire du cinéma. Si le projet frôle à plusieurs reprises l'annulation en raison de projections internes désastreuses, *Toy Story* est finalement mené à terme et, lors de sa sortie, fait forte impression sur le public et la critique, dithyrambique, devenant sans peine le plus gros succès de l'année 1995. Cette histoire de jouets qui prennent vie avec un conflit larvé entre le cowboy Woody et le super-héros Buzz l'éclair, s'impose de l'avis unanime comme une révolution comparable au passage du muet au cinéma parlant. Après l'échelle d'une chambre d'enfant, Pixar opte pour l'infiniment petit et se place à hauteur d'insectes avec *1001 Pattes*. Épaulé par Andrew Stanton, Lasseter négocie brillamment le virage délicat du deuxième film avec cet hommage aux *Sept Samouraïs* d'Akira Kurosawa. Fidèle à la ligne politique du studio qui consiste à repousser toujours plus loin la technologie à chaque nouvelle production, le film parvient cette fois à simuler le vent et la translucidité toute particulière des éléments végétaux. Autre nouveauté pour une production animée : la présence d'un bêtisier dans le générique final, idée reprise dans les films suivants avant un abandon discret au milieu des années 2000. Pour son troisième film, Pixar revient à ses premières amours avec *Toy Story 2*, cas d'école d'une suite plus aboutie encore que le premier épisode. Sorti en salles en novembre 1999 aux États-Unis et en février 2000 en France (tout juste un an après *1001 Pattes*), ce deuxième volet cartonne au box-office et rafle au passage de prestigieuses distinctions. Initialement prévu pour une seule exploitation vidéo, le film occasionne en coulisses des crispations avec Disney : *Toy Story 2* ayant finalement les honneurs d'une sortie salles, Pixar estime qu'il clôt le fameux contrat des trois films. Mais Disney ne l'entend pas de cette oreille, et contraint le studio à enchaîner sur trois films supplémentaires. Dans l'ordre : *Monstres & Cie*, aventure où des monstres produisent de l'énergie grâce à des cris d'enfants, repousse le rendu de la fourrure et voit pour la première fois un film Pixar confié à un autre réalisateur que Lasseter, en

l'occurrence Pete Docter et David Silverman ; *Le Monde de Nemo*, quête éperdue d'un poisson-clown pour retrouver son fils, rafle l'Oscar du meilleur film d'animation et déchoit *Le Roi lion* de son titre pour devenir, avec près de 870 M$ de recettes, le plus grand succès de tous les temps pour un film d'animation (record détrôné depuis par *La Reine des neiges*) ; et *Les Indestructibles*, film d'espionnage signé Brad Bird qui s'était jusque-là fait remarquer en réalisant *Le Géant de fer* pour le compte de la Warner. Après six films, Pixar est devenu le roi du pétrole et rien ne semble alors devoir freiner son irrésistible ascension.

Un climat électrique

Au milieu des années 2000, l'éclat de Disney a considérablement pâli après une succession de fours monumentaux, de *La Planète au trésor* à *Atlantide, l'Empire Perdu*, pourtant censé célébrer le centième anniversaire du studio. Pire, le succès insolent du poulain Pixar et en parallèle celui de DreamWorks qui entend dépoussiérer les contes de fées chers à l'oncle Walt, commence à éclipser les productions-maison. Face à l'écrasante réussite des films en 3D, et le deuxième âge d'or de la décennie précédente n'étant déjà plus qu'un lointain souvenir, décision est prise chez Disney de tourner définitivement la page de l'animation traditionnelle. Sans tambour ni trompette, *La Ferme se Rebelle* clôt ainsi des décennies dédiées aux cellulos. Disney s'engouffre à son tour dans la 3D avec l'oubliable *Chicken Little* à l'hiver 2005, l'année même où le studio fait l'acquisition de Pixar après plusieurs années chaotiques. Échaudé par le déséquilibre du contrat (Disney possédait notamment seul les droits de suite et de distribution) et les désaccords irréconciliables entre Steve Jobs et Michael Eisner, Pixar est allé jusqu'à menacer de se rapprocher d'un autre partenaire. Sans se laisser impressionner, le PDG de Disney a même fondé Circle 7 Animation en 2004, société spécialisée dans la production de films en 3D avec mise en chantier d'un troisième volet de *Toy Story* ! La négociation est tellement tendue que *Cars*, le nouveau projet de Pixar qui résulte d'une envie de John Lasseter de rendre hommage aux voitures qu'il aime tant, est annoncé comme l'ultime coproduction Disney/Pixar. Fin septembre 2005, le départ d'Eisner apaise heureusement les relations entre les deux studios, qui trouvent contre 7,4 milliards de dollars un accord pour une acquisition, effective en mai 2006 après la sage fermeture du studio mort-né Circle 7 Animation. Pas de fusion pour autant : chaque studio conserve son identité propre, mais Lasseter prend du galon en étant propulsé directeur créatif des deux entités, ainsi que directeur du département animation de Disney et conseiller artistique des parcs à thèmes… Dès lors, en dépit de quelques accidents de parcours plus ou moins sérieux, l'ascension du studio sera irrésistible. Mais ceci est une autre histoire, qui pourrait faire l'objet d'un mook tout entier dédié à Pixar…

Cars © 2006 Disney

1001 Pattes © 1998 Disney

4

Les autres studios

P. 165
L'EMPIRE CONTRE-ATTAQUE

L'EMPIRE CONTRE-ATTAQUE

TOUT AU LONG DE SON HISTOIRE, THE WALT DISNEY COMPANY, QUI N'ADOPTE CE NOM QU'EN 1986, MULTIPLIE LES ACTIVITÉS ET VENTILE SES TRÈS NOMBREUX PROJETS DANS DE MULTIPLES ENTITÉS SPÉCIALISÉES. LES DIFFÉRENTS STUDIOS, QUANT À EUX, REFLÈTENT LA VOLONTÉ D'EXPANSION DE LA SOCIÉTÉ, MAIS AUSSI DE CRÉATION D'UN ÉVENTAIL D'IDENTITÉS PROPRES DANS CHAQUE DOMAINE CRÉATIF.

« *Aujourd'hui, l'un des mots les plus abusivement utilisé est "franchise". Je peux vous l'assurer, quand nous avons fait le premier* Pirates des Caraïbes, *nous n'avions pas l'intention d'en faire un deuxième ni un troisième. Ce n'était même pas envisagé. […] J'écoutais certains enregistrements de Walt Disney faits juste avant sa disparition. Il parlait de revenir en arrière et porter un regard sur* Blanche-Neige, Pinocchio *et* Cendrillon, *en expliquant qu'il ne savait pas qu'il faisait des classiques, qu'il essayait juste de faire le meilleur film possible… Fouler de nouveaux horizons, faire quelque chose qui n'avait jamais été fait avant. Quand nous faisons ça et que nous voyons les films résister au temps et être toujours aussi divertissants, nous savons que nous avons fait les choses bien.* »

Dick Cook, président des Walt Disney Studios de 2002 à 2009 (2007, Box Office Mojo)

Si la première société de Walt Disney, Laugh-O-Gram Studio, n'existe que très peu de temps (de 1921 à 1923), les fondations sont cependant posées. L'activité s'enchaîne via une autre société, cette fois avec le frère aîné Roy et les premiers piliers du style Disney, tel que Ub Iwerks (co-créateur d'Oswald et Mickey). Sobrement intitulée Disney Brothers Studios, cette structure ne signe que des courts métrages d'animation, mais l'arrivée des deux séries phares *Mickey Mouse* et *Silly Symphonies* font transparaître la nécessité de porter l'activité à un stade plus avancé ; l'entreprise est renommée Walt Disney Productions en 1929. C'est précisément à cette époque que Walt Disney, entrepreneur dans l'âme, perçoit très tôt les évolutions de ses activités. Ses premiers courts métrages incluent déjà la prise de vues réelles – le cinéma dit « live » n'est pas loin. Ce sont les notions de distribution, de merchandising ou encore de diversification qui amènent Disney bien au-delà de la production audiovisuelle. En 1937 sort sur les écrans *Blanche-Neige et les sept nains*. La révolution s'inscrit alors aussi bien du point de vue artistique que celui du business. Accéder aux salles de cinéma sur du long format ouvre des perspectives qui conduisent le jeune entrepreneur à s'imaginer en producteur de cinéma. Les années 1940 et la guerre mettent un coup de frein à ses ambitions, mais il développe pendant ce temps de nombreux personnages tels que Donald et Dingo, et la diversification débute avec la bande dessinée et les encarts promotionnels dans les journaux comme autant d'avant-propos au merchandising, qui prend une part prépondérante de l'activité (et des revenus) dès 1929 lorsque Mickey devient le premier personnage à licence de la société (dans le cadre d'une table à dessin pour enfants). Walt

Blue Sky STUDIOS

Disney Enterprises est alors créée pour encadrer de ce nouveau type d'activité. Dès lors, les personnages de Disney envahissent le quotidien des Américains avec toutes sortes de produits à leur effigie, et des filiales sont même montées dans les pays les plus réceptifs comme l'Italie ou la France.

Disney, roi d'Hollywood

Cette vision d'envergure amène Walt Disney Productions à devenir la maison-mère des différentes identités du groupe, et à varier de plus en plus la spécialisation de ses salariés, principalement des animateurs qui vont, accessoirement, tenir le rôle de réalisateurs, scénaristes ou encore producteurs, voire sortir totalement du cadre de l'animation. Mais c'est surtout le cinéma live qui va permettre à Walt Disney de vraiment faire décoller ses activités et de multiplier les studios. En 1950, il produit ainsi son premier long métrage en prises de vues réelles, *L'Île au trésor*. Durant ces années, le cinéma d'animation s'essouffle tandis que la production de films live explose : dix-huit films dans les années 1950 et près de cinquante durant la décennie suivante… Walt Disney révoque en conséquence ses contrats avec les distributeurs RKO Radio Pictures et United Artists, pour créer sa propre société de distribution, la filiale Buena Vista Film Distribution Company en 1953. La branche cinéma du groupe ne sera, quant à elle, formalisée que trente ans plus tard sous le nom de Walt Disney Pictures. Durant la décennie des années 1950, les documentaires prennent aussi de l'importance sous le label *True-Life Adventures* – cette activité sera elle aussi formalisé très tardivement, en 2008, sous l'appellation Disneynature. La dynamique créée est alors plus stratégique que pratique pour Walt Disney, mais l'artiste et chef d'entreprise s'éteint prématurément en 1966. Cela n'empêche pas l'équipe en place, et les suivantes, de perpétuer la stratégie. Plus présent qu'on ne le croit dans l'industrie du cinéma live, Disney joue intelligemment avec les labels et les genres pour s'infiltrer durablement dans le milieu. Les années 1980 voient la Walt Disney Company lancer des chantiers imposants. La création de Touchstone Films en 1984 et de Hollywood Pictures en 1989, mais aussi le rachat de Miramax Films en 1993, permettent de considérer la société comme un groupe solide et surtout extrêmement influent de par ses multiples studios très ancrés dans la réalité commerciale d'Hollywood. Une dynamique qui se confirme dans les années 2010 avec le rachat, coup sur coup, de The Jim Henson Company, Marvel Entertainment, Lucasfilm et 21st Century Fox.

Tout pour l'animation

Avec seulement dix-sept longs métrages d'animation entre 1950 et 1989, les studios Disney peinent à imposer la vision de leur fondateur et s'enlisent pendant des décennies dans des contre-performances qui viennent presque mettre en péril l'existence de la section animation. Les courts métrages persistent et sont au final bien plus rentables, toutes proportions gardées, que leurs homologues de longue durée. La valse des studios débute dans les années 1980 quand, d'une constatation amère, le nouveau PDG Michael Eisner entreprend de développer la société en prenant des décisions parfois perçues comme radicales. Ainsi, les studios d'animation se voient dotés d'une filiale, DisneyToon Studios. Elle produit des films moins ambitieux pour la vidéo (notamment des suites), parfois pour une sortie en salles, et est renforcée par des studios satellites pour profiter des talents à travers le monde, dont la France avec la structure gérée par Gaëtan et Paul Brizzi, qui est à l'origine du film *La Bande à Picsou, le film : Le Trésor de la lampe perdue* en 1990. Cette politique nouvelle tend plutôt à s'intéresser aux formats et leurs publics, et ainsi adapter les productions au public, et c'est ainsi que Disney acquiert Pixar Animation Studios en 2006, proposant des œuvres à la teneur bien différente des productions habituelles. Si la fonction de chacune des structures n'est parfois pas si facile à lire que cela, les studios Disney, la société parente de Walt Disney Animation Studios, de Walt Disney Television Animation, de DisneyToon Studios et de Pixar Animation Studios, propose parfois des œuvres à la croisée des chemins. *Planes* et sa suite (2013 et 2014) s'inscrivent par exemple totalement dans l'univers officiel de *Cars* de Pixar, mais sont produits, avec un certain brio, par DisneyToon, sous la supervision de John Lasseter, pour une sortie en salles. La boucle est bouclée avec le rachat d'une société mythique et de trois mastodontes de la pop-culture mondiale. The Jim Henson Company (deal conclu en 2004 pour 75 millions de dollars), Marvel Entertainment (2009, 4 milliards), Lucasfilm (2012, 4 milliards également), et 21th Century Fox (2017, 52 milliards !), en plus du cinéma en prises de vues réelles, apportent leur lot de studios d'animation : Lucasfilm Animation pour les séries *Star Wars*, Marvel Animation pour les adaptations animées des aventures d'*Iron Man*, *Wolverine* ou encore des *Avengers*, et 21th Century Fox Animation (faisant désormais passer Anastasia pour une princesse Disney !) et sa célèbre filiale Blue Sky Studios, à qui l'on doit *L'Âge de glace* et *Rio*, originellement concurrente de Pixar et DreamWorks. De quoi s'interroger sur les incontournables notions de liberté artistique et d'indépendance, mais Disney a souvent démontré dans son histoire son ouverture aux idées et aux nouvelles énergies, qui se reflètent désormais dans la formidable pluralité d'offre de sa multitude de studios et filiales.

CONCLUSION
Un patrimoine intemporel

Dans une clairière silencieuse, des nains agenouillés pleurent à chaudes larmes une princesse plongée dans un profond sommeil ; juché sur un immense rocher, une souris vêtue d'une robe de magicien fait jaillir, d'un simple mouvement de bras, des vagues à des hauteurs impressionnantes ; malhabile sur un lac gelé, un jeune faon entraîne dans sa glissade un lapin avec qui il s'est lié d'amitié ; d'un coup de baguette magique, une bonne fée transforme une citrouille en carrosse, des souris en nobles montures, et de simples haillons en étincelante robe de princesse ; intriguée par la fuite d'un lapin en redingote visiblement très affairé, une jeune fille curieuse fait une chute vertigineuse dans un étrange terrier ; dans un grenier à la tombée de la nuit, des chats de gouttière se déchaînent sur un scat endiablé ; au fin fond du Moyen-Orient, deux tourtereaux s'envolent à la belle étoile sur un tapis volant ; sans crainte, une jeune Polynésienne fend les flots en direction d'un monstre de lave ivre de colère… Respectivement issues de *Blanche-Neige et les Sept Nains, Fantasia, Bambi, Cendrillon, Alice au Pays des Merveilles, Les Aristochats, Aladdin* et *Vaiana, la Légende du bout du monde*, ces scènes iconiques peuvent être complétées de mille autres séquences, piochées à loisir dans la généreuse filmographie des studios Disney. Depuis près d'un siècle, toutes les générations ont invariablement été bercées par l'imaginaire tour à tour féérique, effrayant et réconfortant de l'entreprise américaine, au point d'éclipser parfois les œuvres d'origine (qui se souvient que *Bambi* est au départ un roman autrichien des années 1920 ?) et de faire figure de passage obligé à chaque renouvellement générationnel. Le public le plus âgé n'a jamais oublié l'émerveillement procuré par la découverte en salles des tous premiers films, empreints d'une poésie et d'un charme intacts ; les trentenaires d'aujourd'hui peinent à réaliser que le deuxième âge d'or qu'ils ont eu la chance de vivre remonte déjà au début des années 1990 ; quand les enfants ne jurent que par les productions les plus récentes qui marquent le retour triomphal de la tradition du musical. Si certaines œuvres viennent plus spontanément à l'esprit en fonction de l'année de naissance de chacun, tous les âges se retrouvent indistinctement autour de mêmes films-totems dans lesquels on se replonge inlassablement et qu'on prend plaisir à partager et à transmettre à ses proches. De la même manière, la simple évocation de titres de

« Je ne crois pas qu'il faille rabaisser les enfants. Je ne traite pas les jeunes comme des fleurs fragiles, et je pense qu'aucun parent ne devrait. Les enfants sont des personnes et ils devraient réussir à apprendre et comprendre des choses comme les adultes qui ont tendance à vouloir progresser intellectuellement. La vie est composée d'ombre et de lumière, et nous ne serions ni sincère, ni authentique à prétendre qu'il n'y a pas d'ombre. Beaucoup de choses sont bonnes, et ce sont les choses les plus fortes, mais il y a aussi des choses mauvaises, et vous n'aidez pas les enfants à les protéger de la réalité. La chose la plus importante est d'apprendre aux enfants que le Bien triomphe toujours du Mal, et c'est ce que font nos films. »

Walt Disney (1955, The American Magazine)

chansons comme *Il en faut peu pour être heureux, Tout le monde veut devenir un cat, Quand on prie la bonne étoile, Hakuna Matata, Histoire éternelle, Ce rêve bleu, Libérée, délivrée* ou encore l'imprononçable *Supercalifragilisticexpialidocious*, suffit à ramener à l'esprit les paroles et mélodies associées. Comme autant de refrains délicieusement entêtants liés d'une manière ou d'une autre à des souvenirs d'enfance, que d'aucuns prolongent en se procurant les bandes originales (initiée à l'été 2014, la collection *Walt Disney Records : The Legacy Collection* comble les amateurs), en visionnant les séries TV dérivées et adaptations en prises de vues réelles des classiques d'antan, en décorant leur intérieur d'affiches, de statuettes et d'autres produits dérivés, ou en fréquentant les parcs à thèmes qui leur tendent les bras à deux pas de la capitale comme à l'autre bout du monde.

Si on fait exception du Mickey sifflotant gaiement à la proue d'un bateau dans le court métrage fondateur *Steamboat Willie*, dont un bref extrait emblématique ouvre désormais systématiquement les productions animées du studio – une production à l'origine d'un changement historique de la législation qui a repoussé à 2027 sa date d'échéance dans le domaine public – une seule image durablement gravée dans les esprits semble à même de résumer près d'un siècle d'animation Disney : celle du singe Rafiki présentant fièrement le lionceau héritier Simba aux animaux de la savane africaine, au terme de l'inoubliable prologue du *Roi Lion*. Acmé de l'âge d'or des années 1990, le film embrasse en un plan éminemment symbolique la philosophie des studios Disney : une nature magnifiée, une musique lyrique et, surtout, la célébration d'un souverain qui ne cesse de renaître de ses cendres. La posture fière du mandrill évoque l'attitude conquérante voire arrogante d'une entreprise requinquée à l'aube du nouveau millénaire, devant qui la concurrence et au-delà le public s'inclinent respectueusement. La solennité de l'événement, que renforcent les rayons du soleil qui percent à travers les nuages en une lumière quasi-divine, souligne le retour en majesté de Disney qui, malgré quelques égarements après la disparition du créateur de Mickey au milieu des années 1960, n'a jamais véritablement vacillé de son piédestal. Au terme de huit décennies d'existence retracées dans les pages de ce mook dont la parution coïncide avec le quatre-vingtième anniversaire de la sortie française de *Blanche-Neige et les Sept Nains*, un constat s'impose : d'échecs financiers terribles en déchirants conflits d'egos, de pannes d'inspiration en tensions internes, les studios Disney ont toujours su relever la tête, s'adapter à l'évolution de la société, et nous offrir ainsi quelques-uns des plus beaux joyaux de l'animation mondiale.

LES GRANDS CLASSIQUES DISNEY

1937
Blanche-Neige et les sept nains
Page 28

1940
Pinocchio
Page 66

1940
Fantasia
Page 56

1941
Dumbo
Page 67

1942
Bambi
Page 92

1943
Saludos Amigos
Page 46

1945
Les Trois Caballeros
Page 47

1946
La Boîte à Musique
Page 58

1947
Coquin de Printemps
Page 80

1948
Mélodie Cocktail
Page 59

1949
Le Crapaud et le Maître d'École
Page 71

1950
Cendrillon
Page 32

1951
Alice au Pays des Merveilles
Page 64

1953
Peter Pan
Page 72

1955
La Belle et le Clochard
Page 81

1959
La Belle au Bois Dormant
Page 30

1961
Les 101 Dalmatiens
Page 82

1963
Merlin l'Enchanteur
Page 68

1967
Le Livre de la Jungle
Page 94

1970
Les Aristochats
Page 83

1973
Robin des Bois
Page 84

1977
Les Aventures de Winnie l'Ourson
Page 86

1977
Les Aventures de Bernard et Bianca
Page 50

1981
Rox et Rouky
Page 98

1985
Taram et le Chaudron Magique
Page 51

1986
Basil, Détective Privé
Page 87

1988
Oliver & Compagnie
Page 85

1989
La Petite Sirène
Page 33

1990
Bernard et Bianca au Pays des Kangourous
Page 50

1991
La Belle et la Bête
Page 34

1992
Aladdin
Page 108

1994
Le Roi Lion
Page 96

1995
Pocahontas, une Légende Indienne
Page 99

1996
Le Bossu de Notre-Dame
Page 70

1997
Hercule
Page 110

1998
Mulan
Page 69

1999
Tarzan
Page 100

2000
Fantasia 2000
Page 56

2000
Dinosaure
Page 102

2000
Kuzco, l'Empereur Mégalo
Page 111

2001
Atlantide, l'Empire Perdu
Page 48

2002
Lilo & Stitch
Page 113

2002
La Planète au Trésor, un Nouvel Univers
Page 49

2003
Frère des Ours
Page 103

2004
La Ferme se Rebelle
Page 112

2005
Chicken Little
Page 115

2007
Bienvenue chez les Robinson
Page 122

2008
Volt, star malgré lui
Page 114

2009
La Princesse et la Grenouille
Page 36

2010
Raiponce
Page 37

2011
Winnie l'Ourson
Page 86

2012
Les Mondes de Ralph
Page 120

2013
La Reine des Neiges
Page 38

2014
Les Nouveaux Héros
Page 123

2016
Zootopie
Page 78

2016
Vaiana, la Légende du Bout du Monde
Page 44

ILLUSTRATIONS HOMMAGE

Laetitia Bachellez
Morgane Bianchi
Julien Chheng
Pa Ming Chiu
Claire D'Annoville
Yannick Da Veiga
Sandrine Dubois
Amandine Girard
T. Ha
Gaëlle Hersent
Ludovic Jacqz
Caroline Laine
Marie Levesque
Julien Mindel
Issa Maoihibou
Clara Tessier
Tiffanie Uldry

LAËTITIA BACHELLEZ (MISS HOLLY)

Illustratrice freelance

Film Disney préféré

La Belle et la Bête.

Pourquoi ce choix de dessin ?

Comme beaucoup d'enfants j'ai grandi avec les films Disney, mais avec les années et le début de l'adolescence je m'en étais complètement détachée. Puis, à 13-14 ans, *La Belle et la Bête* m'a fait replonger à la fois dans leur univers mais aussi dans le dessin, que j'ai recommencé à pratiquer sérieusement. Je me suis prise de passion pour l'animation, puis de fil en aiguille pour l'illustration, la BD... et j'ai eu envie d'en faire mon métier. Cette pièce mélange ma chambre d'ado, où j'ai commencé à dessiner, et mon espace de travail actuel, et je l'ai rempli de clins d'oeil à tous les films qui m'ont marquée. Petit clin d'oeil à mon papa, qui m'avait emmenée voir *La Planète au Trésor* au cinéma à sa sortie en 2002. Dis comme ça, ça n'a l'air de rien, mais c'est le dernier Disney que j'ai pu voir au cinéma avant des années !

Expérience

- *Puy du Fou : habille tes comédiens* (Éditions Caramel/Puy du Fou)
- *Mon carnet d'autocollants spécial rentrée* (Éditions Larousse)
- *Mon carton à dessins : Chevaux* (Éditions Auzou)
- *Princesses et Witches, série de deux cahiers d'activités* (Éditions Caramel)

www.missholly.fr

missholly.artstation.com

www.instagram.com/lady.holly/

MORGANE BIANCHI (WISTFUL)

Webdesigner / Illustratrice freelance

Films Disney préférés
La Petite Sirène, Raiponce.

Pourquoi ce choix de dessin ?
Ariel est un personnage que j'affectionne particulièrement, sa petite bouille si attachante et son esprit si ouvert au monde m'ont littéralement fait craquer. Ce film magique et féérique a engendré en moi une envie irrésistible de dessiner et c'est avec lui que ma passion pour l'univers Disney est née. J'ai donc eu très envie de dessiner mon premier amour en choisissant d'illustrer cette scène devenue culte.

www.facebook.com/wistful.art
www.instagram.com/wistful.art

JULIEN CHHENG

Réalisateur

Films Disney préférés

Fantasia,
La Belle au Bois Dormant,
Les Aristochats.

Pourquoi ce choix de dessin ?

Quand je pense à ce que m'inspire Disney, je retiens forcément *Fantasia*, avec toute cette poésie et cette inventivité qui se dégage de chaque séquence. Quand j'étais petit, j'adorais particulièrement la partie de la *Symphonie Pastorale* avec les centaures, qui encore aujourd'hui me fascine au niveau de la beauté des images et de la qualité de l'animation. D'ailleurs mon signe du zodiaque est le Sagittaire, alors j'imagine que je m'identifiais complètement. Et puis surtout toutes ces filles centaures nues qui jouent dans l'eau étaient incroyablement attirantes il faut dire. Pour les autres séquences de *Fantasia* qui m'ont marqué, j'ai pensé aussi à Chernabog sur la montagne, qui m'a tellement fait peur enfant, mais aussi Pégase qui apprend à ses petits à voler, avec tellement de grâce. Je trouve que ce film est un vrai chef-d'œuvre d'animation, et quand je le revois maintenant, je me dis qu'il serait difficile de produire un long métrage aussi fou et d'une telle qualité aujourd'hui. Mais ça vaut la peine d'essayer!

Expérience

- *Titeuf le film*
- *Le Chat du rabbin*
- *Mune le gardien de la lune*
- *Ernest et Célestine (le film et la série)*

www.studiolacachette.com
julien-chheng.blogspot.com

PA MING CHIU

Journaliste, auteur

Film Disney préféré

La Belle et la Bête.

Pourquoi ce choix de dessin ?

N'en déplaise aux Guerriers de la justice sociale, *La Belle et la Bête* n'est pas une histoire sur le syndrome de Stockholm mais bien un conte moral sur la tolérance. Et Disney en a livré une jolie vision. J'aime tout du film : son romantisme d'un autre temps, ses musiques et chansons, son character design, son rythme…

Expérience

• *Alice & Valentine* (Jungle)

www.facebook.com/paming.chiu

CLAIRE MICHEL D'ANNOVILLE

Graphiste

Film Disney préféré
La Petite Sirène.

Pourquoi ce choix de dessin ?
J'ai toujours aimé dessiner les sirènes, le monde océanique m'attire depuis toute petite.

www.clairedannoville.portfoliobox.fr/

YANNICK DA VEIGA

Directeur artistique

Films Disney préférés
Merlin l'Enchanteur,
L'Étrange Noël de M. Jack.

Pourquoi ce choix de dessin ?
Sandrine a trouvé le concept. On s'est rapidement dit que l'idée se prêtait bien à une collaboration.

ydaveiga.com
instagram.com/y.daveiga

SANDRINE DUBOIS

Directrice artistique

Films Disney préférés
Merlin l'Enchanteur, Robin des Bois.

Pourquoi ce choix de dessin ?
Nous aimons tous les deux beaucoup *Merlin* et bien sûr le duel Merlin VS Mim. Je suis fan de la merveilleuse Ma madam' Mim et je suis sûre qu'on pourrait en faire un excellent spin-off.

sandrinedubois.com
tabouret2000.blogspot.fr

AMANDINE GIRARD (KONI)

Concept artist
et illustratrice

Films Disney préférés

Robin des Bois,
Merlin l'Enchanteur.

Pourquoi ce choix de dessin ?

Pour moi, *Robin des Bois* est le film d'animation qui m'a le plus marqué étant petite. Je me revois encore le regarder en boucle avec mon doudou, suçant mon pouce comme le Prince Jean.

www.artofkoni.com
www.facebook.com/artofkoni

T. HA (SAEKO DOYLE)

Illustratrice

Films Disney préférés

La Belle et le Clochard,
Les Aristochats,
Aladdin,
La Petite Sirène,
Zootopie...
et tellement d'autres.

Pourquoi ce choix de dessin ?

J'ai voulu rendre hommage aux héros à quatre pattes de mon enfance, car je suis une fana de chiens, chats et autres poilus ! La musique étant un élément incontournable de chaque film Disney, j'ai disposé ce petit monde autour du piano des *Aristochats.*

Expérience

- *Blind Spot* (Univers Partagés Éditions)
- *Forever Love* (Alexan Éditions)

www.facebook.com/saeko-doyle.artwork

GAËLLE HERSENT

Illustratrice, autrice BD

Films Disney préférés

Le Livre de la Jungle,
Les Aristochats,
La Belle et la Bête.

Pourquoi ce choix de dessin ?

J'ai souhaité mettre l'accent sur le côté musical du *Livre de la Jungle* qui me met de si bonne humeur dès que je l'écoute !

Expérience

- *Repris de justesse*, reportage paru dans *La Revue Dessinée* #16.
- *Dans les Cuisines de l'Histoire, à la table du roi Soleil* (Le Lombard)
- *Groom 3* (Dupuis)
- *Axolot* tome 3 (Delcourt)
- *Sauvage - Biographie de Marie-Angélique Le Blanc 1712-1775* (Delcourt)

www.gaellehersent.com

www.instagram.com/gaelle_hersent/

www.facebook.com/gaelle-hersentartworks/

gaellehersentdoodles.tumblr.com/

LUDOVIC JACQZ

Illustrateur, enseignant, directeur artistique

Films Disney préférés

La Petite Sirène,
Pocahontas,
Le Roi Lion.

Pourquoi ce choix de dessin ?

La Petite Sirène parce que j'adore la première partie du film, celle sous la mer. C'est aussi grâce à ce Disney-là que j'ai découvert l'incroyable travail de Glen Keane sur le design d'Ariel, travail qui m'a probablement influencé. Et surtout, surtout, parce que Ursula est vraiment extraordinaire, mauvaise et complètement vulgaire (pensée émue pour le très bon doublage de Micheline Dax et à cette voix rocailleuse si particulière).

Mon Ariel est probablement plus mélancolique que l'originale, plus mature aussi. L'eau semble ici sombre et extrêmement froide. Les cheveux et les poissons rouges tranchent violemment avec l'ambiance générale de mon image. Flotsam et Jetsam sont ici au service d'Ariel, ou en tout cas, de connivence. Ils me terrifiaient enfant, je leur devais bien un petit hommage.

maisonfondee.net

www.instagram.com/maison.fondee/

www.facebook.com/ludovic jacqz/

CAROLINE LAINE (LUNNETH)

Animatrice 2D/3D

Films Disney préférés
La Planète au Trésor, Hercule, Tarzan.

Pourquoi ce choix de dessin ?
La Planète au Trésor est le premier Disney que je me souvienne avoir vu au cinéma. J'aime beaucoup le caractère fort et indépendant du capitaine Amélia, c'est un personnage auquel j'aimais bien m'identifier durant mon enfance. J'ai tout de suite pensé à elle pour cette illustration hommage aux studios Disney !

www.facebook.com/bylunneth/
www.instagram.com/by_lunneth/
caroline-laine.tumblr.com/

MARIE LEVESQUE (MISSBEAN)

Auteure et illustratrice

Films Disney préférés

Les Aristochats,
Lilo & Stitch,
Mulan.

Pourquoi ce choix de dessin ?

Il y a un romantisme dans les « vieux » Disney qui m'inspire. Ce côté mélancolique donne une sensation de « hors du temps ». Les princesses avaient le temps d'attendre un prince, et les princes prenaient leur temps.

Expérience

- *Ma planète est-elle une poubelle* (Éditions Creapassion)
- *Ma vie à deux, pour le meilleur et pour le pire* (City Éditions)
- *Ma vie à deux a la campagne* (City Éditions)
- *Tous des cons* (City Éditions)

missbean.tictail.com/

missbean-illustration.over-blog.com

JULIEN MINDEL

Auteur-illustrateur

Films Disney préférés

J'ai un aveu terrible à faire : je n'ai vu que très peu de films Disney. Je n'avais pas la télé quand j'étais petit, j'en ai vu quelques-uns au cinéma au moment de leur sortie mais j'en ai raté beaucoup et je n'ai jamais pris le temps de rattraper ce retard jusqu'à maintenant. Ça me laisse peu de choix pour mon préféré, mais je dirais *Alice au Pays des Merveilles.*

Pourquoi ce choix de dessin ?

Suite des aveux : je n'ai jamais vu *Le Bossu de Notre-Dame*, en tout cas pas en entier. En revanche, j'ai vu assez d'extraits pour savoir que les trois gargouilles sont peut-être les meilleurs personnages de Disney que je connaisse, avec la chenille au narguilé d'*Alice au Pays des Merveilles,* et tout le monde les oublie ! En plus, je dessine déjà beaucoup de gargouilles et de monstres d'inspiration médiévale dans mon travail en général, le choix a donc été plutôt rapide.

Expérience

- *Howard, l'Appel de l'épagneul breton* (Éditions Hybris/Ynnis Éditions)

lemouchoirdefrieda.blogspot.fr

www.facebook.com/LeMouchoirDeFrieda

www.instagram.com/friedas_handkerchief/

ISSA MAOIHIBOU

Tatoueur

Films Disney préférés

La Belle au Bois Dormant, Kuzco, l'Empereur Mégalo.

Pourquoi ce choix de dessin ?

J'adoooore les longues chevelures et j'aime beaucoup le personnage de Raiponce ! Ainsi que le mignonnement diabolique Stitch.

Expérience

- *Geek Tattoo* (Huginn & Muninn)

http://unique-horn.com

https://m.facebook.com/Uniquehorntattoo/

www.instagram.com/uniquehorntattoo

CLARA TESSIER

Illustratrice

Films Disney préférés
La Belle et la Bête,
Les Aventures de Bernard et Bianca,
Mulan.

Pourquoi ce choix de dessin ?
J'affectionne particulièrement Shan-yu, le chef des Huns dans *Mulan*, pour l'esthétique de sa silhouette et de sa mise en scène (et de son faucon bien sûr).

clara-tessier.wixsite.com/illustrations
facebook.com/clara.tes
instagram.com/clara_tessier92
claratessier.deviantart.com
artstation.com/clara_tessier

TIFFANIE ULDRY (THYONESCA)

Illustratrice/créatrices de choses diverses et variées

Films Disney préférés

Mon cœur balance entre *La Petite Sirène, Pocahontas et Mulan.* Sainte Trinité de mon enfance.

Pourquoi ce choix de dessin ?

Mulan fut un véritable modèle pour moi à l'époque, j'étais fascinée par les femmes guerrières (ça n'a pas vraiment changé à vrai dire). Je voulais en faire une version un peu plus sérieuse, illustrant sa détermination et montrant une version un peu plus effrayante de Mushu.

www.tiffanieuldry.ultra-book.com

www.instagram.com/Thyonesca/

www.facebook.com/tiffanieuldry/

Gersende Bollut
Auteur, journaliste, conférencier

Passionné depuis toujours par l'écriture, Gersende Bollut met à profit ses études de cinéma pour explorer la richesse insondable de l'animation en consacrant son mémoire au cinéaste japonais Hayao Miyazaki, publié en 2008 aux éditions Amalthée sous le titre *Miyazaki l'enchanteur*. Il s'essaye à des analyses pour le site DVDAnime et sur le site Internet et le fanzine *Frames* qu'il cofonde, puis intègre en 2004 la rédaction d'*AnimeLand*.

Dès lors, il collabore à divers titres de la presse écrite comme *Les Années Laser, Zoo, Chronic'art, Télérama, Brazil* ou *Repérages*. Commissaire d'une exposition sur Miyazaki dans le cadre de la Fête de l'animation de Lille, il a l'opportunité de rencontrer au fil des années de grands noms de l'animation (Youri Norstein, Michel Ocelot, John Lasseter, Mamoru Hosoda, Makoto Shinkai), d'animer des conférences et masterclass sur l'animation, de signer les ouvrages *Big Bang Anim'* (Omaké Books) et *Pourquoi est-ce un chef d'œuvre ? 50 longs métrages d'animation expliqués* (Eyrolles), et de participer au mook *Hommage au Studio Ghibli* (Ynnis Éditions).

FILMS DISNEY PRÉFÉRÉS

Pinocchio
Fantasia
Mary Poppins
Le Roi Lion
Lilo & Stitch

Les textes des pages 11, 12, 13,19, 20, 21, 32, 33, 38, 39, 44, 45, 46, 47, 56, 57, 58, 59, 66, 67, 68, 70, 71, 75, 76, 77, 78, 79, 80, 84, 87, 89, 90, 91, 94, 95, 96, 97, 100, 101, 102, 103, 105, 106, 107, 111, 112, 113, 117, 118, 119, 127, 128, 129, 137, 145, 146, 147, 153, 154, 155, 157, 158, 159, 161, 162, 163, 168 et 169 ont été écrits par Gersende Bollut.

Romain Dasnoy
Auteur, producteur événementiel

Passionné par la relation qu'entretiennent l'image et la narration avec la musique, et après des études en histoire du cinéma et langues d'Asie orientale, Romain Dasnoy intègre des revues spécialisées dans le cinéma et la musique au début des années 2000.

Il rejoint en parallèle la production du salon Japan Expo et du festival Jules Verne Adventures, et sera membre de l'équipe fondatrice de Comic Con en 2007. Il se tourne également vers la radio pour créer la première chronique dédiée à la musique de jeu vidéo sur une grande radio nationale (France Musique), et fonde le label Wayô Records. Il produit alors de nombreux évènements musicaux originaux, notamment via Overlook Events qu'il fonde en 2012, auprès de compositeurs comme Joe Hisaishi, d'univers tels que Disney, Ghibli et Dragon Ball. En 2017, il participe à l'*Hommage au Studio Ghibli* et co-écrit *Le Guide des Compositeurs de Musique de Film* chez Ynnis Editions. Chez Pix'n Love Éditions, il signe *L'Histoire de Final Fantasy VI : La Divine Épopée.*

FILMS DISNEY PRÉFÉRÉS

Alice au Pays des Merveilles
Fantasia
Mary Poppins
Merlin l'Enchanteur
Robin des Bois

Les textes des pages 6, 7, 15, 16, 17, 25, 26, 27, 28, 29, 30, 31, 32, 34, 35, 36, 37, 41, 42, 43, 48, 49, 50, 51, 53, 54, 55, 61, 62, 63, 64, 65, 69, 72, 73, 81, 82, 83, 85, 86, 92, 93, 98, 99, 108, 109, 110, 114, 115, 120, 121, 122, 123, 131, 132, 133, 134, 135, 136, 138, 139, 140, 141, 142, 143, 148, 149, 165, 166 et 167 **ont été écrits par Romain Dasnoy.**

REMERCIEMENTS

Remerciements Gersende

Un grand merci à notre éditrice qui, par son professionnalisme, son écoute, ses conseils avisés et sa très grande disponibilité, a permis de mener à bien ce beau projet dans des conditions acrobatiques. Un immense merci à mon épouse pour sa relecture attentive, bienveillante et toujours exigeante de mes textes. Un grand merci également à notre graphiste pour la très grande qualité de son travail. Enfin, il me faut remercier ici mes parents qui, en m'emmenant découvrir *Bambi* en salles à l'occasion de sa ressortie à l'automne 1986, m'ont ouvert les portes d'un univers enchanteur qui, de visionnages répétés de *Cendrillon, Merlin l'Enchanteur, Fantasia* et autre Roi Lion avec mon frère (sans compter les classiques *Mary Poppins, 20 000 lieues sous les mers* ou *Chérie, j'ai rétréci les gosses*), en opportunités de rencontres dans l'exercice de ma profession, m'a permis de conserver mon âme d'enfant.

Remerciements Romain

Pour commencer, un immense merci à toute l'équipe d'Ynnis Éditions, qui sait mêler passion et professionnalisme pour proposer des livres toujours plus beaux. À Marichka en particulier, l'éditrice du présent ouvrage, pour son travail et sa direction artistique conférant à ce titre une aura toute particulière. Le plaisir de lire et le plaisir de voir, de sentir ou de revivre nos pensées agréables sont ainsi décuplés. Je remercie également ma famille d'être présente et de me permettre de garder un pied dans la définition même du mot magie. Mais surtout, je salue ici la mémoire d'un grand homme, Walt Disney, pour la révolution culturelle qui aura si brillamment participé à forger ce que nous sommes aujourd'hui.

SOURCES

Suppléments des DVD et Blu-ray Disney

Livres

Le Royaume enchanté, de James B. Stewart (éd. Sonatine)

Disney Animation : The Illusion of Life, de Franklin Thomas et Ollie Johnston (Disney Ed.)

Walt Disney Conversations, de Kathy Merlock Jackson (University Press of Mississippi)

Revues

Télérama HS Disney, septembre 2006

JV le mag #22/23, septembre/octobre 2015

Sites Internet

www.imdb.com

www.chroniquedisney.fr

www.planete-jeunesse.com

www.D23.com

Ynnis Éditions

Auteurs : Gersende Bollut et Romain Dasnoy
Responsable éditoriale : Marichka Besse
Conception graphique et maquette : Élise Godmuse
Directrice de publication : Émilie Jollois

Ynnis Éditions
29 rue du 4 septembre
75002 Paris
http://ynnis-editions.fr

Diffuseur : La Diff
Imprimeur : JJ Production

ISBN : 979-10-93376-86-8
Dépôt légal : avril 2018
Achevé d'imprimer en octobre 2018 par JJ Production
Premier tirage : mars 2018